不論對錯，只看成敗，
挖掘項羽的絕世勇武與劉邦的帝王雄心，
二人在亂世中的並行與交錯

飄雪樓主 著

項劉天下

霸王雄烈與帝王智謀的終極交鋒

一腔淩雲壯志，一份豪情鬥志
一腔胸懷大志，一份松柏之志
江山如棋局，博弈間盡顯智勇

項羽與劉邦共譜一場成王敗寇的千古悲歌
蒼海橫流，方顯英雄本色；千秋功罪，自有後人評說

目錄

目 錄

第一章

身與性・大風起兮雲飛揚

一、坑爹及興爹

有奶便是娘，有錢便是爹？

—— 題記

下面就來看本書兩大主角項羽和劉邦的出身情況。

如果只用一句話來形容項羽的出身，那就是「超級富二代」。

首先，來看項羽的「代」。

項姓來源於古項子國，古項子國為西周的分封國。項姓的來源說法有二種：一是出自姬姓，周朝有項國，是周朝的同姓（姬姓）諸侯國。據鄭樵《通志・代族略》載：「項氏或言姬姓之國，故城在陳州項城縣東北一里。」《左傳》記載魯僖公十七年魯滅項。亡國後的項國子孫，以原國名為姓以作紀念。二是出自芈姓，為楚國王族後裔。春秋時期，楚國公子燕受封於項，建立了項國。

後來，項國被齊國所滅，其子孫遂以國名「項」命姓，稱項姓。另外根據《廣韻》記載，項姓雖然源於芈姓，但是芈姓的先祖本是周文王的姬姓子孫，所以追本溯源，項姓還是源於姬姓後人。因為司馬遷在《史記》中寫到：「項氏世世為楚將，封於項，故姓項氏。」所以學者大眾都認同第二種記載，以為項羽乃楚王族後裔，那麼項羽家族順理成章也就是楚國世家貴族。

但是筆者卻覺得此說值得商榷，首先，按項國的地理位置，處於姬姓諸侯國的包圍中，很難想像楚王把自己的王室封到其間。另外，項燕之前幾百年間找不到任何楚國有項姓的記載，不論是後來秦統一天下，還是漢得天下後，把楚王室有影響力的大姓（昭、屈、景、懷）遷移關中，都未見有提到項姓。秦末當時人對項家的說法是楚將，而不是楚王族，項梁起兵後立懷王之孫為楚王而不是自己稱王更是明證。所以項氏來源應該是姬姓比較合理，魯僖公十七年（西元前 643 年）滅項國，項國歸屬於魯，項氏祖先歸屬於魯國，為紀念故國則以項為姓。

其次，來看項羽的「富」。

項羽祖上乃魯國貴族，依據有六。第一，第一個可考的項姓歷史人物，七歲為孔子師的項橐是魯國人。第二，項羽的出生地 —— 下相距離魯國偏南的位置距離很近，《漢書 · 地理志》記載：「魯地，奎、婁之分野也。東至東海，南有泗水，至淮，得臨淮之下相、睢陵、僮、取慮，皆魯分也。」也就是說下相乃魯地分支。第三，秦朝末年，項伯因殺人在下邳為張良所救。項羽祖上很可能因滅國後遷移到魯國，後來又散居魯國南部的淮北地。

第四，秦朝末年，楚懷王熊心曾經封項羽為魯公，亦有可能是項羽祖上為魯國貴族以此依據作為賞賜，就好比劉邦被稱為沛公。第五，楚漢時期，項羽死後西楚獨魯地依然不投降於劉邦，直到劉邦示以項羽之首，魯地才肯歸降，並且劉邦以魯公的身分安葬項羽在魯地。由此可見項羽和魯地有莫大的淵源。第六，項羽身高據記載為八尺二寸（大約相當於現在的 181 至 189 公分），楚人相對身材較矮小，少有這種高個子。而魯國為現在山東東南部，身高普遍較高。魯國儒家聖賢孔子更是身高九尺的巨人，也側面證明項羽更多是北方血統。

那麼，問題來了，項羽祖上為魯國貴族，什麼時候成為楚國人並世代為楚將呢？從零散史料來歸納總結分析得知，西元前 262 年到西元前 255 年，楚國陸續攻占淮北及山東東南地及滅魯國，項氏歸屬楚國。按照史書項氏世世為楚將的記載，可以推斷項羽太爺爺為楚將。西元前 248 年後幾年間項氏鎮守楚國淮北地。西元前 241 年，項氏被封項城，鎮守楚國西北。西元前 225 年，項羽爺爺項燕在平輿擊敗李信率領的二十萬秦軍後，項氏更是名聲大震，項家也因此達到了榮耀的頂峰，豈止一個「富」字能說明白道清楚？

再次，來看項羽的「超級重生」。

不過項家很快就體會到了什麼叫「高處不勝寒」。西元前 240 年，秦將王翦的六十萬大軍擊碎了項燕所有的幻想和抱負，也擊碎了項家所有的希望和夢想。隨著項燕兵敗自殺，項家一落千丈，開始由豪門家族衰落成「寒門家族」，到項羽這一代時，已泯然眾人矣。

當然，俗話說，瘦死的駱駝比馬大。對於項羽來說，爺爺雖然英年早逝，父親雖然早死，但是他的天並沒有完全塌下來，項家還有一個棟梁在，那就是叔父項梁。項梁耳聞目睹了項家的興衰，親身經歷了項家的榮辱，不甘墮落的他，把匡復項家作為己任。因此，不管是生活在下相，還是逃亡吳中，項梁都用自己堅實的肩膀為項羽遮風擋雨。也正是因為這樣，不管是流浪還是逃亡，項羽非但沒有體會到悽風楚雨，相反，體會到的是溫暖和溫馨。可以毫不誇張地說，項梁不是項羽的親爹，但是卻勝似親爹。

淬火重生，化繭成蝶。總而言之，項羽雖然沒有「坑爹」的機會，但是卻有「啃老」的資本，這也是項羽值得慶幸的地方，這也為他日後的發跡打下了堅實的基礎。

如果只用一句話來形容劉邦的出身，那就是「極品草根」。

劉邦具備草根「身分卑微」、「生活平庸」、「未來渺茫」、「感情空虛」的幾乎所有特徵。他是典型的平民出身，他的父母和祖輩都是老實的農民，沒有任何政治背景。孩子又多，劉邦排行第三。家裡窮得叮噹響，連溫飽問題都是一種奢求。俗話說，窮人的孩子早當家。這也是劉邦從小就叛逆、很早就踏入社會的直接原因，畢竟人生在世，生存是第一位的。

從面上來說，劉邦的確沒有「坑爹」的機會，沒有「啃老」的資本，但是集聰明狡詐於一身的劉邦並沒有「自甘墮落」，相反，他以大膽創新的方式在包裝上下功夫，選擇了投機取巧的「興爹」和蠻不講理的「養老」，為自己拓出了一片新的天地。

包裝一，在自我出生上下功夫。

為了改變「爹」的形象，劉邦無所不用其極，他硬拉來一條龍，與自己的母親做那件事。結果呢，他就有了兩個父親，一個是人，叫劉執嘉，另一個是那條龍，稱赤帝。他為什麼要這樣做呢？讓我們撥開歷史表象的重重迷霧，看看這背後究竟藏著什麼祕密。

據《史記．高祖本紀》記載，他這兩個父親與他母親之間，有過這樣一段故事：西元前 256 年（秦昭王五十一年）的一天，沛縣豐邑農夫劉執嘉的妻子，在田間做事太累了，就躺在湖泊岸邊休息。沒想到，大白天竟然睡著了，而且還做了一個美夢。夢中，她與一尊神相遇，雙方一見鍾情，兩情相悅，纏纏綿綿，真是妙不可言。然而此時，在夢境之外，卻是陰雲密布，雷鳴電閃。

劉執嘉看天氣不好，大雨將至，急急忙忙去找妻子。來到湖邊，眼前的情景把他嚇壞了，怎麼回事？原來，他看見一條蛟龍，正伏在妻子身上。蛟龍伏身，應該是做了那件事，所以劉執嘉之妻自此之後，便有孕在身，經過十月懷胎，產下一子，就是劉邦。那劉邦生就長頸高鼻，龍模龍樣。有時喝醉了酒，醉臥庭院，還會有一條龍在他的身體上方現形。這就證明，劉邦肯定是蛟龍的兒子，而劉執嘉不過是他名義上的父親而已。

總之，劉邦在自我出生上下功夫，闡明他的出生不是傳說，目的是為「興爹」提供先天條件。

包裝二，在白蛇身上下功夫。

出生進行了包裝後，效果果然明顯，劉邦的清貧形象一下子變得光輝鮮豔起來，但是劉邦並沒有小富即安，為了證明自己來得「清白」，為了證明「我爹是我爹」，後續工作還得繼續做。

那麼，劉執嘉之妻夢中的神，也就是劉邦的生父蛟龍是什麼神呢？是赤帝。這是白帝的老婆告訴劉邦的。

在劉邦剛剛起兵反秦的時候，一天夜裡，他與十幾個部下行走在沼澤之中。突然，走在最前面的一位小兵慌慌張張地跑回來報告：「前面路中間，一條大蛇擋住了道路，走不過去了，趕快彎回去吧。」好酒的劉邦，此時又喝得醉醺醺的，酒壯英雄膽，他大喝一聲：「壯士行路，何懼大蛇當道？」然後拔出利劍，來到大蛇旁，懵懵懂懂地一劍斬下去，大蛇立時分為兩段。

又趔趔趄趄地走了幾里地，實在不勝酒力，劉邦一頭歪倒在路邊，昏昏睡去。而走在最後的那個人，來到大蛇屍體旁的時候，見一老婦人撫蛇痛哭。那人問老婦人為何而哭，老婦人答：「有人殺了我的兒子。」那人又問：「何人？為什麼殺你的兒子？」老婦答：「我的兒子是白帝之子，變化為蛇，擋住了赤帝子的道路，結果被赤帝子殺死了。」那人以為老婦人在胡扯八道，正要與她理論，老婦人卻神奇地忽然不見了。趕上隊伍之後，此人將這段奇事告訴了大家，大家驚訝之餘，從此對劉邦更加刮目相看。而劉邦卻在驚喜，原來蛟龍是赤帝，自己是赤帝之子。

總之，劉邦在白蛇身上下功夫，證明了「我爹是我爹」，目的是為「養老」創造後天條件。

包裝三，在老者身上下功夫。

劉邦既然是神龍之子，他為什麼不生活在神的世界，來到人間做什麼呢？《史記》又用一個經典的故事給了我們答案：

某一天，劉邦的老婆呂氏與一兒（後即位為漢惠帝）一女（後封為魯元公主）在田間做事。一位老人路過，飢渴難耐，向呂氏討水喝。呂氏不僅讓老人喝足了水，還把自己的乾糧也讓給了老人。感激不盡的老人看看呂氏的相貌，說出一句：「我看夫人之相，真是天下貴人。」呂氏聞言大喜，急忙把兒女推到前面，讓老人看相。老人說：「夫人的兒女都是貴人，尤其是兒子，是天下大貴之人。夫人所以為貴人，也是因為你有這個兒子的緣故啊。」老人離去不久，劉邦來到田間看望妻兒，呂氏高興地把老人的話學給劉邦聽。劉邦聽後，很感興趣，急忙追趕上老人，請老人再為自己看看相。老人端詳良久，說道：「夫人和兒女都是沾您的光，才成為貴人。您的相貌，實在是貴不可言。」劉邦答道：「假如真如您所說的那樣，絕對不敢忘了您。」當然，可以想像得到的是，等到劉邦貴為皇帝之時，誰也不可能再見到老人蹤影了。

總之，劉邦在老者身上下功夫，說明天將降大任於斯人，目的是為「揚名」打下堅實基礎。

包裝四，在親人身上下功夫。

神祕老人曇花一現的目的，毫無疑問，只是為了說出那句「貴不可言」的預言。可是，「貴不可言」，到底貴到什麼程度呢？貴為天子。這是秦始皇望氣得出的結論。

據說劉邦起事之後，秦始皇常說：「東南方向有天子之氣。」於是，經常到東方巡遊，一是為了魘壓此氣，二是趁機盤查可疑之人。劉邦心知此氣與自己有關，惶惶不安，只好亡匿於芒碭山中。雖然劉邦自以為藏得十分嚴密，可以做到深不知處，可只要呂氏想見他，卻每次都能找到他，從不落空。

劉邦覺得很奇怪，就問呂氏到底憑什麼找到自己的？呂氏說：「不管你藏在哪裡，上方常有五色雲氣。只要循著氣去找，一定可以找到你。」呂氏口中的「五色雲氣」，不用說，就是秦始皇所說的「天子之氣」了。頭頂天子之氣，當然必為天子。

總之，劉邦在親人身上下功夫，表明我是天之驕子，目的是為「立萬」築牢萬年基石。

上述這些環環相扣的神話故事，不過是要告訴人們，劉邦是神的兒子。劉邦這個神的兒子，降臨人間的目的，是執行神的使命，統治萬民百姓，當天子來了。

如今的人們，自然不會相信這些胡言亂語，讀到這些文字，大多一笑置之，然後拋到腦後。然而讀史不可如此輕率，至少應該想一想，這些奇奇怪怪的神話故事，是誰發明的，又是誰傳播四方的呢？

這其實是一個很簡單的問題，只要一想就明白。這些神話故事，不用說，都是迷信的謊言。那些所謂的參與者、目擊者，就是謊言的傳播者。因為他們不說，誰會知道還有這些事情？尤其是蛟龍生子、呂氏望氣的故事，目擊者都只有一人，他（她）說有就有，他（她）說無就無，說謊不用費力氣。

至於這一切的背後主使人，謊言的發明家，除了劉邦，不會有別人。這是因為，製造和傳播這些謊言，目的是用來說明劉邦乃是奉神之命，下凡治理臣民百姓，以便從當時的「法理」上證明劉邦君臨天下的合理合法，顯然，這些謊言的最大受益者就是劉邦及其家人。謊言的受益者，必然是謊言的製造者。而在劉氏家族之中，能夠創造神話的聰明人，也只有劉邦了。

點評：一個人的出身對其事業有很大的影響，出身好的人可以利用現有的資源從而降低其解決問題的難度。所以，從出身上來比較，貴族出身的項羽比白手起家的劉邦更具優勢。

但是劉邦煞費苦心的「興爹」之舉，編造了蛟龍生子的神話，諦造了帝王神話，也創造了歷史。從此之後，所有創業的君主和以藩王身分入繼大統的皇帝，都有一個，甚至幾個神話如影隨形，來證明他們是龍之子、神之子。而其子孫後代，則幾乎都不再有神話發生，因為他們已經用血緣傳承的方式從父輩那裡繼承了神性，也就理所當然地成了龍子龍孫。

二、長相及形象

美必須乾乾淨淨，清清白白，在形象上如此，在內心中更是如此。

—— 孟德斯鳩（Montesquieu）

有一個很經典的故事：三國時期，益州牧劉章有位手下叫張松。他能力極強，在整個蜀川都是赫赫有名的人物。美中不足的是，他的相貌不怎麼樣，首先就是身材矮小。除此之外，更要命的是「額钁頭尖，鼻偃齒露」，也就是額像钁頭，頭像陀螺，鼻像破窯，大板牙像野豬一樣露出來。這個形象直接影響了歷史。

本來他是要將益州獻給曹操的，因為在他的眼中曹操是位英雄。可是哪知曹操被他的外貌嚇到，頓時失去了探究其胸中錦繡的興趣。

曹操將洗腳盆往張松的面前一攤，一邊耍弄著他的臭腳一邊就開始了這次歷史的接見。同時，言語之間更流露出輕蔑與戲弄，結果，送上門來的益州大禮飛走了。

外貌是一個人留給別人的第一印象，曹操因為張松的外貌而冷淡他，最終錯失良機，可見以貌取人是多麼的不明智。

這個故事也從另一個側面告誡我們，作為一個智慧的人，應該懂得在修好自己內在，讓自己肚子裡有貨的同時，適當地注意自己的外在形象，這是大為必要的。良好的內在修養、學識、才華，加上合理適度的外在形象，必然讓你大放光彩。

言歸正傳，下面來看項羽和劉邦的「另類長相」和「光輝形象」。

項羽的外貌及特點概括起來大致為三個方面。

一是重瞳子。

「重瞳子」，就是一個眼睛有兩個瞳孔。中國史書上記載有重瞳的只有六個人：倉頡、虞舜、項羽、呂光、魚俱羅、李煜。倉頡是黃帝時代的造字聖人；虞舜是禪讓的聖人、孝順的聖人、三皇五帝之一；呂光則是十六國時期橫掃西域的後涼國王；魚俱羅相傳是擊殺猛將李元霸的隋朝名將；李煜是五代十國時南唐後主，著名的詞人、文學家；而項羽能以曠古絕今的「西楚霸王」的身分入圍顯然也是一種榮耀。

所以，在人們的觀念中，重瞳子是一種吉兆。有著「重瞳子」的奇特長相，自然為「西楚霸王」項羽增加了更深層次的神祕面紗。然而，按照現代醫學的解釋，這種一目兩眸的人，其實是一種病，壽命不長，這必然為項羽的人生抹上了一層悲劇的氣息。

二是力氣大。

《史記・項羽本紀》記載：「籍長八尺餘，力能扛鼎。才氣過人，雖吳中子弟皆已憚籍矣。」這句話說了項羽的一個優點：高大健壯、力大無窮，可以謂之武神。天生神力，項羽顯然是遺傳了祖上武將世家的良好基因。項羽不但力氣大，使用的武器也很特別，他精通十八般兵器，其中獨愛百兵之霸——戟！傳說項羽起兵之前會稽郡曾天降隕石，後項梁私下請當地鑄造兵器的名匠用此石取鐵為項羽鍛造兵器，經九天九夜終鍛成一桿巨型虎頭盤龍戟，僅桿就有碗口般粗細，項羽為其起名日「鬼神」！此戟常人需兩人齊力方可抬動，然而項羽天生神力，只用單手便把戟舞得風聲水起，後來更自創出一套無敵的招數「單手十八挑」。

項羽的戟功絕世雖然難脫吹捧的嫌疑，但是他的劍術高明卻是實在的，至少可以從《史記》裡尋找出相關證據。

事例一：「門下大驚，擾亂，籍所擊殺數十百人，一府中皆慴伏，莫敢起」，這段是寫項羽叔姪兩人起事時的情況，當時項羽不可能手持長戟，也不可能赤手空拳斬下太守頭顱。原文說得好：「誡籍持劍居外待。梁復入，與守坐，日：『請召籍，使受命召桓楚。』守日：『諾。』梁召籍入。須臾，梁眴籍日：『可行矣！』於是籍遂拔劍斬守頭。」可見，當時項羽擊殺數百人之時，手中的兵刃是——劍。

事例二：「乃令騎皆下馬步行，持短兵接戰。獨籍所殺漢軍數百人。項王身亦被十餘創」。這段是項羽烏江自刎前的一段描寫，說是項羽不忍心自己的戰馬和自己一起死於亂軍之中，所以步行與漢軍作戰，步行作戰，不可能用長兵器，那時候還沒有戰刀出世，因此手持長劍斬殺敵將數十員，兵數百，足見項羽的劍術之高。

總而言之，項羽天生神力和武藝高強這個先天因素具備了尋常人不具備的優勢，上得了刀山，下得了火海，於萬軍之中如入無人之境，這一點也是「動口不動手」的劉邦無法相比的。

三是學識高。

提起項羽，大多人的腦海中都會湧現出一個「四肢發達、頭腦簡單」的莽夫形象，要追溯項羽被歷代文人騷客所誤解的根源始於《史記》：「項籍少時，學書不成，去學劍，又不成。項梁怒之。籍日：『書足以記名姓而已。劍一人敵，不足學，學萬人敵。』於是項梁乃教籍兵法，籍大喜，略知其意，又不肯竟學。」

然而，項羽真的像《史記》上記載的那樣嗎？答案是否定的，如果項羽如《史記》所言，那麼，今日也不會有如此多人崇拜他了，也不會有如此多的專家教授挖掘項羽生前事蹟、研究項羽死後所留下的傳奇了。所以《史記》中說項羽學劍不成，並不是說項羽學不好劍，而是指劍術對於他來說太簡單了，不足以學幾天或幾個月就已經盡得精髓了。至於說項羽學書不成，猜想那也是和學劍一樣的道理。

不然，項羽的兩個瞳孔是白長的嗎？如果他「學書不成」怎麼可能研習兵法？兵書一向晦澀難懂，一個「文盲」能看懂兵書？因此，透過推斷，我們可以得出這樣一個結論：項羽的文采也是蜚然的。其實，項羽不但看得懂兵書，而且還是相當精深的。項羽若只是略懂兵法其意，也不會有什麼「鉅鹿之戰」、「彭城之戰」了。讀者的眼睛是雪亮的，不用多解釋，傻子都知道項羽在戰場上的用兵之道，從側面也就涵蓋其對兵法研究之深和精通之深了。

總之，重瞳子、力氣大、學識高為項羽鋪上了一層神祕色彩，為他蓋上了一層神奇光環，這為他的出道、發跡發揮了立竿見影的效果，主要體現在兩個方面：

一是帶來了人脈運。

項羽不但擁有「啃老」的先天優勢，而且擁有超級無敵的人格魅力。要知道楚之項家代代為將或為相，是楚國頂尖貴族。戰國時期重禮儀，貴族更甚，小時候在楚國長大的項羽，自然在言行舉止方面修為很深，溫柔敦厚。再加項羽本身的威武高大，有膽有識，文武全才。有本領、有修為、有涵養、有品行的他自然是極具人格魅力的。這樣，項羽起事後，追隨他的貴族及平民百姓從者如流，這也為他日後的發跡打下了堅實的基礎。

二是帶來了桃花運。

與劉邦飢不擇食的「濫情」相比，項羽顯得「純情」許多。史書只記載了項羽身邊的一個女人——虞姬。這個願以死而換項羽「重生」的弱女子，顯然是從內心深處愛項羽的。虞姬愛項羽的理由無非有兩點，一是英俊瀟灑，二是文武全才。要相貌有相貌，要才氣有才氣，虞姬愛上項羽，並把他當成心中無與倫比的「白馬王子」也就在情理之中了。

據史書記載，虞姬在項羽威名不響的時候就跟隨了他。這說明了什麼？兩個字：眼光。那時項羽還沒有任何威名顯著於天下，他還可能躲在某個角落，說著「彼可取而代也」的狂言呢，這樣的項羽有什麼資格、有什麼魅力能夠得到天下第一才女加美女的青睞？原因只有一個，那就是項羽有著符合做白馬王子的實力。他高大英俊，他有不凡的抱負，他有著別人無法抵擋的武力，他有過人千倍百倍的才華。因此，這樣的年輕俊傑，自然而然地闖進了少女的心扉，少女自然而然地千里追尋他，美女慕英雄，英雄同樣也愛美女，因此也就順理成章地成就了一番良緣，譜寫了一曲悽美的愛的傳奇。

劉邦的外貌及特點概括起來大致為兩個方面。

一是美髯。

說到帝王長相，歷史典籍裡一般突出「奇」和「雄」。太史公一向公允，唯獨在描寫劉邦和項羽的長相上，有所偏向。他描寫劉邦是個不同凡俗的美男子，可以籠統概括為四個字：雄姿傑貌。有《史記．高祖本紀》記載為證：「高祖為人，隆準而龍顏，美鬚髯。」所謂「隆準龍顏」，指的是鼻子豐隆，準頭肥大，鼻梁挺直。顏指頭面，龍顏就是龍頭的意思。

常人的額頭，大多是圓的，不是方的，而龍王的額頭都是方的，額頭方則貴。這就是所謂的「日角龍顏」，為帝王之品。很多開國帝王都有這種相貌。而劉邦的「雄姿傑貌」顯然是集《三國演義》中劉備和關羽的優點於一身，長相俊美，高鼻梁，一副龍的神態，一臉漂亮的鬍鬚，堪稱美髯公，顯得儒雅而仁厚，氣宇非凡。

二是黑腿。

據《史記》記載，劉邦「左股有七十二黑子」。所謂黑子就是黑痣。也就是說劉邦的左腿上長著七十二顆黑痣。

《相理衡真書》中將痣分為善痣和惡痣，善痣代表吉福，惡痣象徵凶厄。判斷「善痣」或「惡痣」，要綜合分析其大小、顏色、凹凸、深淺、色澤、著毛與否等。一般善痣，不外要大，顏色要黑漆，或紅如朱、或白如玉、膨凸、有光澤，痣的周圍色澤美好，有長毛的更好，這就是善痣；反之，就是惡痣。根據相術，痣的形狀、色澤、部位、大小都能表示出人在命運上的吉凶、貴賤和禍福。按照這種說法，痣簡直就是命運的風向儀、符號標記。據說善痣也要長對地方，如果長在好的部位，那就是錦上添花。

既然痣有這麼多的附加值，歷史上就出現了不少著名的「痣」，如朱元璋腳踩七星、安祿山腳掌下的三顆痣、慈禧腳底的痣，他們有一個共同的特點就是，痣都長於腳和腿。這也就是劉邦腿上為什麼會長痣，而且長得密密麻麻的原因了。

當然，太史公記載劉邦腳上的痣不多不少剛好七十二顆是有原因的。七十二在古代一直是個神祕的數字，陰陽五行論中將萬物歸結於「金、木、水、火、土」這五種物質。按這種學說，七十二這個數字指的就是土。當時青、黃、赤、白、紫五色與五行中的「金、木、水、火、土」相對照，「土」對應的是「赤」。劉邦腳上有七十二顆黑痣，七十二在陰陽五行論中屬「土」，而「土」又等於「赤」。這就是劉邦後來自稱是赤帝化身的全部依據。

總之，身有異痣為劉邦鋪上了一層神祕色彩，為他蓋上了一層神奇光環，這為他的出道、作秀、開局起步發揮了立竿見影的效果，同樣體現在兩個方面：

一是帶來了人脈運。

因為劉邦長著一雙「黑腿」，慧眼識丁的沛縣當紅「祕書長」蕭何自降身分，主動和「一介布衣」的劉邦交往，讓人跌破眼鏡。而縣裡的其他一班官員，如曹參、夏侯嬰等人或仰慕劉邦「神奇」，或欽慕劉邦「才識」，都和劉邦交往甚密，讓人百思不得其解。俗話說，朋友多了路好走。後來，正是經過好朋友蕭何的推薦和幫助，劉邦鯉魚跳龍門般地謀到了一個公務員的職位 —— 泗水亭長。

劉邦當上了泗水亭亭長，小小的亭長雜事、爛事一大堆，在別人眼裡這是一份苦差，但是在劉邦的眼裡卻是一份美差，因為在這個職位上，他很快展現出了自己的才能。也正是由於他的實際管理能力非常出眾，所以沛縣每次向中央政府輸送勞役人員的事情，基本上都是由他來辦理的。因此，劉邦就經常有機會去秦都咸陽。也正是因為經常出差，這才得以在咸陽城見到秦始皇出巡，因為羨慕嫉妒恨，而撥動欲望之弦，產生了燕雀之志，開啟了人生新的征程。

二是帶來了桃花運。

我們都知道劉邦初入社會時，是一個好吃懶做的人，「不事家人生產作業」、「好酒及色」。整日遊手好閒，吃喝嫖賭，無所不會，40 歲時還是光棍一個。這麼大的人還沒有老婆，怎麼解決性需求？除了嫖娼，劉邦還有一個辦法就是找性伴侶，嫖娼需要花錢，而找性伴侶需要花時間。奇怪的是，有一個姓曹的女人長期跟在他身邊，當他的「情婦」，後來曹氏還為劉邦生了一個私生子，取名劉肥。劉邦當了皇帝後，劉肥被立為齊王，這是後話。

曹氏之所以這麼死心踏地當劉邦的「情婦」，就是被他的「雄姿傑貌」所吸引。據說曹氏不但性格潑辣豪爽，關鍵時刻還見義勇為。按理說，呂雉是她的情敵，在項羽軍隊搜捕劉邦家眷的危急時刻，她挺身而出，藏匿呂雉和劉邦一家老小，嚴刑相逼也不招供。看來劉邦的眼光果真不錯，他的女人都是敢做敢為的女中豪傑，頗有王室風範。

桃花運二：當了泗水亭長後，雖然已是個地方小官，但是因為劉邦有劣跡在前，此時仍娶不到老婆，良家不願把閨女嫁給這個「流氓」。正如《楚辭·漁父》所說：「舉世皆濁我獨清，眾人皆醉我獨醒。」就在眾人都把劉邦當成「垃圾股」時，有一個人卻把他當成「績優股」，這個人便是沛縣第一富翁呂公。呂公這個人，不但有錢，而且喜歡為人看面相，看見劉邦的相貌，就非常敬重他。

呂公對劉邦說：「我從年輕的時候就喜歡幫人看面相，我看過面相的人多了，沒有誰能比得上你劉季（劉邦的小名）的面相，希望你好自珍愛。我有一個親生女兒，願意許給你，做你的灑掃妻妾。」就這樣，劉邦娶到了呂雉為妻。

點評：在古人看來，劉項二人都生有異相，只是項羽的帝王之相長在臉上，劉邦的野心藏在大腿上。可是天下哪有人把野心寫在臉上的，所以，項羽不是一個野心家，而是一個務實派。

劉邦和曹操類似，可以說是歷史人物裡性格最豐富的兩位「性格之王」，都堪稱「卑鄙的聖人」，他的叛逆、大度、豪邁、勇敢、幽默……，他的自私、虛偽、奸詐、殘忍……，都是人們長期談論不休的話題。

三、抱負及包袱

決定一個人的一生，以及整個命運的，只是一瞬之間。

—— 歌德（Johann Wolfgang von Goethe）

「人生出彩」是每個人都有的理想，一棵小草也能享受春風的吹拂，一朵小花也能享受春天的懷抱，每一個普通人都能做夢且努力讓自己夢想成真。這將是人性解放的時代，這將是人的身心徹底解放的一大步。

回顧歷史，我們會發現，早在秦末時期的項羽和劉邦便是懷著「解放」思想，向著民主、自由、公平、正義前進，將自己的抱負和夢想融入了時代，融入了奮鬥旅程。

首先，來看項羽的抱負。

秦始皇一生最喜歡出巡，並美其名曰微服私訪。一次，他率軍遊會稽、渡浙江時，項羽在項梁的帶領下進行了一次「零距離」觀光。在喧天的鑼鼓聲中，在威凜的吆喝聲中，在滾滾的車軲轆聲中，在赫赫的歌功頌德聲中，出現了一個極為不和諧不協調的異樣之聲：「彼可取而代也！」

短短的六個字，如同平地一聲雷，震得大地為之顫抖。敢說出這樣大不韙話的人便是初生之犢不畏虎的項羽，這句話的意思簡潔明瞭，大致意思包含三層：一是我可以取代他；二是我比他強；三是我可以超過他。

再延伸開來就是，像秦始皇那樣當皇帝，或是像秦始皇那樣當超級皇帝，才是項羽的人生追求和奮鬥目標。

短短的六個字，簡單的一句話，折射出項羽三個方面的特點。

一是直爽的性情。性情二字是人們常掛在嘴邊的字眼，最原始的理解就是：性，性格、稟性；情，思想情感。這詞合起來就是指人的性格、習性與思想情感。項羽是那種直接、露骨、大大咧咧、敢愛敢恨、嫉惡如仇的性情中人。要知道在當時那種輿論限制、言論禁錮、惡刑如麻的年代，就連偶語都要棄於市，因此做為平民，大眾言語都是極為小心警惕的，特別是對敏感的政治，更是三緘其口、噤若寒蟬的。

而項羽不但敢以大無畏的態勢說出自己心中的所思所感所想，而且是當著天子的面、面對天子的禁軍，臉不紅心不跳地完整地表達出來，這份勇氣令人敬佩、這份膽識令人折服、這份淡定令人驚嘆。都說童言無忌，直言同樣無忌。

二是驛動的心態。狄更斯（Charles Dickens）說：「一個健全的心態，比一百種智慧都更有力量。」眾所周知，心態，即心理狀態。心理過程是不斷變化著的、暫時性的，性格特質是穩固的，而心理狀態則是介於二者之間的，既有暫時性，又有穩固性，是心理過程與性格特質統一的表現。

項羽的心態是什麼樣的呢？首先，他的心態具有穩固性，這個穩固性建立在超級自信的基礎上，因為對自己的能力等方面超級自信，才會斬釘截鐵、毫不猶豫地說出自己比別人強、自己比別人做得更好之類的話來。

同時，項羽的心態又是暫時性的，這個暫時性是家庭環境影響所至。要知道他雖然有個叔父項梁在，但是他心裡只想「坑」的便是秦始皇。究其原因，很簡單，爺爺項燕之死、項氏家族的沒落都是拜秦始皇所賜。所以面對這欺師滅祖的不共戴天之仇，項羽的心裡一直隱著一顆復仇的心。

因此，秦始皇無限風光時，便是項羽無限失落時；秦始皇無限瀟灑時，便是項羽無限落寞時。這個時候，看見「仇人」秦始皇從自己眼前威風凜凜、不可一世而過時，他心中的仇恨和怒火如同火山般爆發了，他如同一匹脫韁的野馬，剎那間展現出自己酣暢淋漓的野性和放蕩不羈的個性來，脫口而出「取而代之」這樣的話也就情有可原了。

三是不成熟的舉止。清·侯方域《壯悔堂文集》：察其舉止。舉止是指人的動作和表情。日常生活中人的一抬手一投足、一顰一笑，都可概括為舉止。舉止是一種不說話的「語言」，能在相當程度上反映一個人的素質、受教育的程度及能夠被別人信任的程度。

在社會交往中，一個人的行為既體現出他的道德修養、教育程度，又能表現出他與別人交往是否有誠意，更關係到一個人形象的塑造。冰冷生硬、懶散懈怠、矯揉造作的行為，無疑有損於良好的形象。相反，從容瀟灑的動作，給予人清新明快的感覺；端莊含蓄的行為，給予人深沉穩健的印象；坦率的微笑，則使人賞心悅目。

因此，我們在交往中應該使自己成為舉止優美的人。那麼，項羽是什麼樣的舉止呢？可以肯定的是，項羽的舉止是優美的，這一點從楚國第一美女虞姬死心踏地愛著這位超級帥哥就可以看出端倪來。同時可以肯定的是，項羽的舉止是大器的，這一點從他的直言不諱中已經體現出來了。同樣，項羽的舉止是耿直的，耿直到什麼地步呢？死腦筋到底，沒有半點拖泥帶水和婉轉迴旋餘地。

要知道：曲則直、枉則全、窪則盈、敝則新。因此，項羽的直白從另一個角度來說，便是魯莽、衝動的體現了。要知道禍從口出，即使心中是這麼想的，也要埋藏在心裡不從嘴上透露出半分，甚至連臉上都要不透露半分。把自己的不滿、自己的抱負、自己的期待經過時間的淬鍊，內化於心、外化於形，最終悄無聲息地朝著理想目標奮進，不屈不撓地達到自己的目標。這才是真正的智的所作所為，這才是真正成熟人的隱忍之道。

可惜，當時年少輕狂的項羽顯然還達不到這麼高的修為、這麼高的境界。這和項羽波動的心態有很大的關係，要知道一個健全的心態比一百種智慧更有力量。而當時項羽的心態顯然是不健全的，因此導致了舉止上的不成熟。也正是因為這樣，當項羽這不顧後果，魯莽衝動的從嗓子吼出口後，唬得一旁的項梁「花容失色」，趕緊捂住他的嘴，告誡他：「請不要亂說話，這可是犯了誅滅九族之罪啊（毋妄言，族矣！）。」

總之，項羽的抱負如同一道枷鎖，讓他背上了沉重的包袱，他那稚嫩的肩膀顯然還無法挑得起這千斤重擔，歷史的洪流讓他開啟了萬劫不復的人生苦旅。

接著，來看劉邦的抱負。

劉邦見到秦始皇也是一個偶然的機會。當時做為泗水亭亭長的劉邦去咸陽出差，在繁華的咸陽城裡偶然「邂逅」了秦始皇。同樣是在喧天的鑼鼓聲中，在威凜的吆喝聲中，在滾滾的車軲轆聲中，在赫赫的歌功頌德聲中，出現了一個另類之聲：「大丈夫當如是耳！」

短短的七個字，柔和而含蓄，如同投入河中的一顆小石子，似乎掀不起風也掀不浪，掀起的只是老當益壯的劉邦的雄心壯志。《史記》在記載劉邦說這七個字時加了個修飾語：「喟然太息」，也就是說是在感嘆、感慨聲中說完這句話的，這句話的意思簡潔明瞭，大致意思包含三層：一是他是我的榜樣；二是他是我崇拜的偶像；三是他是我奮鬥的標竿。

再延伸開來就是，人生在世，就是要努力爭當秦始皇那樣的人才有價值、才威風，這才是劉邦的人生追求和奮鬥目標。

短短的七個字，簡單的一句話，折射出劉邦三個方面的特點。

一是擁有良好的抗壓性。這個抗壓性包含兩個方面，一方面是擁有積極的上進心。劉邦當時只是一個小小的亭長，在聚天下光環於一身的秦始皇面前，可以說是渺小、低賤到塵埃之中去了。

然而，劉邦並沒有因為自己的地位低微、身分低賤就自暴自棄、自甘墮落。他看到了風光如斯、強大如斯的秦始皇，並沒有像其他人那樣，嘴裡直呼「帥呆了、酷斃了」之的讚美之詞，而是把自己聯想到了秦始皇，自己要是也能像秦始皇這樣前呼後擁、萬人景仰、君臨天下該多好啊。因此，不甘落後的劉邦不管現實，不顧場合，發出了大丈夫當如是耳的呼聲，目的很明確，向秦始皇學習，這體現出劉邦積極向上的進取心和意志力。

另一個方面是淡然的平常心。劉邦因為羨慕秦始皇的風光，就把秦始皇當成了偶像來崇拜，把他當成奮鬥目標來看齊。項羽的話裡可以說是「比、學、趕、超、爭」五味俱全，而劉邦的話裡卻只有「比、學、趕」三味。少了「超和爭」，就少了無謂的麻煩，可以說這是劉邦擁有一顆平常心的最好體現。

二是擁有遠大的政治眼光。眼光這個東西是很要命的！我就一直思索李清照和杜牧對待項羽的態度為什麼會大不相同！一個是「生當做人傑，死亦為鬼雄，至今思項羽，不肯過江東！」；另一個卻是「勝敗兵家事不期，包羞忍辱是男兒，江東子弟多才俊，捲土重來未可知？」後來就明白了，眼光的問題。李清照對英雄的定義和欲想「修身齊家治國平天下」的杜牧有所不同，這是可以理解的。

我們都說宰相肚裡能撐船，就是指他們的目光遠大，他們很不容易被人理解，卻很容易被人誤解，沒有相當的歷練和思考是做不到他們那個樣子的！通常大政治家是不能用常人的眼光來看待的，也不是能用常規的思考方式來理解的。非常人行非常事，忍人所不忍，所以才會能人所不能！劉邦當時雖然還不能算是個政治家。

但是多年的社會經驗、人生歷練，早已把他打磨成一個「白骨精」了，懂得人情冷暖、人世滄桑、人心叵測，懂得人無遠志、人無近憂的人生便是碌碌無為、窩囊的人生，因此，他以獨有的政治眼光來看待秦始皇的「無限風光在險峰」，從而有感而發地發出向他學習、向他看齊、向他靠攏的政治感言也不足為奇了。

三是擁有超然的欲望追求。人的一生是追求的過程，有的人追求名利，有的人追求富貴，有的人追求虛榮，有的人追求享受。作為人海中的一朵浪花，我們都有自己的人生追求，都有七情六慾，劉邦是凡夫俗子，自然也不能例外。確切地說，劉邦對秦始皇的風光，除了羨慕，還有嫉妒和恨，這是人的本性使然，畢竟劉邦在驚羨、讚嘆秦始皇的權力、財富、地位時，還會本能地產生那種與生俱來的失落感，從而激發的是嫉妒感和恨意。

但是劉邦不像項羽那樣直白，他的心胸也不像項羽那狹窄，他把秦始皇當成自己追趕的對象，把成為秦始皇那樣的人當成自己的欲望，正所謂有欲望才有追求，劉邦有欲望、有追求，但是他對欲望和追求有更深層的理解，他能正確地對待欲望和功利，和項羽的「取」和「代」不同，他更多的是「追」和「求」，因此，說白了，劉邦的追求其實是一份簡單的動力，是一份平凡的快樂。劉邦把自己當成凡人看待，享受一下凡人的快樂，學學流浪的吉卜賽人，即使一無所有，也縱情歌唱，活躍了思想，保持了正義之心，實為難人可貴。

總之，劉邦的抱負如同蝸牛爬樹，輕裝上陣，放下所有的負擔，開始「積跬步，至千里」的追夢之旅。

享有人生出彩的機會，是每一個致力於實現個人價值與夢想的有志者的希冀與期待。有了這樣的機會，就要萬分地珍惜它、牢牢地抓住它、充分地用好它。唐代大詩人杜牧的〈赤壁〉這首詩中有「東風不與周郎便，銅雀春深鎖二喬」這樣膾炙人口的佳句。詩人在這裡感嘆說，倘若當年赤壁之戰周瑜借不到東風的話，那麼勝敗雙方就可能易位。也就是說，周瑜打敗曹操，關鍵是他抓住了那天颳東風的難得機會，如果沒有或者錯過了這個機會，那麼擁有小喬這位絕色美女的就不是周瑜，而是曹操了。

歷史經驗一再證明：人生出彩的機會，只垂青那些有準備的人。一個人的人生能否出彩，不在於他是什麼身分，也不在於他居於何種社會地位，關鍵在於他是否肯為美好夢想的實現不懈奮鬥，正如一個人的出彩人生不是喊出來的，而是做出來的。

把話題再扯回到劉邦和項羽身上來，透過兩人以上的異樣、另類之言的分析，可以得出兩人在抱負方面有兩個共同點。

一是兩人都是不甘墮落的人。不管是學習秦始皇，還是爭當秦始皇，甚至是超越秦始皇，兩人都不是墮落的人，都立志想當「大人物」。正如「心有多大，夢想就有多遠」一樣，超越現實，放飛夢想，實現人生價值，這顯然是劉邦和項羽兩人共同的人生追求。

二是兩人都是不滿現狀的人。項羽儘管在項梁的庇護下，衣食無憂，生活雖然不能說富貴無比，但是也有滋有味，按理說他應該知足常樂、安分守己才對。然而，是秦朝讓他的榮門變成了寒門，家仇之下產生的強烈的國恨，讓項羽對現實自然強烈不滿。

而劉邦當時儘管已經在蕭何的幫助下，成了泗水亭的亭長，但是這個連芝麻官都不夠格的職位顯然是極具雄心的劉邦所不能滿足的，因此，他在看到秦始皇的無上權力和無限風光之後，萌發出豪情壯志也就在情理之中了。不滿現狀，自我加壓，砥礪前行，這顯然是劉邦和項羽兩人共同的人生追求。

而兩人在抱負方面的不同點歸納起來有三點。

一是兩人的政治眼光不同。這一點不用多說，主要體現在年齡差距上。混跡社會多年的劉邦懂得政治的真正內涵，所謂政治，一是要從政，二是要嚴治。而項羽則不同，他所理解的政治，一是要發生政變，二是要奉行鐵腕治理。政治眼光的不同，導致兩人的思考方式、思考模式截然不同也就不足為奇了。

二是兩人的政治素養不同。這一點同樣不用多說，主要體現在身分的差別上。劉邦家世代貧農，「邊緣化」的劉家與秦朝政府保持著與生俱來的距離，使得個人和國家先天無仇，後天無怨。劉邦只是被秦始皇的風光、氣勢所震懾，最終開始了向榜樣學習和靠攏的奮進之旅。

項羽就不一樣，他和秦朝有不共戴天的國仇家恨，特別是爺爺項燕的慘死是項羽心中不可磨滅的傷痛，他對秦朝的痛恨、對秦始皇的痛恨是無以倫比的，是刻骨銘心的，也是躍躍欲試的。不把秦朝推翻，不將秦始皇取而代之，顯然是不會善罷甘休的。

三是兩人的政治目的不同。這個不同主要看他們在對天下占據主動權的時候採取的措施。項羽在滅秦後，採取分封制，大封十八路諸侯。可以看出，他想效仿齊桓公、晉文公，採取分封制，稱霸一方。因此，只要對他臣服，他允許其他的政治軍事勢力存在，這也是項羽在剛滅秦後，放過劉邦的根本原因。與之不同的是，在贏得楚漢戰爭後，劉邦選擇了登基稱帝，採取以郡縣制為主、兼以分封制的皇帝制。可以看出，他想效仿秦始皇，君臨天下，成就帝業。

因此，絕不允許威脅到自己的其他軍事勢力的存在，鴻溝議和後立即毀約，對項羽趕盡殺絕。他雖然在稱帝後封了七個異姓諸侯王，但是大多數是為了打贏楚漢戰爭而採取的無奈之舉。待他平定天下後，就陸續以各種理由消滅了異姓諸侯王，並舉行「白馬盟誓」，規定：非劉不王，不功不侯，違者天下共討之。

點評：有志不在年高。項羽看見秦始皇時，說了句「彼可取而代之」，直白之極，是典型的拿來主義。一腔凌雲壯志、一份豪情鬥志、一系風雲之志、一種躊躇滿志、一番鴻鵠之志躍然於世人面前。燕雀安知鴻鵠之志，就是為了這份不甘落後的抱負，項羽開始了人生的奮鬥之旅。

有志者事竟成。劉邦在咸陽看見秦始皇時，說了句「大丈夫當如是耳」，含蓄文雅，是典型的機會主義。一種先意承志、一系箕山之志、一輪胸懷大志、一顆松柏之志、一葉桑弧之志、一頁潛心篤志騰然於藍天之上。淡泊以明志、寧靜以致遠，就是為了這份不甘平凡的抱負，劉邦開始了人生的蝶變之旅。

夢在前方，路在腳下。不管項羽和劉邦的夢想從本質上和內涵中有多少共性和異性，有多大關聯和區別，不管兩人的抱負是好高鶩遠還是眼高手低，但是夢想的誕生便如同一顆深埋在地下的種子，它會努力吸取養分，它會積極向上，它會衝破地平線的阻擋，破土而出，發芽拔節……

四、學識及學藝

如果有鬍子就算學識淵博，那麼山羊也可以講課了。

——題記

時下擁有高學歷、多文化背景的知識分子充斥著社會的各個角落。過去鳳毛麟角的碩士、博士研究生如今也常行走於左右，隨時提醒著人們對自己是否還擁有所謂知識產生質疑。文化知識能順利轉化為推進社會發展的正能量，卻難以接受社會的考量。

有位作家說：「知識分子的目光應該像探照燈一樣，他照射的不是過去，也不是現在，而應該是未來。」知識分子是點亮時代發展的燈塔，毋庸置疑，這個知識分子不會是簡單的學識和知道。從知道到見識乃至成為能力到底還要走多遠？生活的閱歷嚴肅地告訴我們無論學歷的光環多麼閃耀，最終還得被生存所左右。現實一次次嚴酷地告誡世人：「紙上得來終覺淺，欲知此事得躬行！」如何育人，這是值得我們思考的地方。

閒話完畢，下面我們來看劉邦和項羽的學識大比拚。

首先，來看劉邦。如果只用一句話來概括劉邦的學問就是：少而精。

少很容易理解，那就是劉邦讀書少，精就是他善於抓住既得的機會，把目標瞄準一門，充分發揮自己的優勢，把這門做大做強。他的求學經歷概括起來可以分為三個階段，少而精便藏匿於其中。

第一階段：正經八百的學生時代。當然，劉邦家裡窮，而且兄弟姐妹又多，按理說，他這個劉老三是很難讀到書的，但是劉邦也是幸運的，這是拜和他同年同月同日生的盧綰所賜。盧綰的老爹是當地有名的地主，劉邦和盧綰同一天出生，在這個時候，顯然是劉邦沾了盧老地主的光。雖然正史上沒有記載盧老地主出錢讓劉邦上學，但是從劉邦和盧綰在浪跡江湖時如影相隨、不離不棄的好友關係，不妨大膽推測，兩人很有可能一起同窗過。

要知道劉邦的家裡窮得叮噹響，顯然供不起他上學，因此，盧老地主在其中可能對劉邦施過援手，資助過他。當然，考慮到當時的私塾都是自己辦的，做為中陽里最富有的人家，盧老地主請了教書先生來，花這麼一點學費還是沒問題的。而教書先生教一個人也是教，教十個人也是教，因此，這裡不排除劉邦是被「順便」請進去讀書的。

第二階段：刀口舔血的社會大學時代。劉邦丟下書包，踏入社會後，家裡人都感到丟臉，因為他很快跟著當地黑老大王陵當起了混混。其實，劉邦這麼做也是沒有辦法，家裡窮，沒有辦法上學了，又謀不到生路，只好過這樣刀口舔血的日子。

但是，看過史書的人都知道，這個時候，劉邦儘管孤單，但是並不孤獨，因為還有盧綰一直跟隨著他。盧綰為什麼會跟著他，因為他們是好夥伴。但是問題馬上來了，盧綰是典型的「富二代」，為什麼淪落為「草二代」？

筆者推斷有四個方面的原因：一是盧綰和劉邦的九年義教育圓滿完成了，順利畢業，昂首闊步地走向了社會；二是盧綰和劉邦上課實在是調皮，私塾老師沒辦法教了，選擇了辭職，所以盧綰和劉邦失學了；三是盧綰和劉邦主動炒魷魚——逃學，盧老地主也拿他們沒辦法，從此他們開始了流浪的新生活；四是盧家突遭變故，如遇金融危機、政治風暴等，從第一富翁變成了第一負翁，家裡一落千丈，供不起孩子上學，所以盧綰和劉邦失學了。

當然，不管怎樣，劉邦在踏入社會後，和盧綰「有衣同穿、有飯同享」卻是不爭的事實。總之，劉邦應該是過了一段比較長的混混生活，這段時間應當在 8 年到 10 年之間。

第三階段：敏而好學的拜師學藝時代。在社會大學「浪費」了近十年的光陰後，劉邦毅然選擇了拜師學藝的求學深造之舉。師從何來？信陵君！信陵君是當時學者心中的「神」，可惜這個時候已然仙逝了，劉邦不可能再找到他了，但是信陵君的弟子張耳還在，因此，劉邦不遠千里，跑去拜張耳為師，向他求教。

劉邦之所以會在經歷社會大學後，來個浪子大回頭，原因大致有三個：一是劉邦厭倦了黑白兩道打打殺殺、刀口舔血的生活；二是劉邦在闖社會期間突然明白知識的重要性；三是劉邦經過高人的指點後茅塞大開，決定拜師學藝。不管哪種原因，劉邦在張耳門下學了三年，這三年，我們無法知道劉邦到底學到了多少知識，但是可以肯定的是，這其中劉邦增長的見識卻是無以倫比的，政治、眼界、思考能力等等，都有了一個很大的提升。這也是為什麼劉邦日後能在楚漢爭霸中遊刃有餘，能把項羽玩弄於股掌之中的重要原因之一。

但是劉邦沒有一直學下去，因為張耳因政治原因被秦政府通緝，只能選擇隱姓埋名、小隱隱於野去了，而提前結業的劉邦只能又回歸故里。但是從事後諸葛亮的角度來看，劉邦的這段「適可而止」的經歷是頗有成效的，豐富了他的人生閱歷、歷練了他的處世方法，這無疑為他「厚積薄發」、「一鳴驚人」打下了堅實的基礎。

其次，來看項羽。如果只用一句話來概括項羽的學問就是：廣而散。

項羽的求學條件顯然比劉邦要好得多，劉邦是屬於一窮二白之人，但是項羽卻屬於身在福中之人。且不說在「超級叔叔」項梁的庇護下，項羽衣食無憂，而且項梁遺傳下來了項家的「英雄」血統，他本人就是一個多才多藝的人，能文能武，足智多謀，不管走到哪裡，都是萬眾矚目的核心所在。對於項羽來說，他就是最好的教科書。果然，項梁為了能讓項羽早點成才，先是教他讀書，但是項羽只學了一段時間便不學了，說什麼百無一用是書生，讀書只要學會簡單的寫名字識字就行了。

於是，項梁又教他學劍術，但是項羽仍然只學了一段時間就不學了，說什麼行軍打仗不是靠一個人的力量就能完成，而是要靠眾人之力，現在只要學到了一些防身之術，能在一般的情況下保護好自己就行了。項梁最後沒轍了，只好拿出看家本領教項羽學兵法，但是出乎他意料的是，這一次，項羽依然只是淺嘗輒止，說是只要懂得排兵布陣、行軍打仗的最基本方法和策略就行了，沒有必要學那些深奧的東西，真正的兵法不是在書本上，而是在實戰之中。

從上我們可以看到，項羽每學一個東西都是半途而廢、適可而止，說的再直白點就是半桶水。然而，項羽雖然離精益求精相差甚遠，但是因為博採眾長，他的修為也是頗為豐厚的，這為日後在革命中，能獨挑大梁發揮了重要作用。

更為重要的是，他行軍打仗有自己相當獨立的思路和方式，事實證明效果也是不錯的。也正是因為這樣，他的光芒是在楚軍中被無限放大的，是別人無法企及的。包括他的智囊軍師范增，我們翻史書可以看到，范增真正出彩的機會並不多，而且在僅有的幾次露臉的機會中，扮演的都是「小丑」的角色，在鴻門宴上使出的是一波又一波的連環計，但是結果都是功虧一簣，特別是在滎陽圍困劉邦時，使出的是猛攻計，但是結果卻是出師未捷身先死。

當然，范增這兩次最終沒有達到預期效果，其實不是范增的計謀不行，也不是范增的策略不對，而是項羽不支持、不配合。離開了項羽這個主心骨，誰也辦不成事。這就是項羽的魅力，這同時也說明了項羽對自己主見的認可，及在處理政務上的果敢和一意孤行。

點評：劉邦和項羽求學歷程的截然不同，知識涵養的迥然不同，是因為出身的環境不同造成的。劉邦學本領時，是堅持不懈。他是個調皮的青年，要麼不學，要學時就百倍努力，不遠千里投奔張耳門下拜師可以看見他對知識的渴望，可以看出他不甘落後的思想。

而長達三年的求學生涯也可以看出劉邦的毅力和耐力。如果不是張耳因為「觸犯」了大秦法律，被迫逃離，劉邦的求涯生涯應該還要更長些。回到沛縣後，他做的第一件事，就是把書本上的知識運用到社會中去，在泗水亭長這個職位上，他坐得遊刃有餘，便是學以致用的最好證明。

項羽學本領時，是適可而止，每一項都是半道而回。他年少時，曾念書，也曾學習劍術，但是都沒有取得好成績。後來，他轉而鑽研兵法，下決心學成可敵萬人之術。這在武學界，堪稱練習「葵花寶典」。這是他的性格展示，雖然向上、好進、果敢，但是缺乏持久力、耐力、恆心，結果剛猛有餘，卻柔韌不足。

這一點在長達四年的楚漢爭霸中可見一斑，特別是在和劉邦對峙於鴻溝時，漫長的僵持，消磨了項羽的銳氣和信心，於是乎，劉邦一提出議和，他想也不想就答應了，並且馬上搬師回朝，結果陣角一亂，劉邦乘機反攻，兵敗垓下，最後空有「葵花寶典」也無濟於世，空有一腔熱血也付諸東流，最終喋血烏江。

五、厚道及厚黑

知識和才幹造就成功，其餘的靠碰運氣。

—— 題記

有句俗語說：「龍生龍，鳳生鳳，老鼠的兒子會打洞。」其意為，作為成功人士或者菁英人物的子孫後代會遺傳其祖宗的優良基因，也會有一番作為與成就。當然，這涉及遺傳科學與基因科學。事實真是這樣的嗎？按照達爾文（Charles Darwin）的進化論的思想觀點來分析，應該是可分兩條路線發展。

一條路線是遺傳優良的基因，多多少少有點作為與成就；一條路線是遺傳出現變異，做為後繼者反而比祖宗差勁得很。歷史上按第一條路線發展的例子有：春秋戰國時期軍事家孫子與後世子孫孫武，孫武繼承祖先優良傳統，與祖宗同為著名軍事學家。西漢周勃與兒子周亞夫，父子皆為能征善戰的軍事將領。東漢的班彪與兒子班固，父子都為當時著名史學家。

歷史上按第二條路線發展的例子有：秦始皇與兒子秦二世胡亥，父親是雄才大略統一六國的君王，而兒子卻是昏庸無能、窮奢極欲的亡國之蠢帝。隋朝開國皇帝楊堅與兒子楊廣，父親是英明的皇帝，兒子卻是弒父篡位、窮兵黷武、荒淫無道的昏君。三國蜀漢皇帝劉備與劉禪，父親是英雄，兒子卻是樂不思蜀的庸人。這樣兩條線路發展的例子舉不勝舉，多如牛毛。

而如果拿項羽和劉邦相比，顯然，項羽也是按第一條路線發展的；而劉邦則明顯的是走第二條路線。

要知道項羽出生於將門之家、豪門之後，他也繼承了祖輩的勇猛、剛強、彪悍、威武、豪爽、率直，最後憑著自己的超凡才能和不懈努力，成了唯我獨尊、不可一世的西楚霸王。

當然，他在成長、成才、成功之路上，儘管也經受了不少波折，但是他的發跡之路顯然比別人早，比別人更具優勢。項羽是在溫室裡長大的孩子，因為有叔父項梁這個棟梁在，項羽無論身在何處，無論富與貧，他都是溫暖的，因為天塌下來，可以由項梁來頂著。因此，他的成長之路可以說是幸福的。

革命後，項梁成了「帶頭大哥」，他自然而然地成了「二號首長」。可見他不但出道早（不到二十歲就開始創業），而且因為祖上遺留下的「人脈優勢」和「先天優勢」，他一起步就成了舉足輕重的人物，頗受人尊敬和愛戴，在軍中如同眾星捧月似的。因此，他的成才之路可以說是幸運的。

項梁的英年早逝，一下子把光復家業、建邦立國的千鈞重擔壓在了項羽一個人身上，他在體會到人生的艱難困苦的同時，也更加激發了奮發圖強的進取之心。在楚懷王的打壓下，他硬是憑著自己的果敢和英勇力挽狂瀾於既倒。

在討伐暴秦的過程中，以快刀斬亂麻的態勢斬殺了宋義，取回了原本屬於自己的兵權，並且在鉅鹿上演了背水一戰，成功打敗和降服了秦朝的第一悍將章邯，一戰成名，從而讓歸順者、跟隨者、擁護者絡繹不絕，最終先入關的劉邦也不得不拱手相讓「入關成果」，而項羽理所當然地成為威風凜凜的西楚霸王。

總而言之，項羽面對「厚勢」時，厚積薄發，厚此薄彼，厚道的他最終提煉出人生的「質感」，開創了一片新天地。

劉邦所走的第二條路線，其實是完全相反的。劉邦家裡窮，父母都是老實的農夫，按傳統來說，劉邦也將成為農民的繼續人。然而，事實證明，劉家的遺傳出現變異，做為後繼者反而比祖宗更強悍。

劉邦在苦難中淬鍊了輝煌人生，譜寫了一曲「讚之歌」。只是過程卻比項羽更為曲折、更為驚險、更為艱難，如同一隻破繭而出的蟬蛹，衝破黑暗而新生；如鳳凰涅槃，沐浴烈火而再生。

那日看電視節目，介紹北美洲蟬的一生，感動到要落淚。在一片茫茫森林裡，某年，不計其數的蟬的幼蟲紛紛破土而出，恍若數以億計的生靈同時降臨凡間。若隱若現的月光下，森林的地面上湧動著一層又一層的黑浪，牠們急匆匆地爬著。沒有統一的命令，但是冥冥之間生命的牽引，牠們追尋著樹木的方向。很快又以最快的速度爬上無數棵樹，找到牠們認為合適的位置。棕黃的蟬蟲開始蛻變，蟬努力鑽出，以最美的姿勢仰身脫殼，一隻雪白的蟬躍然眼前，悄然滑落旁邊，美麗的蟬翼翩翩舒展，如若絕世舞姿，為生命綻開等待許久的渴望。

生命真的是很奇妙的存在。生命的意義似乎真的不在於長短，而在於厚度與品質。

自己動手，豐衣足食。因為無依無靠，劉邦的發跡只能靠自己。但是他聰明之處在於，他知道自己的力量有限，且不談厚度，連溫度都不能保持，因此，他把從書本上學來的知識，把在社會上學到的知識都結合起來，然後做出了一個大義之舉：廣結朋友。

事實證明，他結交的朋友都是非同尋常的人物。第一個玩伴盧綰是個富二代，他的老爸是當地有名的地主，但是劉邦卻手到擒來，讓他成了自己死心塌地的好兄弟；公務員出身的蕭何是沛縣紅人，連縣令都要敬讓他三分，但是這位高手卻對劉邦服服貼貼，奉為自己的「主子」；夏侯嬰是獄史，但是劉邦犯罪後，他寧肯自己背黑鍋坐幾年牢，也不願讓劉邦來分擔半點責任，可見劉邦的人格魅力；還有樊噲天不怕地不怕，天不服地不服，唯獨只服劉邦。這其中雖然有「連襟」這層關係在，但是從另一個側面可以看出劉邦身上所散發的氣質讓人折服。

其所薄者厚，而其所厚者薄。厚能轉薄，薄亦能轉厚，厚積才能薄發。劉邦的第一份職業是亭長。這是一個最基層最低等的官職，但正是這個職務，讓他受益匪淺。一是劉邦從中學到了許多官場知識；二是劉邦從中結交了許多上層社會的人物；三是劉邦看清了秦朝的黑暗和官場的腐敗，他日後之所以走上革命的道路，就是因為看透了秦朝衰敗的本質，看清了歷史發展的必然趨勢，看到了革命燃燒的燿眼之光。

當然，當時這個亭長遠沒有現在的警察局長好當，一是權力有限。他的主要職責是抓捕壞人、維護社會治安，但是問題是，他手下沒有幾個兵，光桿司令一個，因此，在處理事物時，常常還要看鄉親們的臉色。如果哪個地方一旦暴發群體事件，那麼他就吃不了兜著走了，因此，他的管轄範圍雖然大，但都是棘手的事，做好了是本職工作，做不好就是失職。二是待遇不好。這個亭長除了少得可憐的固定薪水外，沒有其他的補助，劉邦要到縣城或是首都咸陽去出差，都得找贊助商，如果找不到贊助商，就得自己掏腰包，這是非常可憐的。

但是儘管如此，劉邦能當上這個小小亭長卻是非常幸運的。要知道，亭長再小，也是芝麻官；亭長再小，也讓劉邦從一介布衣搖身變成了公務員；亭長再小，卻讓他有了更多結識上司的機會；亭長再小，卻裝上了騰飛的翅膀。這便是起點，這便是資源，這便是人生的轉捩點。

果然，劉邦靠著這個亭長的職務，利用職務之便，在一次到咸陽出差時候，看到了秦始皇的出巡，結果被他的磅礴氣勢所折服，發出了「大丈夫當如是耳」的話語，這是人生感言，也是人生感悟，更是人生感想。

為了實現這個理想、這個夢想，他的思考方式和政治目標再次調整。首先，他已經發現秦朝的腐敗和衰敗。其次，他萌生了以秦始皇為標竿的想法後，不再滿足於混口飯、結交幾個朋友。他開始有意識地留意國內形勢，他開始有選擇性地結交朋友，開始物色給為己所用的人才。最後就是「以待天時」。

果然，機會留給有準備的人這話一點不假。很快大秦政府就給了劉邦一次洗新革面的機會。劉邦奉命帶著幾百囚犯去酈山，結果他選擇了放任自由，這樣一來，這一群苦命男迎來了新的春天，他們很快發揮腿長的特點，只走了一段路便紛紛開溜。很快只剩下幾十位了，劉邦眼看這樣交不了差了，索性對剩下的囚犯說：「你們都走吧。」他說完這句話痛苦的閉上了雙眼，但是當他睜開雙眼時，卻發現他們並沒有走。劉邦感到很奇怪：「給你們逃生的機會，為什麼不走呢？」對此，這些人異口同聲說：「不是我們不想走，而是沒地方走。這天下已是民不聊生，能逃到哪裡去呢？」

天下之大，竟無容身之處。劉邦也有同樣的感受，是啊，他這次沒有完成任務，他顯然也是沒有退路可言的，因此，對於他來說，這一次他玩大了，不但丟了鐵飯碗（泗水亭長職務），而且弄不好還要丟性命（私放囚犯，是罪加一等的殺頭罪）。

「你走到哪裡，我們也都跟著你走到哪裡。」大夥又說話了。這下沒轍了。劉邦決定和這群難兄難弟一起過，於是上演了一齣「斬白蛇起義」的好事。劉邦日後不管是在苦難還是困苦中，都能挺住，最終笑到了最後，跟他的求學經歷、社會經歷有很大的關係。

總而言之，劉邦懂得把握，懂得經營，厚黑的他最終提煉出人生的「質感」，從而為自己贏得了未來。

點評：中華民族歷來講究修身、齊家、治國、平天下。只有修身才能治國、平天下。這種內聖外王的思想觀念，強調的是一種內生活上，一種自律，一種以首先的力量感化四方、教化社會的智慧。項羽和劉邦的厚道與厚黑，來緣於千差萬別的「修身」，可謂各具特點，各有所長，各有千秋，這也就為他們日後各取所長、各顯神通打下了良好的伏筆，同時，也注定了不同的風雨人生路。

「三歲看大，七歲看老」，這句俗語固然有誇張的成分，但是也從另一個側面說明了「修身」的重要性，因為一個人學識、履歷的「底蘊」深度，直接影響到人在奮鬥旅程中的成與敗、興與衰、得與失、起與落。

六、外秀及內秀

從藝術的觀點來看，壞人是非常有吸引力的研究對象，他們代表了色彩、變化與特異。好人會激發人的理性，壞人則引發人的想像力。

——題記

說到作秀，追根溯源，中國古代就有一個人堪稱作秀楷模。人家硬是從一個無賴秀成一代帝皇，作秀手段之高、作秀效果之大前無古人、後無來者。這位「作秀祖師」就是西漢開國皇帝劉邦。

不少人指責劉邦善於作秀。細想人生在世，不管是普通人或者是君王，都難免要作秀。一般人作秀是為了影響對方和打動對方，透過溝通贏得對方的信任。從現實可知，作秀是管理者的必備技能。劉邦善於作秀不假，效果也非常明顯，這其實也是實力、信心、悟性、智慧和膽量的綜合體現。下面讓我們來細數劉邦的「驚天十秀」。

秀場一：呂公家。秀資：糊弄 —— 騙個富婆當老婆。

由於劉邦花天酒地、吃喝嫖賭、五毒俱全，當亭長的那點薪資怎麼夠他花呢？錢到用時方嫌少！當時沛縣縣令為「大富豪」呂公舉行喬遷之喜，邀請沛縣有頭有臉的檯面人物出場，結果沛中的豪傑、官吏們聽說縣令有貴客，都前往祝賀。

要送禮給沛縣縣令的朋友呂公，劉邦哪裡拿得出錢呢！沒錢也得秀一把，這就是劉邦的個性，他歪腦袋一轉，想出個打白條「賀萬錢」的主意。白條送禮也送出個轟動效應，面對呂公的熱情相迎，劉邦理直氣壯地坐到上座去，便趁機戲弄那些賓客。劉邦如此作秀，說來也怪，呂公反而更加敬重劉邦，把女兒呂雉也嫁給他了。當然，當今社會，有人也想學劉邦，教育捐款、愛心捐贈也許諾幾百萬上千萬，最終來個鐵公雞 —— 一毛不拔，他們捐出去的是真實謊言，收回來的是誠信缺失，作秀手段與效果和劉邦相比，簡直是天壤之別。

秀場二：咸陽。秀資：道義 —— 溫柔一刀留美名。

漢元年十月，沛公的軍隊在各路諸侯中最先到達咸陽。秦王子嬰駕著白車白馬，用絲繩繫著脖子，封好皇帝的御璽和符節，然後投降。將領們有的說應該殺掉秦王，沛公說：「當初懷王派我突破瓶頸中，就是認為我能寬厚容人，再說人家已經投降了，又殺掉人家，這麼做不吉利。」於是把秦王交給主管官吏，就向西進入城陽。劉邦雖然有作秀的成分在裡面，但是比起項羽殺子嬰及秦諸公子宗族顯然算是「溫柔一刀」了，而且留下了好的名聲，可謂一舉兩得。

秀場三：霸上。秀資：謙讓 —— 約法三章得人心。

進入秦地，劉邦命令全軍，所過之處不得擄掠，秦人自然十分高興。入關後，劉邦下令把秦宮中的貴重寶器財物和庫府都封好，秋毫無犯，然後退回來駐紮在霸上，約法三章，秦人很高興，爭著送來牛羊酒食，慰勞士兵。劉邦推讓不肯接受，說：「倉庫裡的糧食不少，並不缺乏，不想讓大家破費。」人們更加高興，唯恐沛公不在關中做秦王。儘管劉邦在這其中或多或少的摻雜了假仁假義的作秀成分，但是卻擄獲了人心，不得不佩服他的作秀本領之高。

秀場四：鴻門。秀資：說功 —— 舌吐蓮花破危局。

劉邦帶著一百名侍從來見項羽，到達鴻門，劉邦對項羽說：「我跟將軍合力攻秦，將軍在河北作戰，我在河南作戰，卻沒想到我能先入關攻破秦朝，能夠在這裡又見到您。現在是有小人說了什麼壞話，才使得將軍和我之間產生了嫌隙。」項羽說：「是您的左司馬曹無傷說的，不然，我怎麼會這樣！」項王當日就讓沛公留下一起喝酒。有人說，這是劉邦利用自己的三寸不爛之舌公然糊弄項羽。說得對，這是在鬥智不是比勇，就是靠這舌吐蓮花，化解了一場火燒眉毛的危機。

秀場五：新城縣。秀資：哭功 —— 長歌當哭哀兵勝。

劉邦率軍向南渡過平陰津，到達洛陽。新城縣一位掌管教化的三老董公攔住漢王，向他說了義帝被殺的情況。董公曰：「臣聞『順德者昌，逆德者亡』、『兵出無名，事故不成』。故曰：『明其為賊，敵乃可服。』項羽為無道，放殺其主，天下之賊也。夫仁不以勇，義不以力，三軍之眾為之素服，以告之諸侯，為此東伐，四海之內莫不仰德。此三王之舉也。」

漢王聽後，袒露左臂失聲大哭。隨即下令為義帝發喪，哭弔三天，派使者通告各諸侯說：「天下諸侯共同擁立義帝，稱臣事奉。如今項羽在江南放逐並殺害了義帝，這是大逆不道。我親自為義帝發喪，諸侯也都應該穿白戴素。我將發動關中全部軍隊，聚集河南、河東、河內三郡的士兵，向南沿長江、漢水而下，我希望與諸侯王一起去攻打楚國那個殺害義帝的罪人！」的確，這是劉邦作秀的典範，但是這秀作得有板有眼、有眉有目。結果是「漢王部五諸侯兵，凡五十六萬人，東伐楚。」

秀場六：魯城。秀資：哭功 —— 死去元知萬事空。

項王已死，楚地全都投降了漢王，只有魯地不降服。漢王率領天下之兵想要屠戮魯地，但是考慮到他們恪守禮義，為君主守節不惜一死，就拿著項王的頭給魯人看，魯地父老這才投降。當初，楚懷王封項籍為魯公，等他死後，魯國又最後投降，所以，按照魯公這封號的禮儀把項王安葬在谷城。漢王為他發喪，哭了一通後才離去。項氏宗族各旁枝，漢王都不加殺戮。封項伯為射陽侯。桃侯、平皋侯、玄武侯都屬於項氏，漢王賜姓劉。劉邦在戰場上殘酷地殺死項羽，然後又假惺惺的假仁義假慈悲，不可否認，這是在作政治秀。

秀場七：洛陽。秀資：演功 —— 三推五辭為哪般。

漢五年正月，諸侯及將相們共同尊請劉邦為皇帝。劉邦說：「我聽說皇帝的尊號，賢能的人才能據有，空言虛語不是我所要的，我可承擔不了皇帝的尊號。」大臣們都說：「大王從平民起事，誅伐暴逆，平定四海，有功的分賞土地封為王侯，如果大王不稱皇帝尊號，人們對大王的封賞就都不會相信。我們這班人願意以死相請求。」

劉邦辭讓再三，實在推辭不過了，才說：「既然諸位認為這樣合適，那我就為了國家的便利吧。」甲午日，漢王在汜水北面登臨皇帝之位。劉邦這般假兮兮的作秀雖然讓人有噁心感，但是卻弄巧成拙，他的這種作法成為後來皇帝學習的榜樣。

秀場八：長安。秀資：演功 —— 此地無銀三百兩。

丞相蕭何主持營建未央宮，未央宮建東闕、北闕、前殿、武庫、太倉。高祖劉邦回來，看到宮殿非常壯觀，很生氣，對蕭何說：「天下動盪紛亂，苦苦爭戰好幾年，成敗還不可確知，為什麼要把宮殿修造得如此過分豪華壯美呢？」蕭何說：「正因為天下還沒有安定，才可以利用這個時機建成宮殿。再說，天子以四海為家，宮殿不壯麗就無法樹立天子的威嚴，而且也不能讓後世超過呀。」劉邦這才高興了。劉邦是平民出身，秦朝是怎樣滅亡的他心知肚明，劉邦對蕭何所說的話雖有作秀的成分，但是也應該是發自內心的感嘆。

秀場九：沛縣。秀資：詩賦 —— 為賦新詩強作愁。

有人認為劉邦最大的作秀是榮歸故里。《史記．高祖本紀》記載，高祖劉邦回京途中，路過沛縣時停留下來。在沛宮置備酒席，請來老朋友和父老兄弟一起縱情暢飲。挑選沛中兒童一百二十人，教他們唱歌。

酒喝得正痛快時，高祖自己彈擊著筑琴，唱起自己編的歌：「大風颳起來啊雲彩飛揚，聲威遍海內啊回歸故鄉，怎能得到猛士啊守衛四方！」讓兒童們跟著學唱。於是高祖起舞，情緒激動心中感傷，灑下行行熱淚。劉邦對沛縣父老兄弟說：「遠遊的赤子總是思念著故鄉。我雖然建都關中，但是將來死後我的魂魄還會喜歡和思念故鄉。而且我開始是以沛公的身分起兵討伐暴逆，終於取得天下，我把沛縣作為我的湯沐邑，免除沛縣百姓的賦稅徭役，世世代代不必納稅服役。」沛縣的父老兄弟及同宗嬸子大娘親戚朋友天天快活飲酒，盡情歡宴，敘談往事，取笑作樂。

過了十多天，劉邦要走了。沛縣父老堅決要高祖多留幾日。劉邦說：「我的隨從人眾太多，父兄們供應不起。」於是離開沛縣。這天，沛縣城裡全空了，百姓都趕到城西來敬獻牛、酒等禮物。劉邦又停下來，搭起帳篷，痛飲三天。最後劉邦免除掉豐邑的賦稅徭役，跟沛縣一樣。這段秀其實是劉邦的真情反映，要知道項羽也心懷思欲東歸，曰：「富貴不歸故鄉，如衣繡夜行，誰知之者！」這是人之常情。

秀場十：魯地。秀資：祭祀——家祭無忘告乃翁。

劉邦在漢十二年「十一月，行自淮南還。過魯，以大牢祠孔子。」「十二月，詔曰：『秦皇帝、楚隱王、魏安釐王、齊愍王、趙悼襄王皆絕亡後。其與秦始皇帝守塚二十家，楚、魏、齊、趙各十家，魏公子亡忌五家，令視其塚，復，亡與它事。』」詔曰：「南武侯織亦粵之世也，立以為南海王。」後人對劉邦此舉多有不齒，認為這是劉邦這個仇視儒生的大老粗在表演，在作秀。但是對於當時已是垂暮之年的劉邦來說，能做到這一步已經是非常不容易了，比起秦始皇的焚書坑儒，他可謂仁至義盡了。

相對於劉邦的「秀得精采，秀得傳奇，秀出一片新天地」，項羽卻是「秀得精光，秀得出奇，秀得只剩下褲衩」，下面就讓我們來看項羽的「消魂四秀」。

秀場一：黃河。秀資：砸功——破釜沉舟名俱揚。

君不見黃河之水天上來，奔流到海不復返。李白詩下描寫的唯美畫卷，成了項羽名聲大震的「鋪路石」。因為項羽出道之初，在黃河的邊上上演了舉世矚目的鉅鹿之戰。當時楚軍與秦軍人數相差懸殊，而且楚軍又缺衣少糧，士氣低落，副將項羽當機立斷，斬殺主將宋義，命令軍士鑿沉渡河用的船隻，打破吃飯用的鐵鍋，身上只帶三天乾糧，於是軍士們個個以命相抵，士氣大振，最終六萬楚軍打敗了秦國二十萬大軍，項羽也因此一戰成名。

項羽出色的軍事才能無疑是必須肯定的，但是非讓將士們破釜沉舟，又何嘗不是在作秀？但是這一場秀，是秀給自己將士看的，是告訴將士們這一戰只許勝不許敗，要麼贏要麼死。這場秀成就了項羽，極大地鼓舞了士氣、振奮了軍心，所以，接下來的勝利一氣呵成，也成就了項羽英雄的美名，也因此形成了作秀的路徑依賴。

秀場二：咸陽。秀資：武功——倚天屠龍誰爭鋒。

劉邦和項羽約定，先入咸陽者為王。劉邦率先入關，不但沒有騷擾百姓，甚至連關中的美女和財寶都未動分毫，處於弱勢地位的劉邦也用這種方式在作秀，向項羽秀他的忠誠，向天下人秀他的仁義。而處於強勢地位的項羽呢，則是要顯示他主宰一切的霸王氣，入關之後據說先一把火燒了阿房宮，再殺秦王子嬰，最後竟然喪心病狂地屠殺平民百姓。這個項羽實在讓人聞風喪膽，失民心者失天下，項羽這入關三部曲讓他一下子盡失關中人心，楚漢之爭的勝負或許從那時就已經注定。

為什麼非要這樣做呢？項羽無非是在秀，想告訴天下人：「大英雄項羽已經入關啦，所有人必須無條件臣服。你子嬰之前不是不服，跟我作對嗎？關中人不是不希望我入關嗎？我殺了你們，燒了你們的宮殿，看誰還敢反對我？」這場血腥的秀，目的只是告訴天下人，項羽有多麼強大，對他們有著絕對的統治地位，反抗者，就得死。相形之下，實際上劉邦才是個老謀深算的實力派，項羽過多注重表面效果，頂多算個偶像派。

秀場三：鴻門。秀資：嗜酒——鴻門宴上捉放劉。

鴻門宴本來就是一場大秀，導演兼主演范增、張良，主演項羽、劉邦、樊噲、項莊。其實項羽需要做的只是坐在那喝酒吃肉，下個命令就完了，導演范增早就布下了天羅地網，等著劉邦送上門來呢。可是項羽居然連這場最簡單的戲都沒能演好，反倒是劉邦表演得對項羽恭敬有加，絲毫看不出謀反之心，堪稱絕對的演技派。宴會上項莊舞劍，意在沛公，范增多次使眼色給項羽，只要他一聲令下，就能要了劉邦的小命，但是他卻遲遲不肯下令。為什麼？他看劉邦如此謙恭，沒有謀反的跡象，他不能聽信曹無傷和范增的一面之詞殺了功臣，毀了他的英名。項羽在這個時候想到的不是除掉對手，而是想如何把自己的英雄秀進行到底。「不能被天下恥笑我不夠英雄。」頗有心機的劉邦早就看透了項羽作英雄秀的弱點。「你要面子我圖實惠。」悄悄從上廁所的小道溜走了。項羽的英雄秀，成全了劉邦，氣得范增吹鬍子瞪眼。

秀場四：垓下。秀資：老臉——生死只在一念間。

最可悲的是，項羽到死都在作秀，還在想自己要做一個完美的偶像。被圍垓下，四面楚歌，項羽起身飲酒作歌：「力拔山兮氣蓋世，時不利兮騅不逝。」敵人已經大軍壓境，這大英雄還有心情玩傷感呢！被漢軍重重圍困，自知再無機會逃脫，他仍然不忘作秀，他對身邊的騎兵說：「我要為你們殺掉對方一將。」果然衝向敵群，斬殺了漢軍一大將。可是這除了能證明他的匹夫之勇外，還有什麼意義？

最後被逼退到烏江，烏江亭長來接應他，仍願意支持他東山再起。然而項羽想的是：「我這樣落魄有何顏面再見江東父老啊，還不如堂堂正正地死了讓人尊敬。」為了大英雄尊嚴和霸王的榮譽，他毅然決然地選擇了戰死沙場。這時候他大為感嘆：「天亡我，非戰之罪，我何渡為？」認為是老天要讓他滅亡，可見他死都沒能死明白，不知道自己之所以失敗，正是因為太愛表現自己、太喜歡逞能、太重視表現出豪氣霸氣和天下第一、太在乎所謂大英雄的尊嚴與榮譽。一句話，太喜歡作英雄秀了。

終上所述，可以發現劉邦和項羽有這樣兩個特點：一是兩人都愛作秀。二是項羽比劉邦秀得實，劉邦比項羽秀得深。

項羽作秀的「實」外化於形，具體集中體現在一個「笑」字上。而劉邦作秀的「深」內化於心，具體集中體現在一個「哭」字上。據《史記．項羽本紀》記載，項羽面對劉邦的圍追堵截是笑曰「天之亡我，我何渡為」，劉邦安葬項羽後則是「泣之而去」。自古以來就是成王敗寇，緣何項羽在窮途末路時會大笑，而劉邦在安葬項羽後卻哭呢？

首先，我們來看項羽的「獨門外秀」—— 笑。

一是苦澀的笑。烏江綿綿，承載了多少項羽兒時的記憶？遙想當年，和一群江東子弟在烏江邊玩石子時，他們都直呼他「老大」，而他也當之無愧。稍長，他就有了成就霸業的夢想。他生於亂世，再加上他的貴族出身和神勇過人，很快他就借群雄反秦之勢，率領各路諸侯迅速掃蕩了秦在各地的統治，穩穩當當地做了王。

當初的豪言壯語，當初的凌雲壯志 ——「彼可取而代之」，仍然縈繞在他耳畔。然而，此時他聽到的最分明的卻是從四面傳來的楚歌。曾經驍勇善戰的他，曾經打過無數勝仗的他，如今竟然從一馬當先的勝者變成被追擊的敗將，個中滋味恐怕只有他能體會到。於是，他不由感嘆命運不濟：「早知天意如此，當初又何必率江東子弟來送死？」至此，面對渡江的船，面對好心的船夫，他滿腹的苦悶與無奈便迅速湧遍全身，並最終化作狂放的苦笑凝結在了臉上。

二是倔強的笑。李清照有詩云：「生當作人傑，死亦為鬼雄。至今思項羽，不肯過江東。」項羽在緊要關頭的一笑，是從容的一笑，笑得很倔強，笑得很可愛。面對身後洶湧而來的追兵，他自知大勢已去，形勢已經不可挽回，一如王安石所寫——「百戰疲勞壯士哀，中原一敗勢難回。江東子弟今雖在，肯與君王捲土來」。

於是，面對船夫的好意，面對甚至可以扭轉戰局的絕佳機會，他毅然決然地放棄了，因為他明白縱然江東子弟可憐他讓他做王，他也無顏再見江東的父老。這就是項羽——一個出身貴族的項羽，一個倔強的項羽，一個視自尊於萬物之上的項羽。如果說在帳中和虞姬互唱詩歌的他是一個脆弱而多情的男子的話，那此時的他分明就是一個鐵骨錚錚的男人。總之，從項羽的這一笑中，我們可以讀出他特有的英雄氣概。

其次，我們來看劉邦的「獨門內秀」——哭。

項羽死了，劉邦似乎應該仰天大笑。然而，他卻不僅以魯公之禮安葬了項羽，還親自為項羽主持了葬禮，並在項羽墓前大哭了一場。劉邦這又是何故呢？

一是儀式性的哭。劉邦在項羽自殺身亡後，不僅以魯公之禮安葬了項羽，還親自為項羽主持了葬禮。這樣看來，作為葬禮必需的儀式——「哭」自然是少不了的。所以，劉邦的這一「哭」只不過是葬禮活動中的一個必要的儀式。

二是虛偽性的哭。我們都知道，劉邦以哭作秀並非僅此一例。漢二年，劉邦一出函谷關，就接受當地一位董姓鄉官的建議，為被項羽殺死的義帝舉行葬禮，並在三天之中為義帝大哭三場。劉邦為何要在三天之中為義帝大哭三場呢？我們只要看看劉邦哭祭義帝之後的一系列作為就可以明白他的用意：第一，向天下諸侯發書宣告項羽誅殺義帝是大逆不道；第二，號召天下諸侯隨他討伐項羽。從此，劉邦就處處打著為義帝復仇的旗號，為自己東伐項羽提供理由。

由此可見，劉邦哭祭義帝的真正目的其實就是要為自己樹立一面正義的旗幟，宣布自己是正義之師。有人說，劉邦的這一哭是一種惺惺相惜的哭。因為，儘管劉邦和項羽是生死對頭，但是他們也是另外一種意義上的朋友。事實是不是這樣的呢？在劉邦心中，他到底對項羽這個「朋友」有沒有一點珍惜之情呢？

《史記．汲鄭列傳》講述了一件很有意思的小事：鄭當時是漢武帝朝的一位正直的大臣，他的父親鄭君曾經是項羽手下的將軍。項羽死後，鄭君歸降了劉邦。後來，劉邦下令，要求原屬項羽部下的人在奏章中提到項羽時，一定要稱他為「項籍」，既不許叫「項羽」，更不許稱「項王」。漢時習俗，直呼其名是非常不恭敬的。如果稱其字「羽」，則要恭敬得多；如果稱「項王」，那當然更是尊敬了。

可是，鄭當時的父親鄭君提到項羽，從不稱「項籍」，要麼稱「項王」，要麼稱「項羽」，鄭君這樣做顯然是堅守自己作為西楚國臣子的禮節，以表示自己不忘昔日的君臣之禮。於是劉邦下令，凡是稱項羽為「項籍」的原項羽部下都升為大夫，而把堅持稱「項羽」或「項王」的鄭君一個人趕出了朝堂。我們只要拿這件小事與劉邦在項羽死後為項羽舉行隆重葬禮並哭祭項羽一事作對比，就可以看出劉邦哭祭項羽確實很虛偽，完全是在作秀。

三是感慨性的哭。劉邦的成功的確得來不易：先是先於項羽進入關中並首先進入咸陽，卻只能將富麗堂皇的宮殿看管好，並將軍隊撤退到霸上；之後，項羽聽說劉邦在關中稱王極為惱怒，便準備興兵攻打劉邦；鴻門宴上，劉邦雖然將咸陽拱手讓給了項羽，但還是險些丟了性命；隨後，撿回一條命的劉邦忍氣吞聲地被項羽封為漢王，並於四月領兵入漢中，用燒毀棧道的辦法表示自己無意出兵關中，以此麻痺項羽。

後來，劉邦明修棧道，暗渡陳倉，並乘亂重返關中，公開聲討項羽——先攻占彭城，再奪取成皋，並最終在垓下一戰中重創楚軍，逼項羽自刎於烏江邊，結束了為期四年的楚漢戰爭。想起這一段又一段辛酸的往事，劉邦不禁悲從中來、感慨萬千，淚溼衣襟也是人之常情。

點評：劉邦太愛作秀了，別人稱他是流氓，他就處處想逞流氓。但是歸根結柢，他的「內秀」是為了生存、為了生活、為了生命，不惜一切代價地秀自己，成功也就是必然的結果。

項羽太愛作秀了，別人稱他是英雄，他就處處想逞英雄。但是歸根究柢，他的「外秀」是為了逞能、為了逞強、逞英雄，不惜一切代價地秀自己，失敗也就是必然的結果。

成也作秀，敗也作秀。前者如劉邦，後者如項羽。劉邦的作秀說明在專制政治中，民眾只是作為被爭奪的對象，而不是作為權力變更的決定者而存在，封建社會的政治中永遠充滿陰謀策劃，充滿偽裝和表演。而項羽的作秀可以統稱為三個字：英雄秀。處處以英雄自居，處處以英雄自律，處處以英雄自慰，也處處以英雄自虐，他的最終悲劇結局告訴人們這樣一個道理：秀死人不償命。

第二章

智與慧・知行合一止於善

一、才藝大比拚

觀其行，知其人。

—— 盧梭（Jean-Jacques Rousseau）

中國古代歷史上流傳著兩則有關「唯德學，唯才藝。不如人，當自勵」的著名典故。

故事一，三人行必有我師。

大教育家孔子是個善於學習的人，他勤思好學，不恥下問。有一次，孔子和學生們正在趕路，忽然一個小孩子擋住了他們的去路。原來，這個小孩子正在路上用磚瓦石塊壘一座「城池」呢。孔子叫那個小孩讓路，而小孩卻說：「這世上只有車繞城而過的，還沒有拆了城池為車讓路的。」孔子想：「確實不能把這孩子擺的城池當成玩具，我這樣想，可是孩子不這樣想啊。我倡導禮儀，沒想到被孩子問倒了。」孔子十分感慨地對他的學生說：「三人行必有我師！這孩子雖小，卻懂禮儀，可以做我的老師了。」

故事二，身為國君登門求教。

戰國時，魏國的國君魏文侯非常重視人才。他聽說有位叫段干木的人很有才能，就親自去拜訪。他坐的馬車剛到段家的小巷口，他就叫人把車停下來，一個人輕輕地走到門口，叩了叩大門。段干木不願當官，聽到門響，就從後門跑了。

吃了閉門羹的魏文侯不但沒有生氣，反而更加敬重段干木。他說：「此人才能卓越，又不追求權勢，我怎能不敬重他呢？」話傳到段干木的耳朵裡，他非常感動。於是，他同意和魏文侯見面。第二次拜訪時，段干木坐在一把破椅子上，就如何治理國家侃侃而談，魏文侯則站在他的面前，畢恭畢敬地仔細聽著，二人從烈日當空一直談到夕陽西下。

下面，來看項羽和劉邦的「唯德學，唯才藝」。

首先來看劉邦。劉邦的才藝主要表現在三個方面。

第一，口才好。

一是會哄騙人。劉邦能說會道，口才好得令人嘆為觀止。這可能跟他混跡於江湖時，經歷的磨練有關。為了混口飯吃，連大哥大嫂這樣的至親都靠不住，他只能靠自己了。為此，他選擇了在開飯店的寡婦身上下功夫，靠著一張利嘴，吹得天花亂墜，結果成功俘虜了寡婦的心，讓寡婦成了他的長期飯票，他天天來吃飯，吃完拍拍屁股走人，到年底結總帳時，寡婦還當著他的面把帳一把火燒了個精光。只是寡婦不會料到，她的善舉，使得劉邦在那個時候便開創了富婆養小白臉的先河，可謂驚世創新之舉啊。另外，劉邦能娶到呂雉這樣的富家女子也是哄到騙到的結果，也是甜言蜜語的結果。

二是會糊弄人。比如說劉邦入關後屯兵霸上，當項羽要攻打他時，劉邦以快刀斬亂麻的方式「俘虜」了項伯，除了他的隨機應變能力快外，良好的口才也是致勝的法寶，在沒有事先打草稿的情況下，他借題發揮，說的條理清晰，說的頭頭是道，說的感人至深，把項伯整得服服貼貼，最後靠項伯這個「仲介人」成功化解了這場一觸即發的政治風暴，為自己的東山再起贏得了時間。

在霸上僅數小時就搞定項伯，這就是能說會道的結果，就是善於察言觀色的結果。再比如說在鴻溝，當項羽黔驢技窮之際，選擇了拿人質來對付劉邦，把劉邦的老爹綁起來，威脅劉邦如果不投降便進行水煮，結果劉邦根本不吃這一套，對於鐵面無情的他來說，在逃跑的過程中，連自己的親生兒女都可以推下車去，此時自然不會因為老爹和妻子在項羽手中就束手無策，就束手就擒，從而讓自己的千秋大業毀於一旦。

因此，面對項羽赤裸裸的威脅，劉邦說了一句絕世名言：「你我乃是結拜兄弟，我父就是你父，你烹煮你父，記得到時候分我一杯羹哦。」見過流氓沒見過這麼流氓的，見過無賴沒見過這麼無賴的，對此項羽啞口無言，手中的定時炸彈不靈了，他只能自認倒楣。最後劉父還陰差陽錯地被項羽放了，這真是千言萬語抵不過一句話啊。應該說這個例子把劉邦的口才發揮到了極致。

三是會籠絡人。不管是能征善戰的武將也好，還是足智多謀的儒生也罷，只要到了劉邦手下就變得服服貼貼，這就是劉邦會籠絡人的結果，就是會巴結人、感化人的結果。總而言之，劉邦對有才能之人一點兒也不含糊，透過甜言蜜言，以三寸不爛之舌，口吐蓮花，那些所謂的「人才」不是被他的利誘所迷惑，就是被他的言語所感動，最後死心塌地為他賣命，為他效忠。

在滎陽保衛戰中，眼看守不住時，最早追隨劉邦參加革命的紀信，甘願以自己的性命來換取劉邦的性命就是最好的證明。能把手下感化到為了革命鞠躬盡瘁、死而後已的地步，可見劉邦在籠絡人心上有多高明。至於蕭何、曹參、夏侯嬰等最早追隨劉邦的人就更不用說了，至始至終，不管劉邦處於何種險境都不離不棄，特別是「半路出家」的韓信最後在「老東家」項羽拋來三分天下有其一的致命誘惑下，最終還是選擇了「效忠」劉邦，可見劉邦在這一方面的功底之深。

再比如說在彭城被項羽大敗之後，劉邦在逃跑的過程中借宿深山村戶時，見主人的女兒生得亭亭玉立、貌美如花，於是充分發揮三寸不爛之舌，攻心主人，這位主人原本就對劉邦很「景仰」，被他的甜言蜜語一糊弄，自然是分不清東南西北中了，結果劉邦僅靠一條破腰帶作為聘禮，當場就拿下了楚國的第二枝花 —— 戚姬（第一枝花非項羽的虞姬莫屬）。

第二，思考能力強。

一是善於聽取意見。劉邦自己肚子裡雖然沒有多少墨水，但是他卻有一雙順風耳，什麼話都可以聽。別人說好話，他聽了高興，別人說壞話，他聽了也不惱。更難能可貴的是，別人提意見，不管什麼意見他都能聽，而且他不但聽了，還會明辨是非，在很短的時間內能知道什麼是好意見，什麼是壞意見，如何採納這些意見等等。

比如說，漢三年（西元前 204 年）冬，楚軍兵圍漢王於滎陽，雙方久戰不決。楚軍竭力截斷漢軍的糧食補給和軍援通道，漢軍糧草匱乏，漸漸難撐危機。劉邦大為焦急，詢問群臣有何良策。謀士酈食其獻計道：「昔日商湯伐夏桀，封其後於杞；武王伐紂，封其後於宋。秦王失德棄義，侵伐諸侯，滅其社稷，使之無立錐之地。陛下誠能復立六國之後，六國君臣、百姓必皆感戴陛下之德，莫不向風慕義，願為臣妾。德義已行，陛下便能南向稱霸，楚人只得斂衽而朝。」這其實是一種「飲鴆止渴」的壞主意，當時劉邦並沒有看到它的危害性，拍手稱讚，命人速刻印璽，使酈食其巡行各地分封。

在這關鍵時候，張良外出歸來，拜見劉邦。張良借箸諫阻分封，使劉邦茅塞頓開，恍然大悟，以致輟食吐哺，大罵酈食其：「臭儒生，差一點壞了我的大事！」然後，下令立即銷毀已經刻製完成的六國印璽，從而避免了一次重大策略錯誤，化解了一場政治危機。

二是應變能力快。從外表上看上去劉邦是粗漢一個，然而，外表之下卻難掩其英雄本色，他的頭腦就像一臺高速運轉的機器，粗中有細，做事極為嚴謹、靈活，極為清晰。比如說在斬白蛇起義時，他在做出放走囚犯的同時，立刻選擇了帶領追隨者躲進山林的決定。這樣便給了自己休養生息的機會，政府拿他沒辦法，而他隱居山林，靜觀天下其變，待時機成熟再選擇率眾出山。這便是他的應變能力的體現。

又比如說在革命之初，當沛縣這個老窩被「叛徒」雍齒獻給朝廷後，他背腹受敵，面臨何去何從的艱難地步，這時他沒有選擇與秦軍硬拚，而是極為明智地選擇到項梁那裡借兵，然後選擇了「歸順」。在外人眼裡，對劉邦這種委曲求全的作法極為不屑，甚至認為他這是自甘墮落的行為，然而，高明的劉邦選擇的卻是一條能屈能伸之路，正是依靠這種借力打力，使得他有東山再起、一鶴飛天的機會。

還比如說在鴻溝和項羽進行望穿秋水般的長久對峙時，項羽使出亮劍的絕招，成功射傷了劉邦。平常人，中箭之後，肯定會痛苦不已，但是劉邦中箭後，第一反應是不能讓對手知道自己中箭了，因此，裝著若無其事，並且笑稱對方的箭只是射中了自己的腳指頭，箭術還有待提高。劉邦靠著自己的超級應變能力，在第一時間迷惑住了對手。事實上，他這一次顯然傷得不輕，但是在經過簡單的包紮後，當天夜裡他不顧身體虛弱，不顧渾疼痛難忍，靠著堅強的毅力，臉上強擠笑意，選擇了「夜巡」，為部將打了一針強心劑，從而穩定了軍心。

再比如說，韓信在收復齊地、趙地等地之後，不滿於大將軍的稱號，上書「威逼」劉邦封他為「代齊王」，對此劉邦當然怒不可遏了，當場便要發作。張良和陳平及時提醒了他，立刻改口對韓信的使者說：「大丈夫做事頂天立地，怎麼能做代齊王呢，要麼就不做，要做就要做真正的齊王。」以這種吃虧是福的作風，穩住了韓信原本已驛動的心，最終依靠韓信的力量，在垓下徹底打敗了項羽。綜上所述，可見劉邦的應變能力之強、反應之快，可謂達到了爐火純青的至高境界。

第三，懂得「讀心術」。

一是慧眼識丁。在短短的時間內，他就能發現和了解一個人的特長和弱點，他會本著揚長避短的方式對待重用手下的人。比如說最早跟隨劉邦的蕭何，這蕭何可不是一般的人，劉邦革命前，他可是沛縣德高望眾之人，連縣令都要敬讓他三分。但是這樣一位高手卻甘願像一條哈巴狗一樣跟在劉邦後面，原因肯定是劉邦的超級人格魅力了。但是蕭何對劉邦這麼服貼的另一個原因，就是劉邦很會看人，很會吃透人的心理，所謂良禽擇木而棲，良臣擇主而事，就是這個道理。

二是任人為賢。他知道每個人的特長，在革命最開始，劉邦在手下的謀士不多的情況下，是把蕭何當軍師當智囊來看待的，比如說劉邦從碭山打響革命的第一槍時，拿下沛縣，劉邦就是聽取蕭何的意見，採取攻城為下、攻心為上的策略，結果僅憑一封書信就輕輕鬆鬆搞定了沛縣。但是隨著革命的深入，隨著「奇人」張良、韓信等人的入夥，劉邦很快就調整了策略，把張良視為自己最為倚重的智囊，把熟知兵法的韓信任命為大將軍，掌握兵權，而把蕭何調整為軍中的後勤司令。

劉邦之所以雪藏蕭何，讓他坐鎮關中，讓他當後勤司令，做一些運輸草糧、輸送兵源、管理政務這些雜七雜八的事，而不讓他直接上戰場立萬揚名，這是有原因的，不是說蕭何不是打仗的料，而是說明劉邦對蕭何的重視和認可。劉邦自從被項羽分封到關中後，關中已然成了劉邦的根據地，劉邦雖然在用兵如神的韓信的帶領下出關了，開始了與項羽的爭霸，但是要知道項羽不是一般的人，他是個超級大對手，擁有摧毀一切的力量，或者說在項羽面前，劉邦不但沒有必勝的把握，而且還有隨時全軍覆滅的危險。

而關中就是他兵敗後唯一的退路，可見關中的重要性。因此，把守的人一定要慎之又慎，一定要絕對忠於劉邦忠於大漢。因此，他任命蕭何為後勤司令，正是對他的信任和器重。同時，劉邦在多年的朝夕相處中，已然知道了「一個好漢三個幫」的重要性，在重用蕭何的同時，對另一個才子張良也是敬重有加、器重有加。張良是什麼人物，熟悉漢史的人都知道，張良出道前，為自己打出的廣告語是：管仲再世。敢說這種的大話，大抵是兩種人，一種是超級才子，這種人是建立在自己高度自信的基礎上，認為自己有足夠的才能超越凡人，成為可以比肩的聖人。另一種是超級狂人，這種人是建立在超級自負的基礎上，屬於眼高手低、紙上談兵之輩，這樣的人是庸人，也是最可怕的人。因為一旦你信任了他的話，重用了他，結果往往是搬起石頭砸自己的腳，自嘗苦果。

當然，張良屬於前者，他的話是對自己的超級自信，因為他有足夠的才能可以比肩管仲。事實上，劉邦對張良也是一見傾心，對他寵愛有加，視為自己的軍師。而張良果然沒有令劉邦失望，劉邦在逆境中多次絕處逢生、柳暗花明，得益於張良在關鍵時刻的力挽狂瀾，得益於張良在重要環節的運籌帷幄，得益於張良在頂層設計的高瞻遠矚。總之，劉邦找蕭何管後勤保障，找張良出謀劃策，還找到了韓信帶兵打戰，最終在楚漢爭霸中笑到了最後。

三是真誠至上。劉邦出身於平民，可以說毫無架子，他不管對任何人都以禮相待，以誠相待。他在當混混時，能結交上蕭何、曹參等當地官場風雲人物，顯然他的樸實無華和真誠善良占了很大的因素。這一點和高高在上、不可一世的項羽形成了鮮明的對比。

在押囚犯去酈山服刑時，他對這些平苦大眾極為同情，因此，對他們的逃跑行為睜一隻眼閉一隻眼，眼看人都逃亡過半數了，自己已經交不了差了，他索性放了全部人，但是這些卻不肯走，因為他們都被劉邦的樸實和善良打動了，他們要跟他一起走，聽他的吩咐，一起做事業。也就是這樣，劉邦被逼走上了革命的道路。這說明了什麼，說明好人有好報。

總之，劉邦雖然胸中無墨，但是卻心中有智。雖然頭腦簡單，但是思想卻不簡單。他能言善辯，能屈能伸，智商超級高，情商也不低，最後在逆境中一路逆襲，成就了一番大事業，這是他才華橫溢和不懈努力的必然結果。

下面來看項羽。項羽的才藝主要表現在四個方面。

第一，勇猛剛強。

這個前面已經說過，項羽力大無窮，本領過人，一套項氏劍法青出於藍而勝於藍，自項羽出道以來，從整個楚漢爭霸來看，從他的一生來看，他是當時世上當之無愧的第一，是絕世的孤獨求敗之人。剛出道就憑藉自己萬夫莫當之勇，打倒了秦朝第一悍將章邯。然後分封十八路諸侯後，打倒不聽話的田榮，和劉邦的正面交手中，劉邦手下的悍將樊噲、曹參、周勃等人，都不是他的對手，可以說論英勇，他如三國裡的呂布，無人能出其右。

當然，項羽的英勇雖然與遺傳有關，但是更多的是後天的努力，爹娘給予他的是天生神力，而其他的本領和劍法顯然是他後天透過努力而獲得的。這需要不怕苦、能吃苦，這需要毅力和耐心，這需要堅持和平和。這一點對我們現代人來說具有很深的教育意義。任何事情都沒有捷徑可走，要想出人頭地，要想實現理想和夢想，要想獲得成功，就必然先要付出十倍、百倍、千倍的努力，只有努力了，付出了，盡心盡力了，才有可能獲得成功，才有可能實現夢想。

付出的過程有痛苦、有掙扎、有失落，但是更多的是收穫到的喜悅、高興、滿足。吃得苦中苦，方為人上人。古人的話是很有道理的。要想自己的一生不是碌碌無為的度過，就必須努力，我們把這個過程統稱為奮鬥。學好本領，成就未來，這一點亙古不變。

第二，厚道仁義。

在劉邦危難之時，收留如喪家之犬的劉邦，這是厚道；在鴻門宴上放走甕中之鱉的劉邦，這是厚道；在滎陽城破已無懸念時，卻接受劉邦的投降，結果上演了「捉放曹」，這是厚道；在把柄在握時，卻放走被擒的劉邦的父親和妻子，這是厚道；在自己身處不利之勢，接受劉邦的求和，這是厚道；在兵敗烏江，生死存亡之際，不肯上船過江東，這是厚道……

回顧項羽的一生，為人做事可謂厚道之極，這是他與生俱來的本性，這是他骨子裡流動的正義血液使然，就像人之初、性本善一樣，是一種精神，是一種沉澱，更是項羽人格的高貴之處。然而，如果用正反兩面來看問題，我們可以發現，項羽的一生可謂成也厚道，敗也厚道。因為厚道，讓他贏得了士兵的讚賞、百姓的擁護；因為厚道，讓他的人格魅力倍增；因為厚道，讓他的霸王之道順暢之極。然而，也正是因為厚道，讓他的對手多次化險為宜；因為厚道，讓他的夢想化為烏有；因為厚道，最後葬送了他的人生。

厚道是把雙刃劍，可惜項羽到死時都沒有明白這一點。當然，站在現代角度來看，我們對厚道的看法已經完全改變。在古代，特別是那種革命、爭霸的年代，厚道往往會成為成功的絆腳石。但是項羽的厚道，中華民族是需要學習的，畢竟厚道是中華傳統的禮儀。只有寬厚待人、道德仁義，方能樹立良好的人品，樹立良好的威信，樹立良好的人脈，獲得別人的支持和認可，贏得更多的機會，實現自己的理想。

第三，從一而終。

一是對事業專一。認定了革命的事業就義無反顧、死腦筋地走到底。不管中途有多大的風雨險阻，不管過程有多少坎坷曲折，不管有多大的困難，都不能動搖他的心志，不能撼動他的理想，不達目的絕不罷休。這一點是我們現代許多人無法做到、急需要學習的。二是對愛情專一。這個也不用多說。他一生只愛一個女人（老婆可能是政治聯姻），對虞姬呵護之極，達到了含在嘴裡怕化了、捧在手裡怕掉了的地步。這顯然是別人很難做到的，更是花心多情的劉邦望塵莫及的。

我們現代人很需要學習這種專一精神。尤其要注意對事業專一，畢竟選擇人生道路是需要謹慎的，而實現人生道路同樣是需要堅持的，能做到專一，就不會半途而廢，就不會朝三暮四，也就不會出現竹籃打水一場空的現象。

第四，果敢篤行。

項羽的果敢主要體現在，凡事處變不驚，能做到泰山壓頂而神色不變。在項梁戰死、兵權被楚懷王奪去後，他以宋義「怠慢軍情」為由，果斷地斬殺了他，然後當仁不讓地「取而代之」，這為他的東山再起、為他的人生之路書寫了濃墨重彩的一幕。在鉅鹿大戰後，成功收服秦軍將士，面對數十萬秦軍的「不安心」和「不安分」，他果斷地下了「坑殺令」，在活埋降軍時，也把潛在危險消弭於無形。雖然這個做法過於殘忍，過於殘酷，過於殘暴，成為萬民所指，世人所啐之敗筆，但是從客觀上來分析，如果當時項羽不這樣做，說不定也會出現秦軍降軍發動軍事政變或是暴亂的舉動來。如果是那樣，項羽或許得經歷一場生死未卜的軍事變動。

一旦有個什麼三長兩短，對於項羽來說是得不償失的。因此，儘管我們不苟同項羽坑殺活人的舉動，但是我們站在另一個角度來分析，要明白他的良苦用心。因為我們透過分析知道項羽身上存在著「厚道」，可以知道他並不是一個冷酷無情的冷血動物，並不是一個殘暴不仁的昏君暴君。或許有更好的辦法和方式來解決這個問題，但是項羽思想的局限和與生俱來的果敢從而釀成了無法挽回的過失，雖然過了頭，但是似乎也情有可原。

第三個果敢體現在，在分封十八路諸侯後，聽說田榮在齊地「大鬧天空」時，他沒有猶豫，果敢地率隊進行平亂，結果很快把田榮剁成十八塊。雖然為了解恨，沒有及時收手，導致齊地百姓齊聲反楚，但是從客觀來分析，項羽這一次的果敢還是非常及時和有效的。

第四個果敢體現在，劉邦在被打壓到了「難於上青天」的蜀中後，以迅雷不及掩耳之勢東出三秦之地，對項羽的老窩採取直搗黃龍的戰術。聽聞消息後，還在齊地的項羽再次發揮果敢的作風，馬上挑選三萬精兵趕赴彭城。當時劉邦的聯軍有四五十萬，項羽卻只帶三萬鐵騎來復仇，按常理說這是雞蛋碰石頭，自投落網之舉，然而，事實的結果卻出乎人的意料，因為項羽的果敢和神速，結果打了劉邦聯軍一個措手不及。項羽一舉創下了以少勝多的先例，打得劉邦狼狽而逃。如不是靠天靠地靠人幫忙，劉邦可能連老命也賠上了。可以說，項羽的這一次果敢不但成功扭轉了不利的局面，使得楚漢之爭重新回到了一條水平線，而且嚴重地打擊了劉邦的銳氣，更重要的是，讓那種風吹兩邊倒的諸侯王再次選擇了重新站隊。

這無疑讓項羽贏得了新的更大的機會。還有在楚漢爭霸中，面對彭越等人在後方的搗亂行為，項羽果敢地回兵平亂，然後再開赴前線去和劉邦對峙，都讓他的這種雷厲風行的作風展露無疑。

點評：項羽和劉邦都擁有各自的優勢，那麼，為什麼最後是劉邦笑到了最後，而不是項羽呢？

答案只有一個。那就是劉邦做到了揚長避短，而項羽卻做到了揚短避長。為什麼這麼說呢？劉邦在楚漢之爭中，在充分發揮自己的各大優勢的情況下，還多方聽取意見，不斷思考改進自我，改變策略，調整思路，最終在磨練中不斷成長，在困境中不斷進步，從而煉就了金剛不壞之身，最終抵擋了項羽的十八般武藝和隨手而發的暗招，取得了最後的勝利。

而項羽呢？固執己見，頑固不化，一意孤行，使自己擁有的超強人脈等優勢消失殆盡，最終弄得了個眾叛親離的下場。他的頭腦是不清晰的，他的政治是不敏感的，甚至可以說他根本不懂政治，他的內心看似強大，卻很脆弱。他驕傲自大、不可一世，他沒有團結一切可以團結的力量，反而激化了上下層的關係和矛盾，他沒有統攬全國的策略眼光，他輕易地揮霍掉了自己原本擁有的得天獨厚的優勢，並且最終為自己的輕狂和無知付出了慘重的代價。

二、性情大比拚

就像從很小的孔穴能窺見陽光一樣，細小的事情刻劃出人的性格。

—— 塞繆爾．斯邁爾斯（Samuel Smiles）

我們都知道，在現代社會生活中，人際之間的交往顯得愈發重要。在人際接觸中，人們都希望廣結人緣，建立和諧的人際關係。但是在現實交往中，卻事與願違，這是因為人的個性不同產生的結果。

個性，在心理學中又稱為人格，是指在一定的社會歷史條件下的具體個人所具有的意識傾向性以及經常出現的較穩定的心理特徵的總和，包括一個人的興趣、愛好、思想、信念、世界觀、性格、氣質、能力等。每個人都有自已的個性，人際交往受到個性特質的影響。交往中，一個人熱情、誠實、高尚、正直、友好、討人喜歡，人們易於接受他而與之交往；相反，一個冷酷、虛偽、自私、奸詐、卑劣的人就會令人生厭，於是人們迴避、疏遠他。

為了更愉快地學習、工作、生活，我們有必要也必須與周圍的人們建立融洽的人際關係。而建立良好的人際關係其前提就是尊重別人。得到別人的尊重，這是人的基本精神需求之一。

在交際活動中，每個人都渴望得到別人的尊重。尊重別人意味著對別人的理解，「理解能博萬人心」，有了理解，就有了交往的基礎。如果交往雙方缺乏相互的尊重就談不上理解，甚至會產生曲解，這顯然不利於交往。在人際接觸中，人們渴望受到尊重的心理需求由於不經意地被忽視，從而不知不覺地影響了交往。可見，要建立良好的人際關係首先要注重別人，為順利交往奠定基礎。

「一個單獨的人代表著整個人類，他是人種的一個範例。他既是『他』，又是一切；他既具有他所特有的個性，並在這個意義上是獨立的個體，又具有人類所有普遍具有的共性，他個人的人格則是由所有人共處的人類生存環境的特點所決定的。」

——美國著名心理學家、哲學家埃里希・佛洛姆（Erich Fromm）

不一個人力量去爭強好勝，而是團體取勝，這就需要很好地處理人與人之間的關係，能夠把一切可能的人團結在自己的周圍，和自己一起出生入死。能讓別人和自己心甘情願和自己一起奮鬥，這就需要有足夠的個人魅力，讓別人覺得和你在一起無論怎麼吃苦受累、怎麼出生入死都值得，都不冤。這就必須把自己個人的人格變成非一般的，非常的，頂尖的優秀的人格，那就是君子，就是賢達，就是聖人。

這個個人修為的標準，就是流傳數千年的五個字：仁義禮智信。說白了，就是自覺地壓抑個性，以便處理好共性的關係，自覺的服從群體的共性要求。

仁者愛人，老吾老以及人之老，幼吾幼以及人之幼。就是要經常的做換位思考，設身處地為別人設想。己所不欲勿施於人。不能為了自己的一己私利而損害別人的利益。面對的無論是男女老幼，都要以一顆善良的心去待人。

孔夫子一輩子講究克己復禮，這個禮就是講世上萬般都要有一定的秩序，彬彬有禮就是要弄清這個秩序、遵守這個秩序。這個秩序就是天地君親師這樣依序排下來的。對這五項都要頂禮膜拜，都要尊敬。

所以中華民族敬天地，忠於君王，尊敬祖宗師長。長幼有序不得混亂胡來的。講孝悌，兄弟同門之間不可斤斤計較，不能為了自己的個人利益一點虧都不願意吃，因為如果親友同門兄弟之間，一點也不謙讓的話，一定會破壞自己所在的群體的團結和諧，損害群體的和諧和團結，就損害了群體的根本利益，從而會為自己的根本利益帶來損害。自己的利益吃一點虧，維護了群體的利益，從而使自己的根本利益得到了保障，所以才會有吃虧是福的說法。

處事圓通是為智，包括一個人的知識和機巧。就是一個人的智慧。不能認死理，得饒人處且饒人，退一步海闊天空等等，都是說的這件事。

人必須言而有信，大丈夫一諾千金，自己說過的話、許諾過的事一定要兌現，不能說了不算。

仁義禮智信所有這些都是對個性的制約和束縛，為自己一己私利不惜損害公共利益叫做缺德。缺德的人是不會有什麼人緣的，大家都不會喜歡他。個性的過度張揚會引來眾人的側目，所以個性講究含蓄，藝術也講究含蓄。個性一般溶於共性之中，不會過度的張揚，不會有意的為了吸引人們的眼球而出格。出格的東西是不會得到真心的頌揚的。就是說講規矩，無規矩不成方圓。

只說個性和自由的確可以激發人類的生命天性，發揮一個人的最大的創造力。但是也會使人變得無法無天。物極必反，個人英雄主義是成不了事的。懲惡揚善、替天行道、鋤強扶弱都不能一個人包打天下，超人、蜘蛛人都只能是人們的想像，而不會有這種真實發生。相比較而言還是依靠群體的力量，眾志成城、齊心合力的結果更好。但是要形成合力就不能只講個性，而必須要講共性，個性必須要服從共性的需求。

下面來看劉邦和項羽的性情大比拚。

首先，來看他們的本性。

劉邦的本性不能用好與壞來區分，只能說是放蕩不羈、不拘一格。這可能跟他多年的游俠生涯有關，經歷了風餐露宿、刀口舔血的生涯，他早已看透世間冷暖，明白了冷也罷，熱也好，只要活著就好的真正含義。因此，他的思想是靈活的，應變能力是多樣的，處理也是老到沉穩的。

而項羽呢？項羽幾乎是在溫室長大的，儘管只有幾歲時就失去了雙親，但是卻有叔叔項梁幫他撐起了另一片天空，因此，儘管在成長的過程中，也經歷了一些風雨，但是相對於無依無靠、自力更生的劉邦來說，這是小巫見大巫，根本不值一提。正是因為缺少了這種人世滄桑的磨礪，項羽的骨子裡流傳的是做為一名將領中規中舉的血液，缺乏創新意識，缺乏堅忍不拔的意志，為人行事顯得古板而愚昧，如同井底之蛙一樣，眼界和思想的局限性，限制了他強大能量的發揮。

其次，來看他們的血性。

都是熱血男兒，但是兩人的表達方式卻有天壤之別。項羽大大咧咧、雷厲風行，一根腸子直到底。但是與此產生的負面影響卻是我行我素、一意孤行、狂妄自大，在為人處事的過程中風風火火，但是卻缺乏必要的冷靜和沉穩的內斂。也正是因為這樣，項羽在順風順水時，可以憑著這股衝勁、闖勁和韌勁，勇往直前，創造奇蹟，改變未來。但是同時，在逆境中，他因為不懂得進退之道、不懂得柔和之道、不懂得及時收拳積蓄力量再出擊，結果撞到了牆上也不回頭，撞得鮮血淋漓也不低頭，最終，為自己的這種直率和血性付出了生命的代價。

而劉邦則不一樣，他懂得剛柔之道，明白四兩撥千金之妙，知曉曲徑通幽之路，明白厚黑之學，凡事三思而行，面對困難，他會仔細思考，選擇最佳的處理方法，面對絕壁，他會及時停腳，選擇走「回頭路」。

面對挫折，他會幡然醒悟，屈伸自如。也正是因為他懂得這種為人處事的「中庸」之道，也正是因為他拋開虛偽的名和利，也正是因為他把蛟龍當成了親生之母，把失敗當成了成功之母，在整個楚漢爭霸中，雖然他一直處於劣勢，一直被動挨打，一直狼狽不堪，一直疲於奔命，一直險象環生，但是九死一生過後，隨著歷史的鐘聲敲響時，我們才會驚愕地發現，在這場馬拉松似的比賽中，最後衝過終點線的不是一直遙遙領先的項羽，而是一直鍥而不捨的跟隨者劉邦。

再次，來看他們的色性。

孔夫子說，食色，性也。劉邦是好人，當然也是壞人。這個壞是他從小就養成的，沒上學時，調皮，經常欺負同齡夥伴，因為餓，經常做偷雞摸狗的事。上學時，他叛逆，不聽老師的話，經常欺負同學、跟老師作對。

踏入社會後，對於一無手藝二無背景的他來說，謀取不到好的職業，只能混跡於黑白兩道，靠打家劫舍來過日子。這個時候的劉邦的想法很簡單，只為了能混一口飯吃，只為了能活著。也就是這個時候，劉邦學會了很多，最主要的是學會了好酒貪杯、把妹好色。

俗話說時勢造英雄，同樣的道理，環境改變人的性格和命運。劉邦的命運很坎坷，這個坎坷相對於項羽來說，艱辛何止十倍。項羽儘管從小經歷了家庭的變故，但是在項梁的呵護下，他可謂是茁壯成長的，要風得風，要雨得雨。而劉邦呢？他是可憐的，他無依無靠，父母都是貧農，而且家裡生了四五個小孩，能給你什麼？什麼都不能給，能讓你長大成人就已經不錯了。

因此，不能怨天也不能尤人的劉邦在過著刀口舔血的日子，在過著悲苦不堪、飢寒交迫的日子，自然會今朝有酒今朝醉了，貪酒好色也就在情理之中。而這個長期養成的作風，在日後的革命征程中，在楚漢爭霸中都是真真切切地存在的，都是消之不盡揮之不去的。

劉邦有很多好色的時候。比如說在彭城大敗後，逃亡的過程中，劉邦在深山老林借宿，居然毫無顧慮，把生死置之度外，以厚臉皮加老手法，成功地泡到了美若天仙的戚姬，這樣的把妹手段和技巧可謂是後人的典範。

比如說在西征時，人家項羽那是一心一意謀前程，但是劉邦卻是事業把妹兩不誤，白天行軍打仗，晚上還順便做一些兒女歡娛之事。比如說在面見外交大師酈食其時，他依然還在美女的擁護下，洗腳按摩，結果他的這種瀟灑作風、囂張氣派被耿直的酈食其數落一通，被罵得狗血淋頭。為原本就缺乏知識和教育的他上了一趟生動的政治課。

而劉邦也有很多貪酒的時候。比如說在隨何成功地把英布爭取到劉邦的快樂大本營時，英布卻受到了劉邦的閉門羹的待遇，這讓原本抱有極大希望的英布心裡不由涼了半截。如果這個時候不是項羽早已斷了他的後路（斬殺了他的家人），英布肯定會做出「回心轉意」之舉。後路被堵，前路迷茫，英布心裡絕望到了極點，為此，他選擇了揮劍自刎這種方式來了結自己的一生。幸虧張良和陳平及時出現了，好說歹說，好話說了一籮筐才穩住了英布，為劉邦的「幡然醒悟」和「將功補過」贏得了時間。

那麼，一向低調厚道、求賢若渴的劉邦為什麼會如此怠慢英布這樣一位貴客呢？原因很簡單，他喝醉酒了。因為醉了，所以無法清醒；因為醉了，所以才沒能及時接見英布。以劉邦的性格我們可以判定，小醉或是微醉，他都會及時來會見英布，之所以拒而不見，那肯定是大醉特醉了，醉得不醒人事了，自然沒辦法相見了。

好在第二天，當劉邦清醒過來，馬上做出了百倍的補償，對英布又是陪禮又是道歉，最後再對英布許以重用的承諾，透過這種真誠的道歉和手段的攻勢，才將英布的心徹底收服。這次喝酒差點誤了大事，但是以另一個側面我們可以看出，劉邦對酒的痴迷程度。看到這裡，大家就會問了，他的對手項羽呢？

項羽也貪酒好色嗎？答應是否定的。其實項羽是個用情專一、注重飲食的好青年。用情專一這一點不用贅述，畢竟他一生對虞姬的鍾情可見一斑。

而在飲酒方面，在長達四年的整個楚漢爭霸過程中，對項羽這方面的描寫少之又少，《史記》中有記載的僅有的一次是項羽兵敗垓下，在四面楚歌時，他在虞姬的陪伴下進行了狂飲。是啊，此時他太鬱悶了，從天上摔到地上的感受是何等難受啊。但是從史書的記載來看，項羽第二天一大早就選擇了突圍，而且還是依然的神勇無比，這說明項羽是夜只是借酒消愁，並沒有真的喝醉。

由此我們可以推斷，項羽在飲酒方面平時是很注意的，平常基本上應該是很少飲酒的，即使是飲也是有節制的，也是淺嘗輒止的。這一點可以和劉邦的狂飲暴飲形成鮮明的對比。喝醉誤事，這可能是劉邦最大的弱點了。

點評：魏晉時的李蕭遠《運命論》說：「夫治亂，運也；窮達，命也；貴賤，時也。故運之將隆，必生聖明之君。聖明之君，必有忠賢之臣。其所以相遇也，不求而自合；其所以相親也，不介而自親。唱之而必和，謀之而必從，道德玄同，曲折合符，得失不能疑其志，讒構不能離其交，然後得成功也。其所以得然者，豈徒人事哉？授之者天也，告之者神也，成之者運也。」

如果抽取主宰一切的天和神，李蕭遠的話無疑是對的，劉邦的勝利就是因為有「不求而自合」的群臣，「不介而自親。唱之而必和，謀之而必從，道德玄同，曲折合符，得失不能疑其志，讒構不能離其交」，故而得成功也，豈有他哉？而項羽的失敗，正是不由人事，只顧個人的勇力！

歷史的必然性與個人的努力彼此交叉，就是一個人的命運。命運不是由單一的因素決定的。歷史的必然性只是提供了機遇而已，給每個人的命運以限制，同時又提供一個活動的區間。個人的性情往往決定了個人活動區間的大小，使其最大值和最小值迥異。

或者說，個人的努力使得某人與歷史必然性的交叉點或高或低，個人的努力有著極大的空間，而其努力的程度和結果卻受制於其性情。性情對努力的程度和結果發揮著限制或促進的作用。項羽和劉邦的性情不同，因而努力之後所取得的結果不同。

三、善偽大比拚

人之初，性本善。

——《三字經》

做一個善人是為了什麼？為了回報，為了榮譽，還是別的什麼，這不得而知。但是對於有些人來說，做善事就是為了這些東西，在他們善良的面具下隱藏著一顆偽善的心。

真正的善，是會忘記自己所做的善事，不記得或是不在意，只是把它當做一種習慣、一種責任。筆者曾看過一個故事，叫「行善化劫」。

有兄弟二人，在西山遇到了一位高僧。高僧告訴他們，兄弟倆將在四年中有一次劫難，唯一解救之法便是多行善事。從那之後，哥哥便在村裡修橋築路，養老撫幼；弟弟同樣開始行善，種樹、種糧救濟他人。四年快到了，哥哥上山，問高僧是否化了劫難，高僧一言不發，只是搖搖頭。哥哥無奈便下了山。回家途中，突然天降大雨，哥哥發現一座土房可以避雨，便躲了進去，結果一聲雷響，屋子倒塌，將哥哥壓殘疾了。

回到家，哥哥十分傷心，叫弟弟背自己再找高僧。哥哥問：「大師，我幾年行善，為何還遭此難？」高僧不答，問弟弟：「你呢？」弟弟說：「大師，時間久了，我只是行善，忘了化劫。」高僧合上眼說：「這就對了！為化劫而行善，不是全善；為行善而化劫，乃大善。」

也許真善與偽善的差距，不是行為，而是動機與目的。有人為名、利行善，有人則為了更高的追求去做善事或是已把做善事變成一種習慣。比如德蕾莎修女（Mother Teresa）的善，只是為了帶給更多需要幫助的人一絲陽光和多一度溫暖。

當然，這樣的人還有很多，只是有的人所作所為被我們所知，有的人的所作所為不被發現罷了，但是他們的善心卻是相同的！

偽善的人，會因自己做的一件善事而沾沾自喜，求表揚，求誇獎，也會為自己所做的善事不被發現而懊惱。真善的人，則不會因為別人的讚揚而裹足不前，不會因為不被發現而去停止。他們不把行善當成一種品德，而是一種習慣。從現在開始做善事時少一些動機、一些計較，多一些純粹，人心中的善便會擴大，這個人便可以成為一個真正的善人！

言歸正傳，下面我們來看看劉邦和項羽的善與偽。

劉邦的「善」主要表現在為人真誠上。

這個真誠主要體現在，遇到人才時，他會禮賢下士，履足相迎，顯得極為豁達大氣。他對待朋友總是以誠相待，兩肋插刀，上刀山、下火海也在所不惜，這為了他贏得了良好的人脈資源。當然，這裡固然包含劉邦與生俱來的善於交際的能力，但是最重要的一點，劉邦在與人交際過程中，注重一個真字，奉行一個誠字，從而很容易打動別人的心。

劉邦還是小混混時，能和蕭何這樣縣裡的達官顯貴上交朋友，就是最好的證明。事實上，正是劉邦超強的交際能力，最終使得天下俊才、英雄都願意歸順於他，而他能一步一步走向成功，顯然離不開這些朋友的支持和幫忙。

比如說劉邦從一介布衣轉入公務員，就是在蕭何的幫助下完成的，儘管泗水亭的亭長這個職務在當時是件苦力差，沒有一點油水，而且事多，管治安甚至還是提著腦袋辦公的。但正是這份職務，讓劉邦了解了官場，體會到了官場的腐敗，特別在見了秦始皇富麗堂皇的出巡，他更是萌生了「大丈夫當如是耳」的遠大理想，而後面的斬白蛇革命、楚漢爭霸、建立大漢，都是在這種遠大理想的指引下、偉大信仰的牽引下完成的。單從這一點來看，蕭何對劉邦來說可謂功德無量，更別說，蕭何在劉邦漫漫征程中所立的赫赫戰功了。

比如說張良，劉邦和他是一見如故，兩人談兵法，談著談著就把心談近了，最後張良成了劉邦忠誠的粉絲。而張良在楚漢爭霸中的作用，大家都是知道的，可以毫不誇張地說，沒有張良的計謀，沒有張良的智慧，沒有張良的貢獻，那麼劉邦想戰勝項羽，建立自己的王朝那是白日做夢。

劉邦的「偽」主要表現在處事圓滑上。

這是劉邦的處世之道，他從小過著吃不飽穿不暖的日子，感受到了人生的冷暖。在學校時又是調皮搗蛋的壞學生，踏入社會後，又混跡於黑白兩道，但是這些經歷恰好給了他一個鍛鍊的機會，讓他從小明白人情事故、人間冷暖，在經歷大風大浪、閱人無數後，他學會了察言觀色，學會了見機行事，學會了隱忍之道，學會了圓滑之術，知道怎麼因事而宜，順勢而為，逆事而動。

也正是因為這樣，他日後在楚漢爭霸中，無論身陷多麼不利的險境，他都不拋棄不放棄，都積極主動、樂觀向上，努力在黑暗中尋找光明，在逆境中尋找機會，並且最終達到了「圓」的效果。

比如說劉邦和項羽對峙鴻溝，韓信連克趙、齊等地之後，上書請求劉邦封他為齊王。面對這樣赤裸裸地逼宮，劉邦當然氣憤了，但是他的發洩剛出口，就及時止住了，因為關鍵時刻張良和陳平踩了他的腳。劉邦很快就醒悟過來，馬上封韓信為齊王，安定住了韓信的心，確保了後院不走火。這樣的例子很多。面對這樣圓滑、偽善的人，善良得幾乎接近弱智的項羽，自然不是他的對手了。

總之，劉邦在善偽方面兩相相比，還是「善」大於「偽」，這絲毫無損他的良好形象，這也為他的崛起贏得了資源。

項羽的「善」主要表現在善良上。

史書記載，士兵們生病時，項羽親自去看望，噓寒問暖，送藥問湯，視士兵們如自己的親人一樣，這是挺讓人感動的，也是士兵們誓死為他賣命的一個重要原因之一。特別是在鴻門宴上，項羽沒有對已是甕中之鱉的劉邦直接下毒手，都能很好地體現他的善良。

更有甚者，劉邦的老爹和老妻被項羽活捉，但是項羽管吃管住多年，沒有傷害他們一根寒毛，最後還毫髮無損地送回，這裡面固然有其他方面的原因，但是從另一個側面可以體現出項羽的天真無邪和善良敦厚。

項羽的「偽」主要體現在虛偽上。

史書也記載，將士們因為立了戰功，要進行分封時，項羽卻拿著將印捨不得給他們，生怕他們的權力大了、地位高了，自己的形象就矮了、魅力就低了。結果這種玩印不授的後果是，將士們對他這樣的主子寒了心，一些能人異士紛紛選擇了跳槽。這其中最典型的事例就是韓信憤而投奔劉邦。尤其提得一提的是范增。范增對項羽最忠心，被項羽稱為亞父，可見其地位之高，然而，項羽卻對他沒有百分之百信任，而是一如既往地保持了「疑和防」的作風。

鴻門宴不聽范增之言，固然有他人性的弱點作祟所致，但是同時，也有「叛逆」的思想作怪所致。這種叛逆目標所指的對象就是對范增的獨斷專行不滿，對范增的忠心耿耿不信任，對范增還有與生俱來的戒備和提防之心。這一點，到最後滎陽攻防戰展現了一個淋漓盡致，要不然，劉邦那點小兒科的反間計怎麼會那麼管用呢？

疑人不用，用人不疑，項羽的態度也是范增心寒的原因所在，他最終看透了功名利祿，選擇了歸隱江湖，然而，對於一個古稀之年卻壯志滿懷的他來說，卻又是不心甘的，最終他在半途憂鬱而死。項羽對待任何人都有一種「拒人千里」之外的排斥心理，按照現在的說法就是「孤傲」、「冷僻」，讓別人無法靠近，這也成了他的致命弱點。

總之，項羽在善偽方面兩相相比，還是「偽」大於「善」，這讓他的形象大打折扣，這也為他的失敗埋下了伏筆。

點評：孟子道性善，荀子言性惡偽善，一方面，他們所講的性不同，孟子是從人之所以為人處講性，而荀子則是從人的官能慾望處言性，並從官能慾望的流弊言性惡；另一方面，他們所講的善亦不同，孟子是從成善的能力處說善，認為人皆具有成善的能力而言性善，而荀子則從成善的結果說善，認為人必須透過後天的心的思慮和能動的「偽」才能成善而持偽善論。

孟荀二人如此言性、言善，根源在於他們所要解決的問題不同，孟子重在解決成就道德的根基問題，荀子則重在解決道德如何達成的問題。而項羽和劉邦的善與偽，歸根結柢，五個字：生存與發展。為了生存，不得不得偽裝自己，為了發展，不得不改變自己。

四、修為大比拚

天下無易境，天下無難境；終身有樂處，終身有憂處。

——曾國藩

曾國藩與普通人並無二致，一樣有著七情六慾，有著善惡兼具的本性。這從他的學習履歷中就可以看出。曾國藩二十四歲中舉，連著參加了三次會試才考中個賜同進士出身。在品行方面，曾國藩小時候心胸並不寬容豁達，睚眥之仇必報；亦非老練沉穩之人，稍有成功便沾沾自喜；心氣浮躁，常與人爭強好勝。

這些不足，如若不加克制，日後很難有所作為。難得的是，在因殿試考試優秀被破格點為翰林之後，他能夠聽取名師唐鑑和倭仁的指導，躬身自省，嚴格要求自己，克制內心私欲，壓抑人性中惡的一面。

曾國藩年輕時頗有東方朔之風，喜熱鬧、私欲重、滑稽多智。他的老鄉理學名師唐鑑告誡他：「檢攝於外，只有『整齊嚴肅』四字；持守於內，只有『主一無適』四字。」也就是說，要想做一名成功的領導者，你首先要注重形象，你的外在形象一定要「整齊嚴肅」—— 也就是俗話講的要有官樣，要讓人覺得你可以委以重任；而要做到表裡如一，你的內心一定要秉持「主一無適」的精神。按照朱熹的說法，主一無適便是敬，也就是一心一意、心無旁騖地去做一件事。事實上，許多聰明人之所以建功寥寥，最主要的教訓就是心高氣傲、四面出擊，什麼都做，最後什麼名堂也沒做出多少。

正是因為秉持唐鑑的八字真言，曾國藩才能夠在只有中等資質的先天條件和身體素質不如一般人的後天條件下（曾國藩得過嚴重的肺病，大吐血，幾乎不治；35 歲開始生牛皮癬，痛苦得「幾無生人之樂」；50 多歲得了嚴重的高血壓病，多次眩暈），成為青史留名的大家！

為了明確修身勵志的理念，曾國藩還把自己的號改為「滌生」。所謂「滌」就是滌去過去不好的東西，「生」就是重新獲得新生。以「從前種種譬如昨日死，以後種種譬如今日生」的決絕心態昭示他告別過去、追求嶄新境界的決心。為了修身，曾國藩為自己訂立了著名的修身十二條功課，其中最主要的有五個字，即「誠、敬、靜、謹、恆」。

曾國藩自認不是聖人，「擇善而固執之」便是曾國藩秉持的修身信念。曾國藩的精神核心可用一個「誠」字予以概括，不投機取巧、不做苟且之事。所謂「敬」，就是要有恭敬之心。

他在自己遺囑中諄諄告誡後人：「出門如見大賓，使民為承大祭，敬之氣象也；修己以安百姓，篤恭而天下平，敬之效驗也。」人們常說人之將死其言也善，曾國藩的遺言可謂發自肺腑。「敬」常與「畏」連用。如果說「敬」是修身向善的標準的話，「畏」就是做人的底線。在曾國藩看來，要畏道、畏法、畏輿情。畏道，就是畏人世間的大道理；畏法，就是要遵紀守法；畏輿情，就是要重視社會輿論、重視老百姓的口碑。所謂「靜」

就是人的心、氣、神、體都要處於一種安靜放鬆的狀態。所謂「謹」就是指謹慎，就是要時時提醒自己做人要低調、收斂，不要得意忘形、貪得無厭。

曾國藩常常講，人是不可能全的，不要去求全。他說人生最好的狀態應該是「花未全開月未圓」。正因為他時時秉持這樣的理念，在打下南京城、剿滅太平天國、手握三十萬重兵，部下竭力勸說他面南背北時，他才能抵禦誘惑、不為所動，從容寫出「倚天照海花無數，流水高山心自知」這樣境界高遠的詩句。所謂「恆」指的是有恆心，生活有規律，飲食有節，起居有常。曾國藩規定自己，必須做到自訂的十二條功課，即：敬、靜坐、早起、讀書不二、讀史、謹言、養氣、保身、日知所亡、月無忘所能、作字、夜不出門。

他嚴格施行自己制定的一系列必須遵循的規矩，一堅持就是一輩子。人非聖賢，確立了堅定的修身信條，怎麼才能保證一以貫之呢？曾國藩自有決絕的鞭策手段，那就是透過寫日記的方式隨時反省，促使自己取得心靈上的日新日日新的效果，監督自己在沒有人督促的情況下的作為。嶽麓書院的一副對聯能夠很好地表達曾國藩的救世情懷：是非審之於己，毀譽聽之於人，得失安之於數，陟嶽麓峰頭，朗月清風，太極悠然可會。君親恩何以酬，民物命何以立，聖賢道何以傳，登赫曦臺上，衡雲湘水，斯文定有攸歸。這幅對聯也恰好準確地詮釋瞭如曾國藩「完人」般修為的那種人生境界。

態度決定高度，性格決定命運。項羽和劉邦因為家庭出生不同，性格有很大的差異，學識上各有千秋，修為上自然也是大為不同的。劉邦歷經風霜，顯得成熟、老練、沉穩。而項羽顯得幼稚、無知、輕浮。

劉邦無論遇到什麼事都可以做到處變不驚，這跟他多年混跡於江湖修為高深有關。舉兩個小例子。

例一：劉邦在混黑社會時，因為當時王陵是大哥大，他只能算小小弟，因此，剛出道時連溫飽都是問題，常常是飽一餐，飢一餐，吃了這頓沒下頓，逼不得已，有時只好去大哥家蹭飯。親不親一家人嘛，大哥對劉邦這種不務正業雖然反感，但是也只能睜一隻眼閉一隻眼，忍痛奉獻自己辛苦得來的糧食而打碎牙齒往肚子裡吞。

但是劉邦的大嫂很不高興，眼看長此下去，家裡的口糧都會被劉邦消耗殆盡，她想出了拒劉邦於千里之外的妙招，改變吃飯的時間，提前吃飯，然後，等劉邦來時，故意敲鍋問底，擺出一副「你來的不是時候，我們已經吃完飯的現狀」。劉邦呢？不是傻子，一看就知道情況不對，但是他並不是那麼容易糊弄的，透過揭鍋探底，很快就發現了藏匿剩餘的飯菜，事實已經水落石出了，有食物不給吃，臉面何存，這對於劉邦來說無疑是奇恥大辱，但是劉邦並沒有大發雷霆，大吵大鬧，而是選擇了「默默地走」了，忍氣吞聲，只為家醜不可外揚。

但是劉邦並沒有因此就忘記這樣的仇恨，多年後，當他搖身一變，成為九五之尊時，對此事依然耿耿於懷，雖然當時大哥大嫂當時已不在人世了，但是他還是把怒火遷怒到了大哥的兒子身上，在對眾親人都封侯時，唯獨不封大哥的兒子，最後在老父親親自求情下，才勉強封侯，但還是留了一手，封了一個極具汙辱性的稱號 —— 羹頡侯。正所謂君子報仇，十年不晚，從這件事我們可以看出，劉邦的隱忍和修為有多深。

例二：劉邦剛開始斬白蛇革命時，他成功拿下沛縣做為出發點後，接著又拿下了附近幾座城池。然後派老鄉雍齒守城，結果這個雍齒是個兩面三刀之人，投靠秦朝後，劉邦的革命的基業毀於一旦，第一桶金蕩然無存，這對於剛起革命的劉邦來說無疑於滅頂之災，最後靠「歸順」項梁才勉強度過危機。

這樣的深仇大恨，劉邦自然莫齒難忘，按理說日後抓到叛徒雍齒應該要把他碎屍萬段才解氣，然而，劉邦登基後，面對雍齒的「珊珊來歸」，卻一反常態，不但沒有治他的罪，反而給了他一個別人驚羨不已的侯爵的封號。這種以德報怨固然出於政治考量，但是從另一個側面我們依然可以看出劉邦的胸襟和修為。忍常人不能忍之事，方能做常人不能做之事。劉邦的成功很好地證明了這一點。

接著我們來看項羽的修為。按理說項羽從小家裡條件好，出生在豪門世家，儘管只有幾歲就遭家庭變故，沒有爹娘，但是瘦死的駱駝比馬大，更何況項羽不是駱駝，是人。而且還有有一個好叔伯項梁。項梁為了讓這個姪兒成才，傾其所有，又是讓他讀書識字，又是讓他學劍練功，又是讓他學習兵書陣法，總之，比劉邦的學問只有多不會少。按理說「富二代」項羽的修為應該比劉邦深一層甚至深幾層才對，然而，事實卻並非如此。在整個楚漢爭霸中，項羽體現出來的修為極為低下。同樣舉兩個例子來說明一下。

例一：在和劉邦爭奪「關中王」的這場角逐中，項羽占據天時地利的絕對優勢。天時是指，項羽的大軍剛出發不久，便因為陰雨連綿而無法前行，結果主帥宋義做出了「長休不前」的舉動。一個星期過去了，項羽氣得直剁腳，半個月過去了，項羽急得直罵髒話，一個月過去了，項羽氣得拔劍而起，結果就是拔劍、揮劍、收劍三個連貫動作一聲呵成，頓時血光四濺，腥氣十足，主帥宋義倒下了，然後項羽取而代之成為當仁不讓的主帥。

因為陰雨天而成全了項羽，對於他來說，當然是難得的天時了。地利是指，在鉅鹿大戰中，秦朝第一悍將章邯占據黃河的天險，擁有先入為主的城池、糧道等地利優勢，然而，這一切在項羽眼裡卻不值一提，他只運用「破釜沉舟」、「聲東擊西」、「圍點打援」三招就破解了，不但破了，而且徹底打敗了秦軍的主力部隊，誅殺了秦軍副帥王離，最終逼使秦軍主帥章邯選擇了歸順。敵人擁有的地利轉瞬間變成了自己的地利，再加上數十萬秦軍歸降，項羽擁有的地利優勢可想而知了。

然而，項羽的天時、地利最終卻不敵劉邦的人和。劉邦入關的路線因為是繞道而走，因此突出一個遠字，但是他卻審時度勢地在籠絡人心上下功夫。以不戰而屈人的戰術，不斷拉攏招集人才。張良、酈食其等人就是他的傑作。能說服能招降的城池，絕不動用一槍一彈 —— 開門納降，不能歸順又易守難攻的城池，絕不多浪費一槍一彈 —— 繞道而走。也正是因為這樣，他的勢力也日新月異，而且進軍的速度也是如火箭般的。

相反，項羽在得到了秦軍幾十萬降兵後，在人和上非但沒有做好，而且做糟糕了。首先，項羽雖然擁有天時、地利，但是人和卻太差，遠不如利邦。他不把秦軍降軍當人看，而是當豬狗牛馬來使用。這樣的結果使他的革命軍和秦軍降兵格格不入，到最後針鋒相對，橫眉冷對。眼看矛盾不斷更新，項羽為了保全自我，做出了令人髮指的舉動，直接坑殺了四十多萬秦軍降軍。結果他的做法徹底寒了天下人的心，他的人氣雖然隨著入關逼進而高漲，但是他的聲譽卻一點一滴地下跌。

更讓他懊惱的是，因為自我的耽擱，結果劉邦先他入關，這也為他日後走向滅亡打下了伏筆。這場兔子與蝸牛的賽跑中，勝利的依然是蝸牛，雖然有主觀的原因，也有客觀的原因，但是一個不容忽視的問題就是，項羽在處理人和時表現了修為的不足，甚至可以用不恥來形容。

例二：項羽分封天下十八路諸侯王，把劉邦趕到荒無人煙的蜀中後，對不安分的齊地進行了大規模的「剿匪」行動，結果他在成功殺掉罪魁禍首田榮後，卻並沒有及時鬆手，放齊地軍民一條生路，而是幻想著徹底征服他們，結果激起了齊地百姓的公憤，群起而反之，讓項羽陷入了汪洋大海的戰爭中。這給了劉邦喘息和出關的機關，當劉邦攻克三秦之地，順勢而下，直搗項羽的老窩，並且一舉端下彭城時，項羽這才如夢初醒，回過身來對付劉邦。

雖然最終靠出奇制勝的方式挽回了頹勢，但是從整個戰局來看，齊地可能是項羽心頭永遠的痛，因為自己處理不當，弄成了心腹大患，最終使得劉邦得以捲土重來。這個事例，體現的是項羽的暴躁、孤癖、剛愎自用、自以為是，這是他在修為上的缺陷。最終自釀苦酒自己品嘗，落得悲慘的下落。

點評：在客觀環境於己不利時，要有挺的精神，挺不住，就只能做老二，難做老大；挺得住，就會由老二的位置，升到老大的位置。

劉邦和項羽在稱雄爭霸、建功立業時，其實就是在「挺」上見出高下、決出雌雄的。這是一種「忍」功的較量。誰能夠「挺住」，誰就得天下，稱雄於世；誰若剛愎自用，小肚雞腸，誰就失去天下，一敗塗地。

宋代著名大文學家蘇東坡在評論楚漢之爭時就曾說：漢高祖劉邦所以能勝，楚霸王項羽所以失敗，關鍵在於是否能忍。項羽不能忍，白白浪費了自己百戰百勝的勇猛；劉邦能忍，養精蓄銳、等待時機，直攻項羽弊端，最後奪取勝利。劉邦可以成大業是他懂得忍下人之言，忍個人享樂，忍一時失敗，忍個人意氣；而項羽氣大，什麼都難以容忍，不懂得「小不忍則亂大謀」的道理。大業未成身先死，可悲可嘆！

五、作風大比拚

「夫大人者，與天地合其德，與日月合其明，與四時合其序，與鬼神合其吉凶。」

——《易經》

關於作風，以下幾則與雞蛋有關的故事能夠令人深思反省。

第一則來自《資治通鑑》。孔子的孫子子思向衛侯推薦將才苟變，衛侯說他也知道苟變可用，但是苟變在做稅官時吃了老百姓的兩個雞蛋，所以不能用。子思說，用人就像工匠選用木材，應該取其所長、棄其所短。「今君處戰國之世，選爪牙之士，而以二卵棄干城之將，此不可使聞於鄰國也。」衛侯最終被說服了。

選人用人，政治之大事。不同的時期、形勢、條件之下，原則各有不同。在生死存亡、競爭決勝之時，人才難得，往往強調唯才是舉、不拘小節。而在天下安定、長期執政之後，選拔幹部就應突出德才兼備、以德為先。這方面的例子很多，其中的原因也是清楚的。

動盪時期，百姓的信任更多源於其能力和水準，因此會給予更多寬容；而承平日久，社會心理發生轉化，不分彼此的熱情逐漸減退，不可隨便的要求成為自然。幹部的小節，就在老百姓的眼皮子底下，最為直觀。不負責、不檢點的行為，對幹部隊伍形象的損害、對民心的挫傷就是最為直接的。

第二則故事說的是清宮雞蛋價格昂貴。光緒年間，一個雞蛋市價不過幾個銅錢，可在御膳房，四個雞蛋開價至三十四兩銀子。有一次，光緒皇帝當著文武百官的面，舉著一顆雞蛋問他的老師翁同龢：「這種貴物，師傅也曾吃過嗎？」答道：「我家裡遇上祭祀大典，才偶爾吃一次，否則不敢吃。」

從上到下都在矇蔽光緒皇帝，這是可怕的，更可怕的是連他的老師都不敢拆穿。惡劣風氣背後往往牽扯複雜的利益，盤根錯節，一些人自覺不自覺地服從其中，推波助瀾，以致潛規則盛行。由此可知積弊清除之艱難，與正風肅紀之必要。

對上對下講真話、實話，襟懷坦白、光明磊落，是營造一個良好的從政環境、建設一個好的政治生態的基本要求。

「不矜細行，終累大德。」細微之處決定成敗，也更見功夫、更見韌勁。

劉邦的作風主要體現在「三實」上 —— 做人實、謀事實、創業實。

劉邦的實是不重過程、只重結果的具體表現，但是從他麾下彙集天下英雄豪傑、最終雄霸天下的結果來看，他注重的「實」可謂實事求是、實至名歸，實實在在，實效明顯。而這個「實」其實又反應了劉邦身上的另一大特點：低調。這可能是劉邦身上最大的優點，也是致勝的優點。

現在流行這樣一句話，高調做事，低調做人。但是當時的劉邦奉行的卻是低調做人，低調做事。怎麼個低調法？在做人方面，劉邦低調之極，既沒有項羽那種安圖享樂的思想，又沒有他那種自我滿足的思想。

他奉行是的坐不改姓，行不更名，我就是我，不需要任何掩飾，不需要一點安慰，更不需要炫耀吊闊。在人生最谷底，最落魄時，也不會覺得低人一等，自甘墮落，在人生最高峰時，也不會覺得不可一世，自命清高。更不會在人生打拚奮鬥階段自我滿足，裹步不前。

這一點透過和項羽來比較，就可以看得很明顯。項羽在進入關中，以「威逼」的手段力壓劉邦成為關中王後，當勢力和權力達到一個至高的境界後，就飄飄然了，結果在選擇定都大事時，不聽眾人的意見，放棄地利環境極好、軍事條件極佳、經濟條件也不錯的關中，而是選擇離家鄉最近的彭城。

一個書生本著憂國憂民、為民為國的思想，好心勸說項羽不要因為個人愛好而放棄集體優勢，不要把個人利益置於國家利益之上。要客觀公正地分析問題，要堅定不移地選擇關中為都，切實為一統天下、號令天下打下良好基礎，做好防患於未然的準備。面對這樣的忠心耿耿之言、赤膽純純的納諫，項羽卻把這「逆耳」之言當成了耳邊風，依然堅持自己的思想，並且說出了富貴之人「錦衣夜行」又有誰知道，和貧賤之人又有什麼區別。面對項羽提出的「錦衣夜行」的論句，書生也急了，直接說項羽這是「沐猴而冠」。結果這樣話冒犯了項羽，聽到這樣的「羞辱」之言，他當即暴跳如雷，怒髮衝冠，二話不說直接把書生扔進油鍋裡炸油去了。結果這樣一來，還有誰敢再勸諫他，畢竟誰也沒有長著兩顆頭顱。

而劉邦呢？顯然不一樣。別的不說，同樣來說定都的事，劉邦在楚漢爭霸中脫穎而出，平定天下，建立漢朝後，在選擇定都洛陽和長安陷入了左右為難的境地。劉邦潛意識裡是對洛陽情有獨鍾的，畢竟這裡離家鄉近些，而且相對於水土也更接近些。而長安的優勢同樣還是地利優勢，再加上是春秋戰國以來的老都，秦朝的根據地，易守難攻，極為重要。

當然，劉邦的手下重臣都願在洛陽，畢竟洛陽好，江花紅勝火，綠水清如藍嘛。而且劉邦的老父也對洛陽很滿意，在劉邦為他打造的家鄉風格的別墅裡過得不易樂乎，自然也不是願意搬的。但是這個時候還是有一些有識之士為了國家的前途和長久考慮，建議劉邦定都長安。而這其中最著名的勸說人就是齊人婁敬，他如數家珍般地陳述了自己的理由後，劉邦大為高興，馬上就答應了。是啊，富貴如浮雲，只有國家的利益才是最長遠的。最後欣然決定定都長安。

從這事件比較我們就可以看出，這就是劉邦和項羽做人的差別。項羽以自我為中心，基本聽不得別人的意見和建議，獨斷專行，自以為是，自己決定的，就算八頭牛十匹馬也拉不回。而劉邦則收斂和低調多了。他善於聽從別人的意見，而且能從別人意見中迅速而準備的做出判斷，最後有針對性地採取。他不管是什麼人，只要是好的意見，只是要對自己有利的意見，都會採取和聽從。單從一點可以就看出劉邦這種低姿態的可貴性，這種看似低到塵埃裡的做法，沒能讓他體現某些方面的風風光光和體體面面，但正是這種低調，讓他贏得了別人的敬重，笑到了最後。

其次，再來看劉邦做事的低調。相對於項羽喜歡把事做的高調風光，劉邦就奉行低調，項羽直裡來橫裡去，什麼事都露於野，就連攻下一座城池也要把城裡的百姓趕盡殺絕，生怕別人不知道他已經是這座城的主人。

而劉邦呢？他懂得韜光養晦之道，對攻城拔寨採取靈活的戰術，能智取的決不強攻，攻不下來的決不勉強，哪怕是繞道走也沒關係。他奉行的是不戰而屈人之術，攻城為下，攻心為上。往往是出奇不易地攻下城池，城上換大旗，有時連城裡百姓都不知道，更別說他的對手了。

因此，什麼血腥屠城之類的自然也就不存在了。劉邦奪取韓信兵權更是低調的典型。劉邦隻身一人來到齊地微服私訪，眼見韓信還在睡覺，迅速做出偷梁換柱的舉動，把韓信的令牌拿在自己手上，輕而易舉地就把韓信的兵權奪過來了。原本孤家寡人的劉邦，一夜之間又變成了擁兵數萬的主子了，從而很好地發揮了穩定軍心的作用和效果。

整個過程，劉邦雖然有不光彩的行為，但是對於落寞之極的劉邦來說權力才是第一位的，因此，他的所作所為也是情有可原的，而這個過程，劉邦的成功歸功於低調，試想想，如果劉邦不是低調，如果是大搖大擺，如果是虛張聲勢，那麼韓信一大早還會在睡大覺嗎？他還會這麼順利地奪取韓信的兵權嗎？總而言之，正是這種低調的作風，為劉邦贏得了良好的聲譽，他謙謙君子的形象正是他的最後的取勝之道。

當然，儘管劉邦在作風上奉行一個「低」字，注重一個「實」字，但是也存在明顯的不足，那就是忌憚一個「怕」字。

怕什麼呢？求穩怕亂。要知道劉邦出生貧寒，因此，他手中的權力一點一滴擴大時，他的心裡的滿足感也一點一滴加強。而這以後，劉邦在權力這條路上精心維護，最終實現了黑馬向白馬王子的轉變。但是草根出身的他存在過於嚴重的求穩怕亂思想，主要體現在三個方面：

一是過於自卑。這種與生俱來的自卑感劉邦是揮之不去的。從小受人歧視，長大了受人壓迫，中年被人追趕，直到年過半百才被萬眾景仰。這是一個蛻變的過程，但是劉邦直到死，恐怕心裡也還是無法消除那種如影相隨的自卑感的。

比如說，首先攻入咸陽，降服子嬰後，他對宮中之物進行了封存，不敢動一絲一毫，甚至連宮女也能做到坐懷不亂。這其中固然有蕭何的勸阻之功，但是恐怕劉邦內心自卑或多或少還是存在的。試想想，劉邦革命之初，會想到自己能成為第一個占領咸陽、推翻暴秦的人嗎？顯然沒有想到，在群雄並起的年代，他無論出身還是裝備都不如其他革命英豪們，他雖然有「大丈夫當如是」的遠大理想，但是在這個程中，他其實還是有所保留、有所收斂的，因此，面對這突如其來的大功和良好局面，他在高興之餘顯然還是心有餘悸、心有顧慮的，因此，經過蕭何的提點後，他馬上就做到了守身如玉，與其說他明白了對手項羽的強大，不如說他明白自己的不足。

再比如，建立漢朝後，在慶功宴上，他當著眾人的面說了這樣一句話：「要說運籌建策於帷幄之中，而決勝於千里之外，那我比不上張子房；要說管理國家，安撫百姓，源源不斷地保證物資和糧食供應，那我也不如蕭何；至於統領百萬大軍，攻無不克，戰無不勝，那我更比不上韓信。這三個人都是人中豪傑之士，我能夠恰當地使用他們，這才是我能夠奪取天下的根本道理。項羽有一個范增而不能信任，這才是他敗給我的根本原因啊！」

劉邦的話固然有謙卑之言，但是更多的卻是道出了成功之道。但是如果再深挖內究，我們不難發現，其實劉邦說這話還包含另一層意思，那就是自卑。為什麼這麼說呢？劉邦說自己這裡不如蕭何，那裡不如韓信，其實是事實。相對於項羽的勇猛無比、正直正義、本領強大，劉邦就顯得低矮多了，論才華他沒有才華，論武功他沒有武功，按照當時的標準，酒囊飯袋一個，地痞流氓一名。的確，吃喝嫖賭，他樣樣精通；陰險狡詐，他頭頭是道。因此，在蕭何、張良、韓信這些舉世無雙的大才子面前，他自慚形穢、自嘆不如也就在情理之中了。

二是超級沒自信。有人會有疑問，如果劉邦沒自信，他會歷經磨難踏破鐵鞋脫穎而出嗎？其實，透過表面看本質，劉邦的確不自信。這種不自信和自卑如出一轍，相輔相成。沒有豐厚的家底，沒有強硬的後臺，沒有強大的關係網，一切都要靠自己。面對風雨，面臨生存，陷入絕境時，動搖甚至絕望也就在所難免了。

比如說劉邦剛開始革命，獲得第一桶金 —— 拿下沛縣時，別人請他「對號入座」當大王時，他拒絕了，經過三番五次的勸與推，最終「勉為其難」地做出這樣的決定：當大王就不必要了，就當個沛公吧。整個過程雖然是劉邦在實施政治手術，玩弄作秀之風，樹立謙卑形象，獲取良好名聲。然而，透過事情本質來看，劉邦的推讓，固然是其成熟的政治手段的展現，但是另一個因素卻也是不可避免地存在，這便是不自信。

的確，劉邦在革命之前，帶著百十號人馬整天躲在深山老林裡，並不敢公然與朝廷作對，如果不是陳勝、吳廣扯大旗第一個站出來革命，他還不知道要過這種暗無天日的日子多久呢？眼看革命的春風吹遍五湖四海，眼看時機已到，他這才率眾拿下沛縣。這說明他一開始還是對自己的實力有自知之明，對革命缺乏自信。

而兵不血刃地拿下沛縣後，他知道這只是萬里長征的第一步，並沒有鳥槍換大砲，秦朝政府肯定不會讓他有好日子過的，更大的風雨肯定還在後面。也正是因為這樣，他推脫眾人擁立為王的機會，那是沒自信的表現，他應該做好了隨時撤離的準備。總而言之，這就是沒自信的表現。

再比如在鴻溝和項羽進行了長久的對峙後，項羽因為後方糧草供給不足已是軍心不穩，而這個時候劉邦在爭霸中已占據優勢，卻主動提出了「議和」的請求，結果項羽求之不得。這也是劉邦在長期和項羽的爭霸過程中，形成的一種慣性、一種思想，總是把自己當弱者，這自然也是缺乏自信的表現。如果不是張良、陳平等人將計就計，在項羽撤軍之時，主動撕毀條約，打了項羽一個措手不及，恐怕劉邦要想得天下，還得多經過數年的磨礪，還不知道誰能笑到最後呢？

當然，劉邦雖然在某些時候表現出了超級不自信，但是卻透過作秀等方式很好的彌補了，一般人是很難發現也很難做到的。極具諷刺意義的是，儘管劉邦在整個楚漢爭霸中不自信就一直伴隨著他，但是一直超級自信的項羽到了最後時刻也沒有自信了，在兵敗垓下、四面楚歌時，儘管他還有數萬之眾，但是他卻選擇了孤身而逃，這說明他已經完成從自信到沒自信的轉變。

三是過於自私。人不為己，天誅地滅。農民出生的劉邦同樣離不開這種小農心想。因此，自私自利之心一直包圍著他。在彭城之戰逃亡過程中，為了自己活命，不惜把自己的一對兒女推下馬車，就足以說明劉邦的殘酷無情，而這個殘酷無情從根本上來說就是自私心裡所產生的必然結果。

再比如說劉邦踩在項羽的屍骨上號令天下後，他並沒有如釋重負，而是選擇了打壓功臣，於是乎，韓信、英布、彭越等立過赫赫戰功的人被他用妙計一個個斬盡殺絕，就連他最為信任的兩大功臣兼朋友蕭何和張良也不放過。好在蕭何和張良都是聰明絕頂之人，他們對劉邦的想法知之肚明，都及時積極地做出了應對之策。蕭何裝傻，傻到什麼地步呢？傻到開始做貪汙腐敗、囂張跋扈、欺壓百姓的事。結果這是自毀名聲、自甘墮落，把長期樹立的良好形象毀於一旦。

在百姓心目中這樣一個完美幾乎接近神話一般的人毀了，但是在劉邦心裡卻是了，他很快就將對蕭何的提防心放下了，因為在他眼裡，連老好人蕭何都犯錯了，對他的威脅也就在一點一滴地下降，也就不用不著再對他下手了。

而張良呢？他採取的策略是裝病。首先是以身體有恙為由，辭了自己的官職，然後過起了隱居的生活。饒是這樣，劉邦還是不放心，還時不時去「問候」張良。其實像張良這樣的謀臣，劉邦的那些花花心思他又怎麼會不知道，名義上是問候，實際上是「探究」。就是看他究竟在做什麼、身子骨究竟好不好。後來，張良再度祭出一個絕招 —— 絕食。別人是絕個三五天就了事，但是張良卻是長年累月的絕食，當然，為了不至於餓死渴死，他每天還是吃一點點水的，其他油鹽醬醋通通不沾。為了保持體力，他還選擇了靜坐修練。

結果張良靠這個「勞其筋骨」的方式成功保住了自己的性命，但是因為長期不進食，結果被折磨得骨瘦如柴，身形枯槁。透過這件事，我們可以看到劉邦對手下的功臣防備得如此周而到細緻，因此，在他手下做事，都是如履薄冰，稍有不慎便會掉入萬丈深淵。單從這一點來看，劉邦其實是比項羽還可怕的，而劉邦這種可怕，就是自私心裡的最直接的體現，總是擔心害怕別人謀權奪位造反，所以才會做出寧可我負天下人、不可天下人負我的草菅人命之舉來。

項羽的作風主要體現在「三嚴」上——嚴以修身、嚴以用權、嚴以律己。

他的「三嚴」帶來的好效果是隊伍作風強悍、紀律嚴明、精神面貌好，氣質形象佳，不好的就是對效果的追求沒有精益求精，在「實」字上做的功夫不夠，就像花拳繡腿一樣，揮舞的過程很好看，但是卻沒有什麼實際意義。最終演變成了「不嚴不實」。這裡不防再舉兩個小例子來說明一下項羽的「不嚴不實」。

事例一：彭城大戰之後，在人才爭奪戰中，當英布左右搖晃，在選擇何去何從這個關鍵的節骨眼上，項羽顯得不果敢，他沒有及時派出使者去九江說服英布。結果讓劉邦的使者隨何占得了先機。然而，英布雖然猶豫不決，雖然矛盾，但是他對項羽的感情顯然要比對劉邦多一些，畢竟，他算是項羽的老部下了，革命之初為他效過力，拚過命，殺過人。英布殺過的人中最著名的就是楚懷王，以前殺人是光明正大，唯獨這一次是偷偷摸摸地暗殺。然而，正是這次暗殺讓英布覺得抬不起頭來，覺得自己的人格墮落到了極點，從而對主子項羽產生了嫌隙。在彭城之戰中坐壁上觀，讓項羽對他也產生了不信任。但是在楚漢爭霸的天平趨於平衡之際，在爭奪人才的關鍵時刻，項羽的「慢半拍」顯然不是果敢的行為，顯然是作風不實的表現。

或許是項羽對英布心存蒂介所致，又或者是項羽對於事情的認知和重視不夠所致，但是不管怎麼樣，當劉邦的使者在占有先入為主的優勢後，又採取「借刀殺人」殺掉了項羽的「後來使者」，結果英布走投無路，只好選擇投奔劉邦。而這個時候項羽似乎清醒過來，再次發揮果敢作風，一刀切了英布的家人，這樣，項羽在洩憤的同時，也徹底斬斷了和英布原本剪不斷理還亂的關係，從此，英布死心塌地為劉邦賣命，項羽則失一膀臂，漸漸陷入被動。

事例二：楚漢爭霸中，在攻打滎陽的長久消耗戰時，劉邦這隻縮頭烏龜已經被打趴了，只剩下最後一口氣。按理說這個時候，只要項羽再加大火力，進行最後一哆嗦，劉邦就會一命嗚呼了。

然而，項羽再次表現了「不實」，他停止了高舉高打的猛攻，而是進行了談判，最後還把自己的軍師當成「叛徒」趕回老家了，使自己徹底失去了智囊的輔佐。當然，這只是項羽中了劉邦的反間計，不是項羽本身不果敢，而是在猜疑之下，把他的果敢磨耗掉了。

結果范增死後，激發了他的果敢，然而，好景不長，很快他在劉邦的投降的利誘下，又做出了不果敢的事，等待劉邦使者的到來，結果劉邦使出金蟬脫殼之計，成功逃脫。可以說項羽在滎陽攻防戰中的不果敢釀成了大錯，放走劉邦這塊到嘴的肥肉，是他一生最大的也是唯一的遺憾。

從上述項羽為數不多的不果敢可以看出項羽身上的另一大弱點：多疑，這可能是項羽身上最大的弱點，也是致命的弱點。

我們都知道，三國的曹操最多疑，他害怕睡著了有人謀害他，規定旁人在他睡熟的時候不能靠近他。有一次，他故意裝著喝醉了，然後踢掉被子，僕人去幫他蓋被子，結果被曹操怒而斬殺。事後曹操自然是以喝醉了為理由搪塞，以厚葬作為補償，把這件事糊弄過去了，從而最終發揮了殺雞駭猴的目的。

可以說曹操的多疑是人性上的多疑，是居安思危的多疑，在處理多疑上是講策略講方法講效果的。然而項羽的多疑卻是人性上的缺憾，是建立在缺乏判斷、缺乏自知、缺乏經驗的基礎上，是無知的表現，是庸碌的行為，是衝動的體現。因為項羽的多疑主要體現在三個方面：

一是出於自我的防範。這一點跟曹操很相似，對個人人身安危的防範。在他的潛意裡，自己的生命重於一切、高於一切、壓倒一切，容不得有半點閃失，容不得有丁點意外。這種與生俱來的自我保護意識，讓他處事不免猶豫和多疑。

比如說他在坑殺秦軍降軍，與其說他是衝動的懲罰，不如說是自我防備，為了消除潛在的威脅和危險，他不惜背上罵名，不惜自毀實力，不惜不顧一切。比如說滎陽大戰中，與其說是中了劉邦的反間計，不如說自己著了魔，生怕屬下不忠於自己，生怕屬下對自己取而代之，生怕自己的安危受到威脅。

二是束於思想的局限。這可能跟他豪門出身有關，作為項家的傳人，他有繼承光復家門的使命，有建名立業的責任，有開天闢地的義務。在視自己高高在上時，自然容不得別人和自己比肩，因此，別人只能低低在下。總而言之，就是別人不能比自己強，不能超過自己。

比如說劉邦派兵把守函谷關，阻止項羽入關，項羽知道後，怒髮衝冠，馬上做出了強行衝關的舉動。這就是他認為自己的權力和地位受到了嚴重威脅的緣故。而在隨後的鴻門宴上，項羽又出人意料地放跑劉邦，與其說是項羽年少無知所致，不如說是項羽的思想局限所致。

因為在鴻門宴上，劉邦的表現征服了他，劉邦又是陪禮又是道歉，一開門就展現了謙卑、恭敬、順從、低調的態度，這種低到塵埃裡的方式對於項羽來說很受用，他在自尊心得到了滿足的同時，也認為劉邦不足為慮，對自己構不成什麼威脅，出於人道主義考慮，出於厚道主義考慮，他最終選擇了放虎歸山。後人感嘆項羽，這是他日後悲劇的開始。其實只有項羽明白，這是他人性和本質所在，是偶然，也是必然。因為項羽如果在劉邦手無寸鐵且認罪態度良好的情況下殺死他，那麼，項羽就不是項羽了。而老謀深算的劉邦正是算準了項羽的思想，點準了項羽的「穴道」，才能在項營來個瀟灑半日遊，白吃白喝後，揚長而去。

三是緣於知識的匱乏。項羽作為官二代，自然從小就接受了良好的教育，然而，他只有幾歲時，家裡就出了變故，儘管叔伯挺身而出，及時充當了他的「後爸」，但是項羽的叛逆這時卻展露了出來。項梁教他讀書，他學了一下就不學了，說是在書中找不到顏如玉，也找不到黃金屋。

於是項梁教他學劍，結果他學了一下也不學了，說是寶劍只能保護自己，只能傷害別人，除了防身別無他用。最後不得已，項梁才教他兵法。但是結果項羽還是淺嘗輒止。這回項羽的理由很簡單，也很堂皇：「我不是孔聖人，我只能學這麼多，這麼深。」對此，項梁只能搖頭加無可奈何。項羽有自己的思想，再加上叛逆、獨立，甚至可以說是我行我素、獨來獨往，因此，他做事往往不拘小節，因此，他就做到了走自己的路讓別人去說。然而，正是這樣，造成了項羽的知識的匱乏。

而劉邦的情景和他差不多，儘管少年時曾專門遠奔張耳門下學藝，但是因為時間短，顯然也只能學到一點皮毛，而遠遠達不到學識淵博的地步。同樣學識是半桶水，為什麼笑到最後的是劉邦而不是項羽呢？原因很簡單，在知識的殿堂，兩人不分上下，甚至可以說項羽還略勝一籌，稍占上風。但是對社會的閱歷、對人情的變故、對世理的了解，劉邦顯然是要高出項羽 N 倍的。劉邦這個勝算是建立在在長期的混跡於社會的結果，是多年打磨的結果，是經過最基層的磨練的結果。

而一直處於項梁庇護下的項羽就像溫室裡的孩子，沒有經過什麼風雨，甚至沒有任何心理準備，就接過了項梁的權力棒，挑起了統領千軍的重擔，這對稚嫩的項羽而言顯然是負荷過重，雖然他盡心盡力、盡最大努力去做了，但是最終的失利，說明他的肩膀還無力挑起這樣的重任。

點評：作風問題，本質上是一個理念、宗旨意識問題，是一個政治立場、政治本色問題。正如水能載舟亦能覆舟的道理，劉邦之所以能在楚漢之爭中戰勝項羽，重要的一點就是他善於改進工作作風，把作風當成大事，他能以身作則，率先垂範，改進不足，創新方法，結果得到了廣大百姓的真心擁護和愛戴，開創了輝煌事業。

第三章

人與才・天下英雄入彀中

一、得人才者，得天下

「不知人之短，不知人之長，不知人之長中之短，不知人之短中之長，則不可以用人，不可以教人。」

——古語

爭取人才，是一個國家興旺發達的重要措施之一。李斯在〈諫逐客書〉中對秦始皇的勸諫雖然主要出於對自己功名利祿的關心，但是也確實說出了一些真正的道理。

秦國的王族、大臣都向秦王嬴政進諫說：「各諸侯國的人來侍奉秦國，不過是為了其君主遊說離間罷了。希望把一切來秦國的外國人驅逐出去。」李斯也在被驅逐之列。

李斯鼓足了勇氣，寫了一封〈諫逐客書〉上呈給秦始皇：

「臣聞吏議逐客，竊以為過矣。昔穆公求士，西取由余於戎，東得百里奚於宛，迎蹇叔於宋，來丕豹、公孫支於晉。此五子者，不產於秦，而穆公用之，並國二十，遂霸西戎。孝公用商鞅之法，移風易俗，民以殷盛，國以富強，百姓樂用，諸侯親服，獲楚、魏之師，舉地千里，至今治強。惠王用張儀之計，拔三川之地，西併巴、蜀，北收上郡，南取漢中，包九夷，制鄢、郢，東據成皋之險，割膏腴之壤，遂散六國之眾，使之西面事秦，功施到今。昭王得范雎，廢穰侯，逐華陽，強公室，杜私門，蠶食諸侯，使秦成帝業。此四君者，皆以客之功。由此觀之，客何負於秦哉？向使四君卻客而不內，疏士而不用，是使國無富利之實，而秦無強大之名也。

今陛下致崑山之玉，有隨、和之寶，垂明月之珠，服太阿之劍，乘纖離之馬，建翠鳳之旗，樹靈鼉之鼓。此數寶者，秦不生一焉，而陛下說之，何也？必秦國之所生然後可，則是夜光之壁，不飾朝廷；犀、象之器，不為玩好；鄭、衛之女，不充後宮；而駿良駃騠，不實外廄；江南金錫不為用，西蜀丹青不為採。所以飾後宮、充下陳、娛心意、說耳目者，必出於秦然後可，則是宛珠之簪、傅璣之珥、阿縞之衣、錦繡之飾，不進於前；而隨俗雅化、佳冶窈窕趙女，不立於側也。夫擊甕叩缶，彈箏搏髀，而歌呼嗚嗚，快耳目者，真秦之聲也。鄭、衛桑間，〈昭虞〉、〈武象〉者，異國之樂也。今棄擊甕叩缶而就鄭、衛，退彈箏而取〈昭虞〉，若是者何也？快意當前，適觀而已矣。今取人則不然，不問可否，不論曲直，非秦者去，為客者逐。然則是所重者，在乎色樂珠玉；而所輕者，在乎人民也。此非所以跨海內、制諸侯之術也。

臣聞地廣者粟多，國大者人眾，兵強則士勇。是以太山不讓土壤，故能成其大；河海不擇細流，故能就其深；王者不卻眾庶，故能明其德。是以地無四方，民無異國，四時充美，鬼神降福，此五帝、三王之所以無敵也。今乃棄黔首以資敵國，卻賓客以業諸侯，使天下之士，退而不敢西向，裹足不入秦，此所謂藉寇兵而齎盜糧者也。

夫物不產於秦，可寶者多；士不產於秦，而願忠者眾。今逐客以資敵國，損民以益仇，內自虛而外樹怨於諸侯，求國無危，不可得也。」

由於李斯的〈諫逐客書〉能抓住秦王統一天下的最大欲望，採取了讓事實說話的辦法，說理透澈，論證有力，語言精采，音調鏗鏘，因而也就說服了秦始皇。

以上是秦始皇善待人才的軼事，下面來看秦始皇的「準接班人」劉邦的人才趣事。

《史記．高祖本紀》載：上（劉邦）問曰：「如我能將幾何？」信（韓信）曰：「陛下不過能將十萬。」上曰：「於君如何？」信曰：「臣多多而益善耳。」

上笑曰：「多多益善，何為我禽？」信曰：「陛下不能將兵，而善將將，此乃信之所以為陛下禽也。」

從這段對話中，我們可以看出，劉邦在用人方面確實有他獨到的地方，連韓信這樣帶兵多多益善之人也為之所「禽」。的確，在謀略方面，他比不上張良、陳平；在打仗方面，他比不上韓信、彭越；在治理國家上，他不及蕭何。然而，劉邦能夠「將將」，能夠最大限度地使用人才，知道把手下的人才放在最合適的位置，這就是劉邦的用人之道。其精妙之處，究竟在什麼地方呢？概括起來，主要體現在以下六個方面。

劉邦的用人之道一：知人善任。

知人善任，這是講到領導藝術時經常要說到的一個詞。什麼叫知人善任？知人善任，首先在於知人，其次是善任。知人當中首先在於知己，其次在知彼，人貴有自知之明，這個很難，確實很難。

而劉邦恰恰做到了這一點，而且他也非常清楚地知道，一個領導者最重要的才能是什麼、如何調動部下的積極性、下屬都有什麼才能、他的才能是哪些方面的、有什麼性格、有什麼特徵、有什麼長處、有什麼短處、放在什麼位置上最合適。這個也是一個領導者最大的才能，領導者不是說要自己親自去做什麼事，事必躬親的領導者絕非好的，作為一個領導者，要做好的是掌握一批人才，把他們放在適當的位置上，讓他們最大限度地、充分地發揮自己的積極性和作用，你的事業成功就指日可待了。韓信帶兵，張良出謀，蕭何保後都是證明劉邦知人善任的最好體現。

劉邦的用人之道二：不拘一格。

劉邦有一個很大的優點，就是他不拘一格的使用人才，所以劉邦的隊伍裡面什麼人都有，張良是貴族，陳平是遊士，蕭何是縣吏，樊噲是狗屠，灌嬰是布販，婁敬是車夫，彭越是強盜，周勃是吹鼓手，韓信是待業青年。可以說是什麼樣的人都有。劉邦把他們組合起來，各就其位，毫不在乎人家說他是一個雜牌軍，他要求的是，所有的人才都能夠最大限度地發揮作用。歷史證明，劉邦的用人策略是對的。

劉邦的用人之道三：不計前嫌。

劉邦的隊伍裡面，有很多人原來曾經是在項羽手下當差的，因為在項羽的部隊裡面待不下去跑過來投奔劉邦，劉邦敞開大門，不計前嫌，一視同仁表示歡迎，如韓信、陳平。韓信原來是項羽手下的人，因為在項羽手下不能發揮作用，來投奔劉邦。其實，一個領導者也應如此，如果老是小肚雞腸、計較甚多，能招募來好的人才嗎？恐怕連帳下之人也會離他而去。

劉邦的用人之道四：坦誠相待。

坦誠相待，不僅僅是反映一個人的素養問題，更是為人處事的一條原則，你坦誠以待別人，別人通常也會坦誠的對待你。對於人才，他們需要的不僅是應得的酬勞，更多的是需要尊重和信任。

要尊重這些人才，唯一的辦法就是以誠相待，實話實說。劉邦就有這個優點，張良、韓信、陳平這些人，如果有什麼問題要跟劉邦談，提出問題，劉邦全部都是如實回答，不說假話，哪怕這樣回答很沒面子。這些人之所以能夠幫助劉邦提出自己的計策，是由於劉邦有一個前提，就是如實相告，絕不隱瞞。這樣信任對方、尊重對方，得到了對方同樣的回報，同樣的信任和尊重，盡心盡力地幫他出謀劃策。這也是非常值得借鑑的經驗。

劉邦的用人之道五：用人不疑。

做一個領導者最忌諱的，就是一天到晚看見所有的人都很可疑，今天猜忌這個，明天猜忌那個。劉邦就有這個魄力，一旦決定用某人，他絕不懷疑，放手使用。

最典型的例子就是陳平，陳平從項羽的軍中投靠劉邦以後，得到劉邦的信任，讓很多劉邦的老隨從不滿意，所以就有人到劉邦那裡說陳平的壞話，然而劉邦還是堅持對陳平委以重任。當時，劉邦和項羽正處於一個膠著的狀態，誰也吃不掉誰，為了讓陳平能夠成功的實施反間計，劉邦撥款黃金四萬斤給陳平，並且不問出入，可以想見劉邦對陳平的信任。

劉邦的用人之道六：論功行賞。

使用人才，首先是要信任他、尊重他，同時也應該獎勵，因為獎勵是對一個人才貢獻的實實在在的肯定。不能老拿好話應付人，說這個人不錯，是個難得的人才，但就是一分錢不給，這是不行的。有貢獻就得獎勵，獎勵要獎勵得合適。確實是工作做得好，貢獻大的，要多獎；做得一般的，一般地獎；做得差的，不獎，甚至罰。要做到賞罰分明。

劉邦奪取天下以後，根據各個人的不同功績，對功臣論功行賞，不但封賞了蕭何、張良、韓信、彭越等一批人，還封賞了他最不喜歡的人——雍齒。俗話說：金無足赤，人無完人。歷代研究者多稱讚劉邦善於用人，其實劉邦也不是「全才」，他的用人缺陷亦是不少。總結起來大概有兩處。

缺陷一：慢而少禮。陳平曾指出士廉節者多不歸附劉邦。從歷史根源上看，劉邦向來流氓作風，早期即「不好儒，諸客冠儒冠來者，沛公輒解其冠，溲溺其中。與人言，常大罵。」這種慢而少禮的態度曾經使不少人才不願意歸附，如魏王豹說：「今漢王慢而侮人，罵詈諸侯群臣如罵奴耳，非有上下禮節也，吾不忍復見也。」甚至引發刺殺案，貫高、趙午等十餘人「今怨高祖辱我王，故欲殺之。」

劉邦的慢而少禮在當時是公認的陋習，如蕭何語「王素慢無禮，今拜大將如呼小兒耳」；如四老語劉邦「陛下輕士善罵，臣等義不受辱，故恐而亡匿」。劉邦的慢而少禮無疑也為自己帶來人才不願意歸附等多種麻煩。

缺陷二：多疑猜忌。關於信讒多疑，在有些方面可以使劉邦提高警惕，防止君權外瀉。但是也帶來不好的影響，如劉邦無端懷疑蕭何，造成君臣糾紛。

如劉邦因為陳豨賓客盛甚而起疑心，造成陳豨背叛；如因為劉邦的猜疑使得英布、韓王信、盧綰都紛紛背叛，甚至臨死之前還欲殺連襟樊噲。劉邦的多疑猜忌導致他的手下紛紛背叛，也使得他終生都處在平叛之中而不得安生。

點評：李斯在對秦始皇的勸諫中所列舉的全是事實，所講的道理也是正確的。縱觀秦國的發展史，真是極其富有意味，它由一個名不見經傳的小國發展成為一個大國，直至最後吞併了六國，統一了全國，對其發展發揮至關重要的作用的，都是來自別國的人才。可以說，如果沒有別國的人才，秦國是不可能發展壯大的。

劉邦出身農家，在秦末農民起義中揭竿而起，逐鹿中原，終於推翻了暴虐的秦朝。在楚漢戰爭中，他再展雄風，擊敗項羽，完成了國家的統一。此後，他完善了政治體制，削奪了異姓諸侯的權力，加強了中央集權。

劉邦的這一切成就與他的善於用人是分不開的。劉邦可以說是很懂得領導藝術的典範，正是由於他能夠信任人才、使用人才，充分地調動他們的積極性，又暗中地加以防範和控制，從而把當時天下的人才都集結在自己的周圍，形成了一個優化組合，這樣一來，他奪得天下也是必然的事情。

總而言之，從秦國的發展歷程可以看出，從漢朝的曲折建立史可以看出，「得人才者得天下」實在是中國歷史發展的一條規律。當今的社會是一個競爭的社會，社會競爭說到底是人才的競爭，如何用人是一門大學問，今天我們研究劉邦的用人之道，就是為了從中得到一些啟迪。

二、用人要疑，疑人也要用

用人要疑，疑人也要用。

—— 題記

趙括是戰國七雄趙國名將馬服君趙奢的兒子。趙奢這人不簡單，初為趙國稅務局幹部。當時，戰國最著名的四君是孟嘗君、平原君、春申君、信陵君。他們都是對本國有卓越貢獻與功勳的貴族，權勢熏天。趙奢一次去收平原君家的稅，平原君家的人不肯交，趙奢便依法辦事，斬了平原君9個家臣下屬。

這下平原君很沒面子，要殺趙奢，趙奢毫無懼色，當堂勸諷依法治國的重要性。平原君覺得趙奢是個賢才，於是向趙王舉薦重用趙奢，主管全國稅賦工作。結果，趙國國賦大平，民富而府庫實。趙奢後又解閼與之圍大敗秦軍，與藺相如、廉頗是國家的三根臺柱子，舉足輕重。

長平之戰前，趙奢死了，名相藺相如也得急疾了，唯一剩下了一個老將廉頗主持國防軍事工作。跟秦國打了幾次敗仗後，廉頗就採取防禦策略，固壁不戰。本來打仗就是要速戰速決，如果長時間打消耗戰的話，秦軍補給與增加兵員就會困難，戰爭越拖得久就越對秦國不利。

廉頗的思路與策略是正確的。秦國知道持久戰是打不得的，就出了個反間計：故意講秦軍害怕趙奢的兒子趙括。趙國信以為真，以為廉頗有私心不願戰爭、不願抵抗，就臨陣換將，讓趙括主持國防軍事。

趙括從小就熟讀兵書，但是那時書籍很少，兵法之類的書並不多。可能趙括死記硬背了兵法書。而且兵法書是趙奢寫的。趙括的知識面除了兵法之外，其他學科知識匱乏。按現在標準只算個中學生。離知識分子的標準差得遠了。但是他只會死記硬背，而不會靈活變通。而且趙括很狂妄，說自己打仗天下無敵，沒有人擋得住。不知道天外有天，人外有人。剛愎自用，驕傲狂悖。

可能他老爸寫得那幾本兵書，背得滾瓜爛熟，與老爸趙奢談論辯論軍事問題，侃侃而談。趙奢是講也講不過兒子，辯也辯不過兒子。但是就是認為兒子沒能力。所以並不表揚趙括。他母親問趙奢為什麼認為兒子無能。趙奢說：兵，死地也，而括易言之。使趙不將括即已，若必將之，破趙軍者必括也。

孫子曰：兵者，國之大事，死生之地，存亡之道，不可不察也。難怪趙奢聽到兒子趙括無能辯論直搖腦袋，唉聲嘆氣。對於對趙括的任命，藺相如帶病上朝反對過，說趙括死讀書本，不知權變與變通。趙括母也反對過，說趙奢用大王賞賜的財物都再賞給屬下部將。任職軍職時，一心工作，不過問不關心家事。而兒子的做法與父親相反，極度自私，當上將軍讓部下仰視他、害怕他。趙王賞賜的錢物，收藏在家中，用錢購買土地房屋等固定資產。跟他父親趙奢的作風是兩回事。

趙括代替廉頗後，更改了軍事紀律，把軍隊的老將官換成自己的親信。秦軍名將白起偵察到趙軍的情況後，故意引敵出洞，假裝打輸了而敗走。本來，按照廉頗的防禦策略應該堅守不出戰。但是，趙括急功近利，不審時度勢，而且不召開軍事會議討論如何布署，不聽下屬的忠言進諫，一意孤行出戰，結果中了白起的調虎離山之計，被斷了糧道。

戰爭其實就是打後勤、打資源，沒後勤、沒資源供給，那戰爭就難以為繼。趙軍因此被一分為二，士兵離心離德，成為籠中之鳥。最後，趙括與軍士餓得受不了，強行突圍，結果趙括被秦軍射殺，其餘十萬趙軍投降秦軍，全部被坑殺。長平之戰以趙軍大敗而畫上句號，趙國也因此徹底一蹶不振。

項羽雖然不是趙括，而且楚漢之爭中也沒有上演「紙上談兵」的奇談和笑談。但是為什麼會在長達四年的楚漢相爭中失敗，最重要的原因就是缺少人才。特別是在鴻溝對峙和垓下之戰，鴻溝對峙之所以會轉為持久戰，垓下之戰之所以會成為項羽的滑鐵盧之戰，原因是他到這時候已經黔驢技窮了，已經是強弩之末了。時窮節乃見，生死攸關的關鍵時刻，項羽悲哀地發現，除了他自己這個神人外，已經沒有人來為他排憂解難、出謀劃策了。因為這個時候他手下唯一的謀士范增早已經「飲恨九泉」了。

項羽之所以會淪落到這樣的局面，自然是有原因的，因為他在用人方面不嚴不實，過於鬆懈，從而開啟了「紙上談將」的歷史先河。

恭敬愛人、禮賢下士一直是項羽用人的核心思想，這種核心思想使得「士之廉節好禮者多歸之」（陳平語），使得敵方亦讚嘆其「仁而愛人」（高起、王陵語）。但是項羽在用人權謀方面還是存在明顯的缺陷，楚漢爭霸四年多時間，占盡優勢的霸王項羽之所以會敗給漢王劉邦，就是他不善於用人直接導致的，主要體現在以下三個方面。

第一，鼠目寸光。

項羽的鼠目寸光主要體現在眼光不高、眼界不高，看問題看事情只看到表面，而看不到實質，這個最主要體現在失封天下、沒有論功行賞上。

首先，來看對田榮的失封。田儋、田榮是齊地反秦力量的代表人物。田儋戰死之後，田榮成為齊地反秦武裝的首領。項梁在革命之初，曾請求田榮派兵援助，但是田榮卻提出以殺田假為條件，結果項梁沒有答應他的條件，而拒絕出兵。後來項羽入關後，因田榮當年不與項梁合作，又不參加鉅鹿之戰和聯軍入關，拒絕承認田榮反秦有功，拒絕封田榮為王。

但是拋開個人恩怨，項羽對田榮的失封明顯有悖於「計功封王」的原則。因此，田榮叛楚有其合理的一面。田榮叛楚帶給項羽極大的麻煩：一是他資助了陳餘叛楚；二是他煽動了彭越叛楚；三是他誤導了項羽，讓項羽再次忽略還定三秦的劉邦，讓劉邦成為日後項羽的大麻煩。客觀上田榮幫了劉邦的大忙。

其次，來看對彭越的失封。彭越是江洋大盜出身，此人雖然在政治上極為糊塗，卻極有軍事才能。彭越在反秦初期與劉邦共同攻擊過秦軍。《史記·高祖本紀》載：劉邦在秦二世三年二月，與彭越在昌邑相遇。彭越是昌邑人，當時他剛剛聚集了一千多人，兵力很弱。彭越與劉邦共同攻打昌邑的秦軍。這一仗打得不好，昌邑城也未攻下來。

此後，劉邦帶兵西進，彭越占據鉅野，聚眾萬餘。這是今存正史中有關彭越參加反秦的唯一記載。項羽沒有和彭越共事過，對彭越的重視明顯不足。項羽沒有分封彭越基於兩點：一是彭越沒有大軍功，二是非自己所立的諸侯王。後來，對項羽未分封的不滿與劉邦的拉攏，使彭越成為劉邦的屬下，並且成為楚漢戰爭期間最著名的游擊司令，成為困擾項羽的軍糧供應問題的最大障礙。這是項羽始料不及的。

項羽「計功割地，分土而王之」的原則並無錯，依照這個原則進行的分封也是大勢所趨。忽略了彭越這位著名的游擊將軍不能全怪項羽謀劃不周，只能說是項羽運氣不好。剛好這位不符合分封標準的人是如此優秀的一位游擊戰專家。

第三，來看對陳餘的失封。陳餘早年是一位名士。陳涉一起義陳餘和張耳就面見陳涉，勸其立六國之後以培植反秦力量。後來，又隨武臣一塊來到趙地，使趙地發展成為三大反秦中心之一。鉅鹿之戰中，他是駐守鉅鹿城外的盟軍的主要力量之一。

項羽消滅王離軍團之後，他與諸侯軍共同參加了對章邯的作戰，還親自致信章邯，分析利弊，成為章邯最終決定降楚的因素之一。只是因為他後來與張耳反目，憤然出走，才沒有跟隨項羽入關。但是，陳餘在反秦中的功勞是不可磨滅的。項羽僅僅因為陳餘沒有跟隨自己入關而忽略了陳餘在反秦中的功勞，是不應該的，也是不明智的。

總之，此消彼長，項羽的失封導致田榮、彭越、陳餘聯手叛楚，客觀上幫了劉邦。

第二，狂妄自大。

項羽分封十八路諸侯王之後，自封為「西楚霸王」，然後又一連做了三件事，一是殺了投降的秦王子嬰；二是放了一把火，燒了秦王的咸陽宮；三是帶走了秦咸陽宮的珍寶、美女。

據史書記載，咸陽宮這一把火整整燒了三個多月，整個宮殿全部燒成了灰燼，然後項羽準備東歸了。項羽自己西楚國的國都是在彭城，燒了秦王的咸陽宮後，他要返回自己的都城去了。

當項羽要走的時候，有一個人來見他。這個人史籍上沒有留下名字，史書記載只有兩個字，叫「說者」，就是遊說他的人。這個人為項羽提了一個建議，說：「關中這個地方太可貴了，你不應該東歸到彭城去，而應當在關中建都。這個地方有一個很大的特點：是一個大盆地，四面全是山，有四個重要的關口，東邊是和河南交界的函谷關，南邊是武關，西邊是大散關，北邊是蕭關，四個關口環繞，其他地方都進不來。這個地方可以建都。你在這裡建都，要稱霸天下就非常容易。」項羽一聽：「有道理！」但是再一看，整個咸陽的宮殿已經被他燒光了，他又覺得沒辦法待了，就把這個「說者」打發走了。

這個「說者」一出來，覺得很遺憾，脫口而出說了一句話：「人們都說『楚人沐猴而冠耳』，果然是這個樣子。」「說者」就是說說他自己心中的一點感慨，但是馬上有人打了小報告，告訴了項羽。項羽一聽，這還得了，罵他是「沐猴而冠」！就下令把這個「說者」抓起來，烹了。「烹」是一種很殘酷的刑罰：架一口鍋子，把水燒開，把人扔在裡面活活地煮死。

這件事有許多令人深思的地方：

第一，這個「說者」的建議對不對？很顯然，「說者」的建議是非常高明的一個見解，建都關中，易守難攻。如果建都彭城，則東西南北都是平原，無險可守。但是，項羽沒有聽進去。

第二，既然史籍沒有記載這個「說者」的姓名，應當說是一個名不見經傳的小人物，小人物提意見，你採納也罷，不採納也罷，哈哈一笑就完了，這才是一種豁達的處事態度；即使罵個「沐猴而冠」，也不必計較。但是，項羽就很愛計較。

透過這件事可以看出，項羽這個人自尊心非常強，你稍微傷了他的自尊，他絕不會放過你。這個「說者」提了這麼一個好的建議，說了一個「沐猴而冠」，就落了這麼樣的一個下場，原因就在於他犯了項羽的大忌。項羽這個人，容不得別人對他說個「不」字，別人說個「不」，他一定很難接受。如此唯我獨尊、狂妄自大，誰還敢提意見給項羽啊？

第三，剛愎自用。

性格決定命運。一個人的性格可以成就他的事業，也可以毀壞他的事業。項羽的性格中有一個致命的弱點，就是過於自信、剛愎自用。自信是人性的一個優點。一個人如果沒有自信，他什麼事情也完不成，因為有自信，才能以百折不撓的勇氣去克服在實現人生目標過程中的所有困難和障礙，所以，沒有自信是不行的。但是，如果自信過了頭，那就壞了，自信過了頭就成了謬誤，就是剛愎自用。

劉邦手下謀士特別多，張良、陳平、蕭何，這是一流的；二流的如酈食其之類就不說了；還有那些草根、草民。反過來看項羽，項羽手下謀士有誰？大家只知道一個，「年七十，好奇計」的范增。所以可以說，劉邦手下人才濟濟，項羽手下人才寥寥。且不說武將，單看文臣謀士，項羽手下基本無人。這個現象大家可以思考一下。為什麼項羽手下沒有謀士，只有一個范增？這和項羽的剛愎自用太有關係了。

拿今天的話來說，就是項羽這個人的主觀性太強了。他不需要謀士，什麼事情都是自己做主。我們前面講過鴻門宴，決定第二天消滅劉邦的是誰？項羽。決定撤銷第二天軍事行動的是誰？項羽。他和誰商量過？沒有。他召集過會議嗎？沒有。他和他最信任的范增商量過嗎？還是沒有。所以項羽不要謀士。

以後我們講講陳平利用一桌飯菜離間項羽和范增的關係，其計謀水準非常普通。我們接著講這個故事：過了不久，范增建議急攻滎陽。當時，項羽選準了劉邦的軟肋 —— 糧道 (甬道)，集中兵力，斷了劉邦軍隊的糧道。劉邦被困在滎陽城中，斷了軍糧，陷入困境 (楚急攻，絕漢甬道，圍漢王於滎陽城久之，漢王患之)，只好提議：「請割滎陽以西以和」。滎陽以西是劉邦已經攻占的土地，而且，占了滎陽以西，就可進一步奪取關中。劉邦要不是陷入困境，絕對不會開出這樣的條件。

項羽因為懷疑范增，竟然不聽范增的建議。范增勃然大怒，請求告老還鄉。項羽竟然也答應了，於是范增離開了項羽。項羽如此輕信，使他失去了一個非常重要的謀士范增。范增臨走時說：大王好自為之，天下的大局已定了 (天下事大定矣，君王自為之)。

總之，項羽的剛愎自用導致的後果是：失人。

無可諱言，項羽在用人上的確存在很多缺陷，下面來探討項羽用人失誤產生的原因：

第一，個人能力的超級無敵，導致了屬下的超級無能。

項羽的個人能力強悍的地方主要體現在三個方面：

一是能征慣戰。項羽自己確實能幹，他的才幹我們概括成四個字：能征慣戰。他自己說過：「吾起兵至今八歲矣，身七十餘戰，所當者破，所擊者服，未嘗敗北，遂霸有天下。」他是非常能打仗的一位軍事家。一個沒有才幹的人，絕對不會剛愎自用；所有剛愎自用的人，都是有才的人，項羽也不例外。

二是少年得志。按我們今天的話來說，項羽的一生叫「不落空」，所有的好事都趕上了。二十四歲起兵反秦，項梁是主帥，他就是副統帥；二十七歲，就做諸侯的總盟主，做「西楚霸王」，主持國家大政，少年得志。少年得志也帶給他負面的影響。他這一生，什麼好事都趕上了，什麼機會他都沒有失去，太順利了。我們經常說，失敗是成功之母，閱歷跟經歷的豐富是不可或缺的，項羽的人生中磨練太少了，他太順了。一個人的人生，特別是為官之人，他的人生太順，就會太相信自己了。

三是內外失聰。項羽這個人是內無自知之明，外無逆耳之言。他個人太順利了，又不善於自省，於是看不到自己的弱點，即使是做了錯事，也不認為是自己錯了。這叫內無自知之明。你看看，對一個說了一句「沐猴而冠」的「說者」，稍微有一點逆耳之言，他就一個字：烹！這樣為人處事，誰敢進逆耳之言給他啊？忠言逆耳，不好聽啊。我們普通的人也都是這樣，聽到不順耳的話總是心裡不舒服，聽到拍馬屁的話總是飄飄然。

正是因為能征慣戰、少年得志、內外失聰這三點導致項羽超級自信。我們在滅秦戰爭及楚漢戰爭中可看到這樣有趣的現象，在項羽的帳下將領基本都是屢戰屢勝；而失去項羽的統率，幾乎都是屢戰屢敗。典型的如英布在鉅鹿之戰時英勇無比，但是後來背叛項羽輕易就被擊敗。

這種現象一方面說明了項羽個人能力太強，而且也不注重培養手下獨當一面的能力，以致手下對其有嚴重的依賴心理。另一方面項羽對其士兵的巨大精神力量使得其他人無法有效地獨當一面，可以說項羽的軍隊被項羽培養成失去項羽就像失去靈魂的行屍走肉。雖然在軍事上項羽是無敵的，但是這樣的狀況顯然不利於屬下的培養。韓信亡楚歸漢，相當程度上亦是在楚營得不到發揮的緣故。第二，用人手段的缺乏，導致了人才的流失。

一是不善於用小人。陳平曾指出「士之頑鈍，嗜利無恥者多不歸附項羽」，大概除了得不到封爵行賞外，主要還是項羽不善用小人。鴻門宴前劉邦左司馬曹無傷眼見劉邦行將覆滅，暗中通信項羽，以求封賞。雖然曹無傷是典型的小人，但是未嘗不是一個很好的內線。但是項羽顯然不屑用這等小人，輕易就賣給了劉邦。

二是用人手段單一。有位學者總結劉項在勸降方面的優劣認為：一是劉邦的勸降態度是積極的、主動的；項羽勸降是被動的、消極的。二是劉邦降城即侯其將；項羽則以人質威脅。三是劉邦對待投降的將士優禮有加，破格提拔任用；項羽則大肆殺戮，很少利用。雖然其總結有不少片面之處，不過卻指出一個很關鍵的地方，項羽相比劉邦，多是運用戰爭這個單一的手段，沒有充分發揮勸降、收買、拉攏等多方面手段。

三是沒有建立用人機制體系。項羽的公司好像只有項羽一個人在工作，看到項羽起早貪黑事無大小的不停的工作。其原因是項羽認為別人都做不好，只有自己才能做好，確實其工作能力也非常強，基本上把工作都能做完。

但是項羽公司就沒有應徵員工嗎？有，如副總經理項伯（遠房親戚），高級幕僚尊為老師的范增，行銷總監鍾離味、龍旦、周殷、司馬欣、曹咎及韓信、陳平等。因得不到發揮重用的機會，韓信和陳平跳槽到競爭對手劉邦的公司了。

司馬欣及曹咎因有恩於項羽個人而得到重用，讓他們去守策略位置的根據地市場，結果丟了；項伯很早就成了劉邦安在項羽公司的間諜，而行銷總監周殷在最關鍵時候跳槽到劉邦公司。

真正忠誠的范增老師及鍾離昧因流言蜚語而不被信任，得不到重用。項羽相信那些自己的親戚朋友及重用對自己有恩的人，對忠誠的人又不信任而大加防範。「重視人才，以人為本」不僅僅是口號，真真實實的理解人是資源，而不是成本。人力資源工作是一切工作的基礎，沒有一個優秀的團隊，就如同在沙灘上建樓一樣 —— 根基不實。因此，不但要建立一個「以人為本」的氛圍，更要建立的是用人機制體系。

點評：用人就是要做到：用人要疑，疑人也要用。「用人要疑」，主要是指約束和監督機制，用了的人不等於不需要監督，疑問在先，就能把可能產生的風險降到最低。「疑人要用」，就是在其人格、能力不確定的情況下，觀察、選拔和使用他，以免埋沒人才和浪費人才。

三、人才流向個案分析之一：英布之背楚亡漢

給猴子一棵樹，給老虎一座山。

—— 諺語

很多歷史學者都這麼認為，人才問題上的得失是楚漢爭霸成敗的關鍵。甚至有人以為，三國時期因為人才的分散而導致三國並立，楚漢時期因為人才的集中而導致楚滅漢興！那麼，是什麼原因導致楚漢時期人才都流向劉邦那邊呢？楚漢時期韓信、陳平、英布本是項羽手下，張耳、張良

也與項氏有莫大關係，但是這些在楚漢戰爭的勝負中發揮很大決定性作用的人物紛紛背楚亡漢。下面，借幾個個案的研究來分析其背楚亡漢的根源所在。首先，讓我們來看漢初「虎痴」英布之背楚亡漢。

英布本名叫黥布。黥，是一種刑法，也叫墨刑，即在犯人臉上刺字塗墨。英布曾因觸犯秦法被臉上刺字，所以又稱黥布。

武將中英布之所以排在第一，這是他綜合實力的體現，英布還在革命之初就投靠到項羽名下，只是他的投靠跟劉邦當年不一樣。

劉邦的投靠純屬是形勢的需求、生存需求，他只是尋找項家這顆參天大樹從而好乘涼 —— 保護自己。他至始至終有自己的獨立權，他手下擁有斬白蛇起義時的忠實班底，這裡面包括蕭何、曹參、周勃、夏侯嬰、樊噲這樣的大漢開國功臣，這些人個個身懷絕技，都有幾把刷子，都是能獨當一面的人物，而這些人都死心塌地跟著「神龍護體」的劉邦，把他當成唯一的主子，也正是因為這樣，不管走到哪裡，不管是主子掛靠還是消亡都不離不棄。

也正是因為這樣，項梁叔姪想強拆他們是行不通的，想調離他們也是不答應的，更何況當時的項梁項羽見劉邦勢單力孤，根本就沒有把劉邦放在眼裡，自然也不會把蕭何、曹參之輩放在眼裡，根本就沒有挖牆角之意。

總之，劉邦的投靠是聰明之舉，投靠之後，公司還是這個公司，歸董事長項梁、總經理項羽掌管，但是子分公司還是那個子分公司，劉邦還是執行董事，還是經營自己的一畝三分田 —— 指揮自己的嫡系部隊，只是靠借殼生蛋的「融資」之後，實力已不可同日而語（從項家借了成千上萬士兵能不壯大麼）。因此，他的投靠是在保護自己、壯大自己。同時，也是暫時的，是伺機而動的，是投機取巧的。

而英布就不一樣了，他革命之初手下的士兵雖然不比劉邦少，但是沒有超級大將，沒有超級謀士，因此，如果撇開他這個領頭羊，這支隊伍肯定是一群烏合之眾，肯定會一哄而散了。因此，如果說劉邦是項羽名下的控股公司，那麼英布就是項羽直接收購的上市公司。

也正是因為這樣，我們可以看到這樣一個現象，驃悍英勇的英布經常充當開路先鋒，衝鋒陷陣在前，橫刀立刻在前。他有這個能力，項羽也給了他這個機會。

投之以梨，報之以桃。英布在感激項羽給他「亮劍」的機會時，不但對項羽更加敬重崇拜，而且對項羽更加感恩戴德，鉅鹿大戰便成了他的感恩回報之戰。

因為項羽的成長道路上，完全是靠自己把握機會的。特別是在項氏集團的董事長項梁逝世後，項羽在接任董事長時，項氏集團馬上進行了分裂。首先是楚懷王不甘心年紀輕輕就退休，主動要求復出。而且不管項羽答不答應，首先，他佔領了革命根據地，組成了自己的董事會、監事會，拒絕項羽由總經理向董事長「轉正」，他打出了三張牌，首先是挖了項梁的參謀宋義。

項梁在「投資風險市場」時（指屯兵於堅城之下，和李由對峙時），宋義出於忠心進行了勸解，勸他不要被勝利衝暈了頭腦，不要被眼前的利益迷惑了雙眼，要靈活投資。但是項梁這一次卻相當獨裁，他說啃不下這塊硬骨頭誓不歸。宋義眼看勸說無效，眼看潛在風險便要暴風驟雨般襲來，甘脆請求當「業務經理」，到齊國的田氏集團去跑業務去了。結果在路上遇到田氏集團的「業務顧問」，他說了這樣一句話：「股市有風險，入股須謹慎。項氏集團馬上要遭遇一次所前未有的暴風雨，可能是滅頂之災，你們投資一定要謹慎啊，一旦投入可能就會血本無歸啊。因此，請你多觀望一陣，多分析一下，看看行情再說，看看形勢再定。」

田氏集團的「業務顧問」對此很是納悶，哪有自己人說自己公司不好的，哪有自己人挖自己公司牆角的，於是很是好奇地問他為什麼要告訴他這些。宋義見他執迷不悟，只好全盤托出：他想跳槽。

這四個字顯然震住了田氏集團的「業務顧問」，項氏集團做為革命企業中的領頭羊，上升勢頭一日千里，正是風光無限的時候，宋義居然選擇跳槽，如果不是宋義腦殘，就是項氏集團的確存在巨大的危機啊。左思右想，他最終沒有完全相信宋義的話，但是也沒有完全否認他的話，他選擇了將信將疑，於是本著預防為主的態度，他選擇了原地踏步，就地觀望的做法。只是他不會料到，就是這一停留這一觀望，居然避免了一場災難。項羽因為投資失誤，被秦氏集團的「戰神」章邯一舉動潰。

項梁趴下後，就再也沒有站起來了。但是早就腳下抹油溜之大吉的宋義從此卻站起來了，他馬上選擇了對楚懷王投懷送抱。楚懷王正需要人才。於是一個乾柴一個烈火，很快就燃燒起來，視他為自己的心腹，成了自己手下的第一參謀長。有了宋義的支持，楚懷王還覺得勢單力孤，覺得還不能跟項羽抗衡，於是他又把目光停留在劉邦上。他主動伸去愛的橄欖枝，提升劉邦為武安侯，這樣劉邦一下子就脫離了項氏集團，成了一家獨立的上市公司。

有兩這對雙子星座的支持，楚懷王自然信心大增，但是要如何才能徹底制服項羽呢？項羽雖然沒有了項梁這棵大樹的庇護，但是瘦死的駱駝比馬大，項羽的實力還是不容小視的啊。因此，直接免職項羽，他有下達這個的權力，但是項羽也有拒絕服從的權力。

針尖對麥芒，魚死網破，這不是智者的行為。楚懷王雖然不是智者，但是也不是傻子。他很快聽從了參謀長宋義的意見，召開了一次政治會議，宣布了一件重要事項，分兵兩路，直接去偷襲大秦集團的老窩咸陽，並且約定，兩路兵馬，誰最先拿下咸陽，誰就是咸陽區域的董事長——「關中王」。

而這兩路人馬的「帶頭大哥」分別是劉邦和宋義。都是楚懷王最近提拔的最後信賴的兩個人，楚懷王這樣做明顯是大智之舉，不管兩人誰立下戰功，都是自己最為信任的人，都是等於直接壯大了自己的實力。

統帥掄不到項羽的份，那麼如何安置項羽呢。楚懷王想到了一招更為毒辣的，那就是讓項羽隨軍出征。什麼叫隨軍出征，就是讓項氏集團參加這次合併行動。於是，項羽搖身一變成了宋義的部將。這的確是個好辦法，既打發走了項羽，畢竟項氏集團在身邊對他就是一種威脅，就讓他有了牽制，項羽只是副帥，那麼他就得聽從主帥宋義的指揮。

宋義只是個孤家寡人，那麼衝鋒陷陣的自然是項氏集團的兄弟們了。這樣一來，既壓制了項羽的權力，又讓項家軍成了槍手、炮灰，不管最後到關中如何，一路上勢必要犧牲不少人馬。這樣一來，便是假借秦氏集團的勢力，削落了項氏集團的勢力。

然而，人算不如天算，楚懷王只是算準了軍人的職責就是服從，沒有算到了項羽根本就不把自己當軍人，而是當統帥、當霸王。楚懷王的那點小伎倆項羽心知肚明。一山不容二虎，宋義是統帥，項羽不甘心居副統帥，因此，一場火併也就在所難免。

但是，火併也要等時機，找藉口，整理由。很快，時機就來了，因為大雨，在中途停軍休整了一個多月。藉口因此也出來了：「我們都一心想報國立功，宋義卻只顧安圖享樂，整天吃香的喝辣的。」理由自然是冠冕堂皇：「宋義通敵賣國，罪不可恕，已被我斬殺了。」欲加之罪，何患無詞。更何況是自找之罪，那就更加不怕理由了。宋義為自己的愚蠢和無知付出了殘痛的代價。

項羽乾淨俐落地火併了宋義後，以斬草除根的方式，追回宋義準備跳槽到田氏集團的兒子，然後也殺掉了。奪回了屬於自己的統帥權後，項羽馬上假惺惺地向楚懷王進行了彙報。面對這樣的突如其來的結果，這是楚懷王始終不及的，他雖然心裡不能容忍項羽的大逆不道行為，但是現實又是無奈的，項羽這個時候已經不再是被自己關在籠中的小鳥了，而是脫開束縛的蒼鷹了。龍豈池中物，乘雷欲上天。楚懷王已無能阻擋項羽的破繭成蝶之舉了，只能順水推舟的直接加封他為統帥，這樣一來，雙方皆大歡喜。權力爭奪戰至此暫告一個段落。

繞了這麼一大圈子，整個過程，我們可以看到，英布都是站在項羽這邊的，就在宋義、劉邦被楚懷王拉起時，他也忠心不渝。我分析這裡面的原因有二個：一是英布還沒有入楚懷王的法眼。二是英布對項羽情有獨鍾。

英布沒入法眼，原因很簡單，楚懷王沒看上只有匹夫之勇的英布。英布對項羽情有獨鍾在隨後的鉅鹿大戰中可以看出來。

我們都知道項羽在鉅鹿大戰中，做出了一個創舉「破釜沉舟」，成為後人津津樂道、回味無窮的精神食糧。然而，很快有人知道，項羽做出破釜沉舟的前提條件是，章邯的糧道被毀糧草告急。而破糧之舉正是英布和一個不知名的叫蒲將軍的人做的。

英布冒著敵人的槍林彈雨，拚死拚活，讓章邯原本認為固若金湯的糧道風聲鶴唳，最後癱瘓。正是因為他有這斷糧之功，項羽心裡有了底，才會做出這樣的創舉，在隨後的面對面的接觸戰中，項羽打敗了章邯的正面軍，而英布也打敗了章邯的副帥王離。

王離做為著名秦將王翦之孫，素以英勇著稱，可以說是秦氏集團將帥中的二號人物，但是這樣一位高手，面對英布也是無可奈何，最後兵敗被殺。三天的激戰，秦軍大敗，敗得體無完膚，最終章邯在走投無路的情況下，也只好選擇了歸降這條路。

由此可見英布對項羽的忠心，而項羽也因此對英布另眼相看，特別是分封十八路諸侯王時，項羽把英布單獨列出來，讓他成了九江王，足見項羽對他的重視。這個待遇在項羽嫡系部隊裡僅此一例，連他最為信任的鍾離昧、季布等人都沒有享受過。

英布被封為九江王後，思想開始腐化，慢慢不聽話了，大概是因為英布看清了項羽的「本質」，項羽一直把他當槍手用，讓他寒了心。

項羽為了達到自己權力的欲望，在這個時候犯了一個錯，一個致命的錯，那就是弒殺楚懷王。項羽殺楚懷王的原因是，不聽話。在自己到達咸陽後，天下諸侯都唯他獨尊時，他上書「請求」楚懷王收回之前的立關中王的承諾書，楚懷王卻不識時務地批覆：按定下的約定辦。就是這個批覆，讓項羽下了誅殺楚懷王之心。

「是啊，對於這樣不聽話的主子，留著是禍害啊。」但是畢竟楚懷王是名人之後，也屬於名人，是包圍在記者媒體視野範圍之內的，因此，項羽做出誅殺行為，很快就讓他背上了殘暴的惡名。而替項羽背黑鍋的就是英布。他派英布在長江上殺掉了楚懷王。殺死楚懷王是項羽的失誤，派英布來當槍手更是失誤中的失誤。英布是橫刀立刻的人物，現在居然叫他殺一個手無寸鐵的人，明顯是大砲打蚊子 —— 大材小用。更重要的是一下就讓英布處在輿論的浪花尖口，讓他一下威名掃地……

楚懷王死了，英布的心也死了，他對項羽的眷念和感恩到此也就結束了。因為楚懷王死後，首先背黑鍋的就是他，雖然歷史最後還是給了他平反的機會。這一切的幕後主使是項羽，但是當時的輿論和媒體遠不如現在的發達，最方便的方式就是人傳人。

不管怎麼樣，一向惡名遠揚的英布什麼事都可以做，譬如打家劫舍，譬如殺人放火，唯獨弒君弒父是不想為不願為也不敢為的。這是他做人的道德底線，一旦突破了底線，他便變成了一個裸奔的人，還有什麼比尊嚴、比道德、比人性最重要的呢？

可以說項羽就是把自己的尊嚴、道德、人性強加在別人頭上，這引起了性格特點極為突出的英布的強烈反感，也正是因為這樣，英布做完這件「屈辱之事」後，感恩之旅也就告一段落了，也正是因為這樣，當項羽隨後率軍要去平定齊國，強烈請求英布攜手並肩作戰時，遭到了英布的婉拒。

英布此時對殘暴不仁的項羽已經死了心，自然不想再為他賣命了，所以婉拒也在情理之中。當然，這個時候英布的九江王畢竟是項羽親自分封的，雖然兩人已是貌合神離，但是又不能馬上撕破臉，因此他自己雖然沒有去，但還是象徵性地派了五千老弱病殘幼的兵去支持，不管怎麼，好歹給了項羽一個交代，保存了西楚霸王的顏面。

事實證明，項羽的確實是糊塗的，英布的所作所為，按理說他應該很清楚才對，應該馬上採取措施才對，但是他的眼裡卻只有田榮，只有齊國那塊肥沃的土地，根本就沒有把英布的心裡變化、態度轉變放在心裡，或者說他根本就沒有意識到事情的嚴重性。

果然，劉邦乘項羽深深陷入齊國的人民戰爭中不可自拔時，馬上出關，迅速收復三秦之地後，立即直搗項羽黃龍——彭城的策略部署。結果一路上諸侯王望風而降，紛紛投靠於他的麾下，很快就穿越千山萬水，來到了楚國的地盤。

此時的項羽一方面派手下最強的悍將鍾離昧在黃河以南的地方進行重點布防，另一方面他希望英布在關鍵時刻能及時出兵，從而阻止劉邦聯軍的挺進。但是結果呢？他的如意算盤失靈了。鍾離昧雖然驍勇善戰，但是好漢敵不過人手多，所以，很快潰敗。而英布也遲遲沒有動靜，作壁上觀。結果，劉邦的聯軍很快就滅了項羽的老窩彭城。

然而項羽還是沒有意識到這個昔日強大屬下、如今強大盟友的變化，在以三萬精兵成功打敗劉邦的五十萬驕兵後，他沒有及時找英布談心以消除誤會、挽回關係；也沒有再打擊劉邦。結果這樣一來，給了劉邦喘息的機會。劉邦穩住陣腳後，馬上採取張良的計謀，開展了人才爭奪戰。結果一代梟王英布成了劉邦重點拉籠和賄賂的對象，並且馬上派出了有著鐵齒銅牙之稱的遊說大王隨何去九江遊說英布。

應該說英布雖然對項羽心死了，但是他對劉邦還是持懷疑態度的，特別是項羽在彭城反擊戰中以少勝多，所表現出來的強勁實力讓他也是很震撼的，因此，他的立場還是屬於「中立」的，還是猶豫不決的，想跟著劉邦幹，又擔心劉邦的實力；想回到項羽身邊，又擔心項羽怪罪自己的「作壁上觀」。就在他左右搖擺舉棋不定時，劉邦的使者隨何到了。英布心裡煩，採取了「迴避」的態度，不與他談，想讓他知難而退。

但是隨何是何許人也，既然來了，就自然不會有畏難情緒，因此，他眼看一連數日吃了英布的「閉門羹」，馬上來了個「毛遂自薦」，直接對英布的侍從說：「我來這裡不是蹭飯的，無論如何要我和九江王當面一談。」

英布一聽沒轍了，見就見吧，沒什麼大不了，在自己的地盤還怕你不成。於是兩人在一間古色古香的會客廳進行了密談。隨何直言不諱地勸英布歸順劉邦，並且說出了兩大很充分的理由：「一是你已經有歸順劉邦的心了。項羽征戰齊國你沒有隨軍出征，彭城之戰你不參與就是很好的證明。二是你已經沒有退路可言了。你對項羽不支持不配合，雖然說明你個性鮮明、嫉惡如仇、敢愛敢恨，但是在項羽眼裡會是怎麼樣的呢？他是個眼裡容不下一顆沙的人，你的所作所為，你自己能原諒自己，但是項羽卻會懷恨在心。

試想想，如果一個主子猜疑屬下，屬下還有好日子過嗎？而劉邦卻是個謙卑、禮讓、寬厚的人，他特別尊重人才、愛惜人才，你歸順劉邦，自然會得到重用。一個是冷藏、無情打壓；一個是關愛、器重有加。何去何從，還請大王三思而後行啊。」

英布聽了隨何的話，選擇了沉默，良久，他說了這樣一句話：「容我再考慮考慮。」其實從這句話裡，我們可以看到，英布是被隨何說動了的，因為隨何的話直接點到了他的痛處，觸及了他的靈魂，他的心靈受到了一次極大洗禮。但是畢竟這種向左走向右走的「擇木而棲」不是一件小事，是關係到一輩子幸福、一輩子榮辱的大事，馬虎不得，隨意不得，要慎之又慎，思之又思。

劉邦的人才拉據戰弄得風聲水起，後知後覺的項羽這才把目光迴轉到英布身上來，於是，他同樣派了一個使者去九江。只是項羽和劉邦的做法表面上看起來如出一轍，但是實際上卻有天壤之別。首先，劉邦高度重視英布的歸屬問題，派出的是主動請纓出使的隨何。

能夠毛遂自薦的人自然對自己充滿信心，有幾把刷子的人，懂得做說客的技巧，並且具有極強的職業精神，不達目的誓不罷休。而項羽派出的只是一個普通使者，這樣的人與其說是做說客，還不說只是起上傳下達的作用，根本不懂得說客的技巧，不具備特有職業精神，只要把主子的意思傳達到位就行。這裡面涉及的是態度問題，可以說，劉邦對英布是重視得不能再重視，而項羽卻是輕視得不能再輕視。

的確，他的使者到了九江後，不是苦口婆心地做英布的說服，而是狐假虎威，開始耀武揚威，直接質問英布為什麼兩次不肯發兵？這是英布最敏感的地方，也是英布最為心痛的地方，因為自己的意氣用事，他對自己兩次不肯發兵也感到惶惶不可終日，也不知道如何彌補。但是楚使卻哪壺不開提哪壺，用最鋒利的刀子直接刺入了他的傷疤之中。

這一劍下去，他原本死了的心又活了，原本平靜的心起了波瀾，鮮血一點一滴流淌下來……

要剝開傷口總是很殘忍，請你別做痴心人。如果說英布是「痴心人」，那麼，這時他已經徹底變成了「寒心人」。

就在英布的心一點一滴流血時，漢使卻上演了「三步走」：不請自來，來而不恭，恭而不敬。楚使驚愕之餘，直接質問英布這是怎麼回事？其實英布這時也沒有明白是怎麼回事，一時語塞，隨何卻厲聲叫道：「九江王早已歸漢！」關鍵時刻，楚使不過硬的個人素質展露無疑，選擇了三十六計，走為上計的策略，拔腳就跑，拚命往會客室外面跑，向著楚國的方向跑。然而，他跑步的基本功再扎實也無濟於事，因為這裡是英布的地盤。隨何馬上說了句火上燒油的話：「當斷不斷，反受其亂，事已至此，還要猶豫嗎？」英布只好下了斬殺令。就這樣，因為項羽的不重視，讓英布這位人才最終選擇了投靠劉邦。

而項羽聽說英布反目後，怒不可遏，馬上做出了讓英布永不回頭的舉動，派龍且對英布發動了最為猛烈的攻勢。結果英布抵擋不住，只好逃到了劉邦的地盤去尋求庇護。而這時項羽又做出了意氣用事之舉，把成為階下囚的英布的家眷全部送上了斷頭臺。項羽的「大義滅親」讓英布徹底選擇死心塌地地為劉邦賣命，而報仇雪恨也是他此後唯一的精神追求。

曾經穿同一條褲子的好友，此時變成了誓不兩立的敵人，做人做到這個份上，項羽也真夠可憐可悲的了。

點評：用人是每一位領導者的頭等大事。人非聖賢，誰又有能力從事各種行業，懂得各種道理呢，所以得統管各個部門，根據每個人的才能而委以不同的職務。《淮南子》說：「天下的東西沒有毒過附子這種草藥的，但是高明的醫生卻把它收藏起來，這是因為它有獨特的藥用價值。麋鹿上山的時候，善於奔馳的大獐都追不上牠，等牠下山的時候，牧童也能追得上。」看來，在什麼時候用什麼樣的人，在什麼場合用什麼樣的人，實在是應該根據具體的情況而定。

諸葛亮說：「老子善於修身養性，卻不適合應付危難；商鞅善於進法治，卻不適合施行教化；蘇秦、張儀善於遊說，卻不適合締結盟約；白起善於攻城略地，卻不適合團結民眾；伍子胥善於圖謀敵國，卻不知道如何保護自己；尾生的優點是守信用，卻不適合應變；前秦王嘉善於與英明的君主相處，卻不適合侍奉昏君；許子將善於評論別人的優劣好壞，卻不會籠絡人才。」這就是用人之所長的韜略。

四、人才流向個案分析之二：陳平之背楚亡漢

「常出奇計，救紛糾之難，振國家之患。」

—— 司馬遷評陳平

《資治通鑑》記載：「吳起者，衛人，仕於魯。齊人伐魯，魯人欲以為將，起取齊女為妻，魯人疑之，起殺妻以求將，大破齊師。」為了當將領而不惜殺掉自己的妻子，吳起這種行逕自然引起很多人的非議。

有人對魯侯說：「起始事曾參，母死不奔喪，曾參絕之。今又殺妻以求為君將。起，殘忍薄行人也！且以魯國區區而有勝敵之名，則諸侯圖魯矣。」這裡又把吳起「母死不奔喪」的另一劣行揭露出來，加上殺妻求將一

事，吳起被人們指責為「殘忍薄行人」。吳起恐怕魯侯怪罪他，聽說魏文侯善用人，便跑到魏國來謀求發展。

魏文侯當時以禮賢下士聞名於世，他問大臣李克：「吳起這個人怎麼樣？」李克說：「起貪而好色，然用兵，司馬穰苴弗能過也。」司馬穰苴即田穰苴，是春秋時期齊國名將，李克認為吳起雖然貪財好色，但是用兵連田穰苴都沒辦法超過他，自然引起魏文侯的重視。於是「文侯以為將，擊秦，拔五城。」另外，吳起率兵守住西河，使秦兵不敢「東向」。

魏文侯死後，魏武侯繼位，魏國國相排擠吳起，吳起在魏國待不下去，又跑到楚國來。楚悼王聽說大名鼎鼎的吳起來了，十分高興，馬上任命吳起為楚國國相。吳起上任後，「南平百越，北卻三晉，西伐秦，諸侯皆患楚之強。」但是同時吳起也得罪了楚國的貴戚大臣，他們對吳起恨得咬牙切齒，所以楚悼王一死，便群起而作亂，殺了吳起。

與其得小人，不若得愚人。

德與才的關係，就是德為才的統帥，決定著才的方向;才是德的支撐，影響德的作用和範圍。因此，德才兼備的「聖人」是用人的首選，其次是「德勝才」的「君子」，如果這兩種人才都得不到，與其用「才勝德」的「小人」，不如用「才德兼亡」的「愚人」。所以在用人時一定要全面考察一個人的才能與德行，按照先德後才的原則取人，才能避免在用人方面出現重大失誤。

唐初魏徵總結歷代用人經驗，提出在不同的歷史時期有不同的用人標準。唐太宗李世民喜歡與大臣探討歷代盛衰興亡的原因，也經常談到用人的問題。有一次，唐太宗對魏徵說：「為官擇人，不可造次。用一君子，則君子皆至，用一小人，則小人競進矣。」魏徵完全認同唐太宗的看法，他進一步補充說：「天下未定，則專取其才，不考其行；喪亂既平，則非才行兼備不可用也。」魏徵此言，一語道破古今明君用人的奧祕，可謂總結歷代用人經驗的概括性論斷。

天下未定時用人「專取其才，不考其行」，楚漢相爭時劉邦用陳平就是一個典型例子。

陳平這個人很複雜，秦朝末年天下大亂，他先後追隨魏王和項羽，後來經魏無知推薦，才轉到劉邦這邊來，劉邦覺得這個人不錯，便任命陳平為都尉，監督軍中將領。劉邦諸將見陳平一來到就擔任如此重要的職務，心中不平，議論紛紛。

周勃、灌嬰等人對劉邦說：「陳平雖美如冠玉，其中未必有也。臣聞平居家時盜其嫂；事魏不容，亡歸楚；不中，又亡歸漢。今日大王尊官之，令護軍。臣聞平受諸將金，金多者得善處，金少者得惡處。平，反覆亂臣也，願王察之！」

在這裡，周勃和灌嬰等人數了陳平三宗罪：一是居家時與其嫂通姦；二是輕於去就；三是受賄。劉邦聽了這些話當然對陳平起了疑心，馬上把魏無知叫來，責問他為什麼推薦陳平這種「反覆亂臣」。

魏無知辯解說：「臣所言者能也，陛下所問者行也。今有尾生、孝己之行，而無益勝負之數，陛下何暇用之乎！楚、漢相距，臣進奇謀之士，顧其計誠足以利國家不耳。盜嫂，受金，又何足疑乎！」魏無知的一番話，說到了戰亂時期用人的關鍵，那就是只取其才能，而不去追究其德行。所以儘管陳平有盜嫂受金之嫌，但是只要他的計謀有利於國家，這個人就要用，開明的劉邦當然認同魏無知的觀點。

後來劉邦又找來陳平，要他解釋為何要「受金」，陳平說：「臣裸身來，不受金無以為資。誠臣計畫有可採者，願大王用之；使無可用者，金具在，請封輸官，得其骸骨。」所謂「得其骸骨」就是打包袱回家的意思。

陳平說自己沒錢做不成事，「受金」的目的是想累積資金為國家辦事，並非為了中飽私囊。劉邦這才知道錯怪了陳平，於是拜陳平為護軍中尉，監督軍中所有軍官，這樣一來，諸將再也不敢對陳平閒言閒語了。

事實證明，劉邦之所以能打敗項羽一統天下，就在於他能知人善任、採納忠言。除了有張良、蕭何、韓信「漢初三傑」的輔佐外，還得力於總在關鍵時刻屢出奇計、化解危機的開國功臣陳平。

陳平還是在家鄉時就很出名。因為他長的帥，用玉樹臨風、風流倜儻來形容是很恰當的。帥到了何種程度呢？帥到被人指稱盜嫂。陳平的情況和西漢的大學士袁盎如出一轍，袁盎也是因為長的帥，被人指稱盜嫂，但是袁盎卻不反駁，任別人說，只是說的人多了，問的人多了，袁盎最後沒轍了，才淡淡地來了一句話：「我沒有嫂子。」一句頂萬句，就這樣一句，徹底為自己甩掉了黑鍋。

但是陳平的情況卻不一樣，他不但有嫂子，而且他的嫂子長得很漂亮，一個帥，一個漂亮，很快就成為他被人指稱盜嫂的緣由。對此，陳平同樣沒有站出來闢謠，是啊，清者自清，濁者自濁，越解釋只會越說不清。事實證明，陳平的選擇是正確的，因為很快事情便水落石出了。

因為陳平雖然長得又帥又高大，在家裡卻從來不做事，一心只讀聖賢書。他的嫂子很生氣，他們拚死拚活，忙裡忙外，卻養了個白眼狼，養個吃白食的。一開始陳嫂還能忍，但是後來終於忍不住了，於是對外人公開發表言論：「像陳平這樣的叔叔，還不如沒有。」這是一句很嚴重的話，就是這句話公開為陳平闢了謠，就是這句話打擊到了陳平幼小的心靈。

為此，他立志要出人頭地。可是，出身於貧寒之家，沒有一點政治背景，想要衝出重圍也不是一件簡單的事。

對此，他想出一個絕招：招婚。他的條件很苛刻：非富家女子不娶。

他自己是一個不折不扣的窮小子，卻要求別人當自己的粉絲，顯然，在尋常人眼裡他是白日做夢，異想天開，一點兒也不可靠。然而，凡事都有例外，當地的富翁張負卻不這麼認為。他在認識陳平之前是不快樂的，因為他總是擔憂他的寶貝孫女。他的孫女已經嫁了三次了，但是每次嫁過去沒過多久，丈夫都會莫名其妙地死去。這就是傳說的「剋夫」。家裡生有如此「後來人」，張負自然煩惱不已。

窮小子陳平公然招白富美，不走尋常路，引起了張負的好奇。他決定考察陳平，結果有三個發現。一是陳平確實長的帥，這個跟傳說中的一模一樣。二是陳平確實有才，在紅白喜事上，陳平總是主角，而且每次都能把事情處理得井然有序。三是陳平確實窮，家裡窮得叮噹響，家徒四壁。

這下張負犯難了。帥不能當飯吃，才不能當床睡，把自己的寶貝孫女下嫁給這樣的窮光蛋，心有不甘啊。他轉身離開時，還一步三回頭，戀戀不捨，心有戚戚然。突然，他有一個驚人的發現，他發現通往陳平「寒舍」的那條崎嶇的泥濘的道路上，布滿了車轍印痕，麻麻密密，交錯縱橫，而且每條車轍印的深淺都不一樣，顯然不是同輛車的。要知道在當時能坐馬車的非官即貴啊。也就是說別看陳平平時窮，但是和他打交道的都是達官顯貴，都是非同尋常的人物啊。

也正是因為這樣，張負沒有再猶豫，毅然決然地將孫女嫁給了陳平。

也正是因為這樣，陳平沒有再孤獨，如願以償的娶到了一個富家女子。

因為有張家做後臺，陳平很快被任命為鄉里的「宰長」，主要任務就是為鄉親們分肉。很快，陳平就贏得了大家的交口稱讚，因為他分的肉很公平公正。當然，陳平並沒有沾沾自喜，反而一貫的低調：「沒什麼，我只是做了分內應該做的事。」但是他內心卻是高調的：「分肉算不了什麼，如果能讓我分天下，我可以分得更好。」

就為這句話，他很快參加了「革命」，來到魏王手下謀得一份差事。在魏王手下，陳平曾經幾次就政事上書，雖然都是真知灼見，但是不僅從未被魏王採納，反而屢屢受到小人讒言誹謗。為了自保，陳平只好不辭而別。

不久之後，他又投奔了楚王項羽。我們可以看到這樣一個現象，凡是人才到項羽手下，都得從最低層做起，韓信如此，陳平也如此。但是相對於韓信的不幸，陳平是幸運的。他一步一步得到了提升，並且做到了都尉。然而，陳平和項羽很快就撕破臉，分道揚鑣了。原因主要有二：

一是陳平看不慣項羽的人品。項羽志大才疏，無道乏能，他未能慧眼識才，致使好多有本事的人離開了他。項羽剛愎自用，狂妄自大，哪裡會把人才放在眼裡，先於陳平離開的韓信已經讓陳平看清楚了這「背後的故事」。據史書記載，陳平是在鴻門宴上認識劉邦的，當時他只是不顯山不露水的「角色」—— 士衛。而就是這場豪門盛宴，讓陳平看出劉邦才是「最可依賴之人」，並且和張良聯合暗中幫助「擇木而棲」的韓信入蜀，而自己則等待「反水」的機會。

二是項羽逼陳平離開。項羽起初尚能重用陳平，但是在陳平一次戰敗之後，便聽信讒言想要加害於他。陳平一方面害怕受到迫害，一方面也看到項羽不足以謀大事，便掛印封金，決定投奔劉邦。

雖然劉邦陣營裡不乏聰明才智之人，但是陳平奇計多且善於謀略應變的才能，不僅深得劉邦信任，也成為劉邦不可或缺的左右手。陳平跟隨劉邦征戰時，在緊要關頭出了六次妙計，解除劉邦的困境，化危機為轉機，實功不可沒。

奇計一：捐金造謠，離間鍾離昧。楚漢爭戰中，有一次楚軍發動猛烈的攻擊，將漢軍圍困在滎陽城中。漢軍沒有外援和糧道，一切退路被切斷，劉邦憂心如焚，忙召張良、陳平等謀士商討對策。陳平獻計對劉邦說：「項羽為人善猜忌，易聽信謠言，只要大王肯花費大量黃金，就能夠離間項羽身邊范增、鍾離眛、龍且、周殷這幾個重要大臣，沒有這些人的幫助，項羽就如同失去左右手，自然就削弱他進攻的力量了。」劉邦認為這是好計謀，於是拿了四萬斤黃金交給陳平，任由陳平支用且不過問。

陳平花了許多黃金在楚軍內安插了很多間諜，讓他們散布謠言，說楚將鍾離眛等人功多賞少，將要聯漢滅楚，然後分割土地，各自稱王。果然錢能通神，不幾日，謠言便在楚軍內傳開，連項羽都聽到了，而項羽果真中計，對鍾離眛等人產生了懷疑，不再相信他們。

奇計二：無中生有，逼走范增。項羽雖然疏遠了鍾離眛等人，但是他對滎陽城的攻勢卻也毫不放鬆，仍死死地圍困漢軍在滎陽城裡。不過漢軍也防備得滴水不漏，讓楚軍無法越雷池一步，這情況讓項羽非常焦急。

陳平抓準機會，又對劉邦獻策道：「項羽連日攻城不下，大王趁此派人去向他詐降，他必然答應且遣使者來談條件，到時我們便可從中來離間范增，等楚軍人心惶惶時必可突圍。」劉邦聽完覺得有理，便下令依計而行。項羽果然派使者到劉邦營裡，劉邦準備了很豐盛的菜餚，接待楚國大使。劉邦見到楚國使者假裝十分吃驚的說：「我以為是亞父范增的使者，原來是項王的使者啊！」說完即撤走酒席，並吩咐屬下換上粗茶淡飯給楚國使者吃。

楚國使者回營後，便將其所受待遇稟報項羽，項羽又中計開始懷疑范增了。後來范增心急想要盡快攻下滎陽城，因項羽不信任他，不肯聽從。而范增也聽說項羽懷疑他與劉邦私通，便十分氣憤的說：「天下就將為漢王所平定，希望大王好自為之，請求大王恩准我告老返鄉安度餘年。」結果，范增還來不及回到彭城，就因背上毒瘡發作身亡。

奇計三：瞞天過海，滎陽突圍。儘管成功地離間了項羽身邊的謀臣，但是韓信的救兵遲遲未到，滎陽城還是朝夕不保，於是陳平、張良決定先救劉邦出城。兩人商議後對劉邦說：「請大王速寫投降信給項王，約項王在東門見面。如此一來項王必定將大軍部署在東門，臣再想辦法將西、北、南門守將全引到東門來，大王就可以從西門突圍衝出去了。」劉邦同意他們安排的計畫。

翌日清晨天色未明，漢軍便大開東門。陳平派了二千名婦女，魚貫走出東門，楚軍聞訊自然圍了上來，但是發現這群人全是手無寸鐵的婦女，也就不好為難她們，便向兩旁退開讓出一條通道來。而西、南、北門楚軍聽說東門外擠滿了美女，都爭先恐後地湧向東門。忽然有人大喊：「漢王來了！」等到漢王下車走進楚營，項羽才發現這個漢王只是相貌神似劉邦的人，氣得暴跳如雷，馬上下令燒了這個假漢王和他坐的車。此時劉邦趁東門混亂，帶著陳平、張良等人衝出西門，棄城逃之夭夭。

奇計四：韓信封王，借刀殺人。楚漢爭戰中，有一次劉邦被項羽暗箭所傷，還被迫困守廣武。此時韓信在齊地作戰捷報頻傳，還占領了齊國。韓信仗著自己功高，便派遣使者向漢王表明想當假齊王（代理齊王）。

劉邦聽了破口大罵：「我被困險地，日夜盼你來解救，你卻想在齊地自立為王！」陳平見狀隨即用腳踢了踢劉邦，在劉邦耳旁道：「現在情勢對我們相當不利，不如順水推舟，立他為王，有恩於韓信，否則恐後患無窮。」劉邦才恍然大悟，禮遇使者並遣張良到齊地封韓信為齊王。

而項羽此時也不斷派使者遊說韓信背漢歸楚，當時韓信的軍力占有舉足輕重的地位，也是決定楚漢勝負的關鍵，韓信歸順哪一方，哪一方必勝。所幸陳平應變機靈，暗示劉邦封韓信為王，所以無論項羽如何勸說，韓信都不為所動。不久，韓信引兵聯合劉邦圍困項羽於垓下，使得項羽最後自刎於烏江。

奇計五：請君入甕，雲夢擒韓信和奇計六：獻美女圖，白登解圍。一則是為劉邦解除了來自政權的「後顧之憂」，另一則是直接救劉邦於水火之中，浴火重生。另外，陳平一生備受漢高祖劉邦信任，並一路青雲直上，官至丞相，他從未因功高而遭到皇帝及其他大臣的猜忌，著實不易。

陳平在生命最後十多年裡，謹守高祖遺命，「非劉氏不得封王，非功臣不得封侯。」靠著他應變靈活、足智多謀，最終粉碎了諸呂叛亂，帶領漢朝走上艱難的復興之路，最後鞏固大漢的天下。

點評：「喪亂既平，非才行兼備不可用」是一條很重要的用人原則。秦始皇不明白這個道理，統一中華民族後起用趙高為中車府令，使趙高「教胡亥決獄」。趙高有罪，蒙毅認為應判死刑，但是秦始皇認為趙高「敏於事」，不僅赦其罪，還恢復了趙高的官職，埋下導致秦國滅亡的禍根。

唐玄宗晚年在用人方面也違背了這個原則，安祿山不聽指揮打敗仗，丞相張九齡認為「祿山失律喪師，於法不可不誅」，但是唐玄宗「惜其驍勇」，赦了安祿山的罪，最終釀成安史之亂。

每一個朝代的開國之君都免不了有一大幫文臣武將來輔佐，很多輔佐功臣也都會彪炳史冊，他們中間有戰功卓著的，有運籌帷幄的，有舉賢任能的，反正都有「一技之長」，在自己的「專業」領域都很有建樹。

這裡還不能忘了一種，那就是專門玩「陰謀權術」的，有時這種「專家」的功勞恐怕並不比前面提到的那些差，甚至略有過之，當然這種陰謀主要對敵人用，對自己還是有好處的，只不過不大光彩而已。陳平就是這方面的「專家」，他輔佐劉邦的最大功績就是在關鍵時刻玩了幾次陰謀，並取得了良好的效果，可以說是漢代第一陰謀家。

楚漢之爭中，項羽之所以最後會兵敗下坯，其中一個重要的原因就是逼走了陳平。這其中的原因雖然很多，但是一個重要原因就是項羽從骨子裡對人才的淡視和漠視，他總認為「世界都是圍著他轉的」，沒有他誰都活不下去。人才只有到他手下才能發光發亮，卻不知道很多人才在他手下都被埋沒了。最終項羽也死在陰謀家陳平的「奇計絕算」之中。

五、人才流向個案分析之三：韓信之背楚亡漢

花 80%的時間找人 —— 找最聰明的人。

—— 題記

如果說誰是漢初最聰明的人，恐怕非天才軍事家韓信莫屬。

韓信是婦孺皆知的人物，楚漢爭霸時期戰必勝、攻必取的大將之才，可以說沒有韓信，就沒有項羽的痛失江山。項羽失韓信，亦成項羽不識人才、不會用人的典範。而深入研究歷史可以發現，以韓信的事例來說明項羽不會用人亦不符合當時情況，完全是「成者王侯敗者寇」的傳統觀念作祟。

韓信早先在秦二世二年初投靠項梁，但是在項梁那裡以及到項梁死（秦二世二年末）近一年的時間都是普通士兵（另有一說是為食客）。韓信是在項梁死後，項羽接手項梁兵權後歸屬於項羽的。項羽提拔韓信為郎中。

韓信開始對項羽是充滿期待的，曾為項羽提了不少有用建議，可是項羽對他的人「視而不見」，對他的話「聽而不用」。項羽之所以這麼藐視韓信，是因為他只看到了韓信外表的「卑微」，而沒有看到韓信內在的非凡才能。

的確，韓信在出道之前擁有很不好的名聲，這個名聲源自於四個字：

胯下之辱。

胯下之辱這的確是韓信心裡的痛，因為一想到胯下之辱，他首先就會想到他的父親。因為是父親的英年早逝，母親忍受不了貧窮，拋棄他改嫁他鄉，從此，他從小就成了孤兒，從而一無所有，只能漂泊生涯。

失親之痛，刻骨銘心，怎能不痛。其次，他想到的是漂母。流浪的生活雖然無拘無束，但是也無依無靠，在衣不遮體、食不果腹的情況下，他有幸遇到了一個老婆婆，就是這個老婆婆成了他的「再生父母」，她天天在河邊漂洗棉絮，而韓信天天在河邊釣魚，餓得皮包骨頭，彷彿三分鐘熱風就能把他吹倒。出於同情心，她每天都把自己的飯給他吃。而韓信爽快地接受了這「嗟來之食」，他沒有辦法，必須接受，因為只有接受他才能活下來，冷也罷，熱也罷，只要活著就好。活著成了韓信唯一的奢求，活著成了韓信唯一的信仰。於是韓信把老婆婆的恩情永遠記在了心裡，並尊稱她為漂母。

然而，別人卻沒有把他放在眼裡，稱他為狗雜種。韓信在別人眼裡是另類的，他的另類主要表現在，每天拿著一把劍，並以俠士自居，走街串巷。當時的黑白兩道的混混見狀很不高興。「我的地盤我作主，豈容你一個外來的流浪漢在這裡撒野？」於是，有一天，混混頭子帶著一幫兄弟，攔下韓信，並且給了他兩條路走，一是從他身上踏過去。怎麼個踏法？透過比武的方式，跟他們一較高低，看究竟誰的本領大，只要打贏了他們，就能順利通過。二是從他身下爬過去。怎麼個爬法？不比武也行，只要主動認輸，然後跪在地下，匍下身子，從他的褲襠下鑽過去。

韓信選擇了第二條路。士可殺不可辱，但是在他的眼裡卻是士不可殺卻可辱。原因是什麼？兩個字：活著。選擇第一路，誓必要和黑老大他們拚命，他雖然是劍客，雖然手上功夫也不賴，但是好漢敵不過人多，要打敗這幫黑社會，他沒有必勝的把握。

沒有必勝的把握，那結果就只有三個，一是活，二是死。三是不死不活。要想活就必須「傷」了黑社會，而一旦傷了黑社會，他的好日子也就徹底到頭了，從此會成為他們追殺的對象，不再是流浪漢，而是逃亡犯了。而一旦被對方打敗，打殘了，這一輩子就廢了，還談什麼理想，談什麼夢想，談什麼人生。

而一旦被打死，更是死去元知萬事空，在這個世上消失了，什麼沒得談了，成了一個匆匆過客了。而韓信是有理想、有追求的人，他怎能甘心自己的一生因為這樣的小事而毀於一旦。因此，他選擇了寧可辱也不可殺，主動鑽過去，用這種委曲求全的方式，滿足了對方的欲望，保全了自己。

西元前 209 年，陳勝、吳廣揭竿而起，韓信佩劍從軍，投身在項梁軍中。項梁戰死後，韓信繼續跟隨項羽，但是未受重用，只是充當一名執戟衛士。在這過程中，韓信曾多次向項羽獻策，均不被採納。

才華橫溢的韓信，在歷史上第一次真正的露面，應該是在鴻門宴的前夕，當時項羽四十萬大軍，駐紮於新豐鴻門，都是精兵良將。而與項羽對峙的劉邦只有十萬大軍，且戰鬥力遠遠低於項羽。此時，雖然劉邦先進咸陽，但是他帶領的大軍一路所遭遇的對手，並非勁敵。而項羽後入咸陽，沿途所遇的都是秦軍主力部隊。

儘管如此，按約定，應該是劉邦先於項羽稱王。但是劉邦依手下謀士之言，沒有履約，是因為懼怕項羽的大軍進攻。這些局勢，雖然韓信當時賤為持戟士，卻了然於心中，並以持戟士的低賤身分，奉勸項羽偷襲劉邦，以剷除後患。

而剛愎自用的項羽竟然喝斥韓信，多虧有范增解勸，才沒有降罪於韓信。遺憾的是，范增雖有經世治國的雄才偉略，卻沒有伯樂知人善任的策略人力資源眼光，才導致韓信灑淚落恨而去。

韓信曾說過：「臣事項王，官不過郎中，位不過執戟，言不聽，畫不用。」韓信雖出身低微，但是具有天才般軍事才能，領兵打仗可與項羽一拚。那時數一數二的軍事人物，即項羽和韓信兩人。古語有云：士為知己者死，將為明主而亡。可是這樣的人才，他說話人家不聽，做事又沒機會，他的價值就無法實現，他的抱負就無法施展。

的確，韓信懷著荒廢了自己整個青春年華所學的卓越軍事才華，投身於項羽的軍中，本想做一番大的事業。沒想到自己事業沒做成，卻差點把命都搭上了。他非常傷心失望，然而，他沒有放棄，轉身投奔於項羽的直接勁敵劉邦去了。

儘管在劉邦那做到大將軍職位時，花了很長時間，但是畢竟劉邦給了韓信機會，重用了他。

而韓信果然沒有令劉邦失望，他新官上任三把火，就任大將軍的第一件事情便是主動出擊，先消滅項羽的外圍勢力。於是，一方面，韓信派人修復劉邦進入漢中所燒毀的棧道，以迷惑雍王章邯，另一方面，自己卻率軍悄悄沿南鄭故道東出陳倉，大敗章邯軍，一舉拿下關中地區。然後，韓信引得勝兵，出函谷關，直逼洛陽，韓王、殷王等從屬於項羽的封國望風歸降。

三把火燒後，漢營軍中無人不服這新任的行銷總監。緊接著，韓信率大軍進至楚都彭城，隨後由劉邦接管。未想劉邦一進城，便把防務丟在一邊，到處蒐集美女錢財。此時，正在另外戰場上與韓信鏖戰的項羽，聽說彭城失守，急帶三萬精騎，星夜趕到彭城，一舉將劉邦擊敗。劉邦兵敗彭城，原先降漢的封國重又倒戈、歸順項羽。

韓信聞訊，立刻趕來收集劉邦的殘兵敗將，並成功地阻擊項羽繼續推進的戰爭。這樣一來，韓信因軍功被劉邦封為左丞相等級的高級副總裁。爾後，韓信領兵攻破魏國。再接著，韓信以歷史上最為有名的「背水一戰」的經典戰例，大破二十萬趙軍。最後，韓信率重兵奇襲破齊，劉邦迫於形勢，被逼無奈，封韓信為齊王。

韓信攻占齊地後，項羽恐慌萬分，連忙派人去遊說韓信，希望他能反漢聯楚，結果被韓信狠狠地羞辱了一番。「想當初，你貴為CEO，我是你手下的一個普通員工，你根本不把我當人看。並且，我一腔熱血報效於你，你狗咬呂洞賓，不識好人心。為提升你個人的領袖形象，還險些取了我的性命，你也有今天啊？」項羽羞愧難當，但是時光卻不能夠倒流。大概就算倒流，項羽依然會自認為我天下第一，怎會把一個從人跨下鑽過的懦夫放在眼裡呢？

總之，韓信在楚漢戰爭中為劉邦立下汗馬功勞，成為漢初三傑之一。

點評：是什麼讓韓信走到劉邦身邊的？正是項羽自己拱手把這樣一位奇才讓給了對手，而這就是領導者的失職。總而言之，在使用人才的過程中，切勿捨近求遠。古人云：十步之內，必有芳草。然而，現在有的公司，視外面的人才為掌上明珠，視若瑰寶，不惜重金挖來，待以厚禮，但是對本公司的人才則白眼睨之，不關心他們的痛癢，不解決他們的實際困難，使人才的聰明才智難以發揮，這種做法勢必造成人才的浪費，才能得不到施展，還很可能會出現「招來一個女婿，氣跑一群兒子」的現象。

六、人才背楚亡漢的「歷史密碼」

什麼是人才？做得事，能吃得了虧，負得了責！

—— 題記

企業管理涉及用人。關於用人之道，古往今來，無數帝王將相都有自己的答卷。成功者有劉邦，失敗者有項羽。如何做到駕馭用人之道，依舊需要摸索。正所謂，知己知彼百戰不殆。了解企業的用人之道，是側面提升自己能力的方向。

團隊的領導者應該像一個閒庭信步的守門員，所有危機和問題都能被前鋒和後衛解決掉，當然，也會有重大危機，對方突破重圍殺到球門前，這就要考驗守門員的危機應變能力。同時，作為領導者如果手下的人沒有超過你，你將永遠不能升職。

唐僧是個好的領導者，對自己的目標非常執著；孫悟空雖然很自以為是，但是很勤奮，能力強；豬八戒雖然懶一點，但是卻擁有積極樂觀的態度；沙僧，從來都不談理想，腳踏實地的上班。這四個人合在一起形成了最完美的團隊。

其實，作為某陣營或集團的領導人物，不見得要具備某種具體才能，但是必須要有統籌協調、人才管理方面的能力。項羽不缺領兵打仗的才幹，但是缺的就是上面的領導者必須具備的才能，結果造成人力資源大面積流失，諸如韓信、英布、彭越、陳平等重要人物，一個個離開了項羽，投靠了劉邦，導致最終失敗而成就了劉邦的帝業。得人心者得天下，得人心者得市場。大到治國，小到辦企業，講的都是人才。

人力資源是現代企業最為重要的資源，人才是現代企業的第一資本。這是現代企業家的共識。正常的人才流動對於企業優化人才結構、轉變企業經營觀念都是有益的，但是，如果人才流動過於頻繁，流動面過大，特別是在企業負有一定職責、掌握企業的核心技術及核心機密的的管理骨幹或技術骨幹頻繁離職，將會危及到企業生存。

我們不妨把楚漢之爭看成兩大企業集團之爭，項羽、劉邦就是各自集團的總裁。項羽集團裡許多能人志士，一個個遠離項羽、背叛項羽，而最後都為敵對陣營效力，說明項羽沒有正確的人才策略，沒有科學的人才管理方法，他既不知人，也不善於用人，在這一點上，遠不如劉邦，或者說在用人方面就已輸給了劉邦。

後來他兵敗垓下長嘆曰：「此天之亡我，非戰之罪也。」的確不是打仗打不過人家，但是絕對不是上蒼要亡他，而是他自己滅了自己，把許多有用人才拱手讓與了對手劉邦，這可以說是項羽最致命的缺陷。

人才流失恰恰出於上述兩種原因：沒有提供足夠空間供人發展，也沒有提供讓人滿意的物質刺激。在項羽帳下做事，很少有機會充分發揮能力。因為項羽太好強了，太自負了，眼中除了他自己沒別人，人家的話是聽不進去的，即使像韓信這樣的軍事奇才，也只能屈居執戟微職，難以施展抱負。要想實現自己的價值，只得跳槽或轉會，另尋明主，於是他就跑到劉邦那裡去了。

而劉邦是個從諫如流、知人善用的人，只要你的建議有道理，他就聽你的，只要你有某方面才能，他就讓你做某方面事。比方說韓信不是會領兵打仗嗎？他就讓你帶兵打仗，提供機會給你，委以重用。如果說韓信是想要實現自己遠大抱負，想要發揮自己才能，尋求更大發展空間而離開項羽的話，那麼像英布、彭越等人更可能是因為在項羽手下難以得到理想的待遇或利益，而劉邦卻能為他們提供更加優越的條件和好處。

跟項羽或是跟劉邦，同樣都是賣命，誰好處給得多就跟誰做事，這就是這些人投靠劉邦的原因。韓信、英布等人倒向劉邦，並不僅僅限他們本人，而是帶著一大幫人集體跳槽，還包括領地的各種資源，不僅壯大了劉邦集團的人力物力，而且壯大了劉邦的勢力範圍。

如果用一分為二的眼光，以成王敗寇的姿態，就楚漢人才背楚亡漢的原因進行探討，主觀原因是劉邦和項羽不同的人才觀造成的，歸納起來有五個因素。

第一，項羽剛愎自用，自恃拒諫，劉邦虛己聽人，能夠納諫。

第二，項羽信讒多疑，劉邦放手用人。

第三，項羽忘功尋過，劉邦賞不移時。

第四，項羽用人唯親，劉邦用人唯賢。

第五，項羽取人以名以尊，劉邦取人以實以賢。

總上所論，項羽取人以親以尊，形成親親尊尊的人才觀；劉邦取人以實以賢，形成尚賢任能的人才觀，這是楚漢人才流向的根源所在。

如果用與時俱進的眼光，以刨根問底的姿態，就楚漢人才背楚亡漢的原因進行探討，客觀原因是當時的天下大勢以及集團背景造成的，歸納起來同樣有五個因素。

第一，時勢造英雄——天下大勢決定了人才的流向。

天下大勢是什麼：合久必分，分久必合。漢元年十二月，項羽帶領各路諸侯入關，殺子嬰，滅秦宗室。當時擺在項羽面前的是如何利益分配的問題。顯然稱帝是下下之策，當時天下地盤為舊諸侯的勢力所盤踞，經過三年滅秦時間又湧現出無數新興勢力，在這個新舊勢力盤根錯節、項羽又缺乏足夠的力量可以控制新舊諸侯時，如何利用對自己有利的力量，壓制對自己不利的力量是個非常棘手的問題。

項羽雖然為諸侯從長，具有一定的支配權，但是利益的分配中總是有失勢者不滿。項羽實行的是分封制度，也就是在承認各個勢力已有的權益下盡量削弱他們。比如把關中之地一分為三，齊地一分為三等，自己卻盡收舊楚勢力，改稱西楚，並收其四周的策略要地，如東魏之地、舊韓之地。無論項羽怎麼分封，總會有人不滿意。

沒有封到的則怨恨之，如齊王田榮、彭越等人。封到但是嫌少者亦恨之，如英布、陳餘等。這些人勢必要和劉邦聯合起來反對項羽。而封到又受到厚遇者亦不會感激之，本來這些人都有自己的地盤勢力，和項羽沒有一損俱損、一榮俱榮的利益掛鉤，只會隨風倒，誰勢大，則投靠誰，萬不會對項羽鼎力支持。而項羽楚地之強大亦受諸侯所忌，聯合劉邦對抗項羽也是必然之勢。

當時很多人看穿了此點，如隨何遊說英布：「使楚勝漢，則諸侯自危懼而相救。夫楚之強，適足以致天下之兵耳。」如張良對劉邦語：「且天下游士離其親戚，棄墳墓，去故舊，從陛下游者，徒欲日夜望咫尺之地。」韓信亦對劉邦云：「今大王誠能反其道：任天下武勇，何所不誅！以天下城邑封功臣，何所不服！」這種狀況與主觀的用人態度無關，而是由當時的現狀所決定的。終上所述，天下大勢也是楚漢人才的流向主要原因所在。

第二，打鐵還需自身硬 —— 集團背景決定了人才的流向。

楚漢戰爭中的漢集團是以劉邦為中心的豐沛故人集團。秦末，劉邦為泗水亭長時，這個集團已經粗具規模，在彼此的頻繁交往中，逐漸形成了共同的利益關聯和心理投合，這構成他們事業的基礎，因此，在未起事前，它就作為一個以劉邦為中心、相互之間有歸同趨向的幫派出現了⋯⋯豐沛故人集團在反秦和楚漢戰爭中對整個劉邦軍事集團起著凝聚作用，是劉邦集團勢力的實力核心。在戰爭中，戰事翻覆，勝負無常，但是無論成敗，豐沛故人集團始終跟隨劉邦，維持著這支隊伍的基本穩定。

透過豐沛故人集團不論是劉邦剛起義時，還是在景駒、項梁、懷王帳下以及到漢中為王，這個集團始終是個利益絲絲相扣、一損俱損、一榮俱榮的嚴密組織，不但敵方難以分化收買，就是開闢遠方戰線，這些人始終對劉邦一人效忠，並擔任監視其他異己勢力的重任。這個堅固的豐沛故人集團，在楚漢戰爭中，始終與項羽周旋到底，無論項羽利誘，還是威逼都無濟於事。

而項羽的集團相比劉邦來說就複雜了，可以追溯到項梁時代。項梁項羽起兵靠的是家族勢力和吳中子弟兵，經過幾番戰爭和合併，項梁建立一個以舊楚為旗號的統一戰線，其中有項氏家族勢力，如項羽、項伯、項佗等；有舊楚故老集團，如楚懷王、宋義等；有農民起義勢力，如呂青、呂臣的蒼頭軍，英布、蒲將軍等；有地方勢力，如劉邦、吳芮、陳嬰等；有其他各類勢力，如舊魏勢力、越人集團等等。可以說完全是個大雜燴的鬆散聯盟集團。

果然項梁身死後，舊楚集團立刻跳出來奪權，學者羅新指出：抑制項羽，勸懷王不遣項羽入關的，是所謂「懷王諸老將」。這些無名老將，未見有何征伐功績，但是能影響懷王，就因為他們與舊楚政權的關係。項梁死後，對這些老將來說，當務之急是控制項羽、掌握軍隊。宋義以楚國故人身分為卿子冠軍，率領楚軍，就是這種背景下的產物。項羽在滅秦分封諸侯後，首先解決的就是這些舊楚集團。

當時項羽挾滅秦之功、諸侯從長之勢，兵不血刃地解決了舊楚集團。解決舊楚集團，並不能解決集團的根本問題，此時項羽建立的西楚王國內部勢力盤根錯節，矛盾重重，各個勢力的利益都需要考慮，而項羽尚未整頓好內部，外戰又爆發。先是近鄰之地的齊趙和盤踞西楚內部的彭越建立反項聯盟，再是劉邦等人趁火打劫。項羽終其一生一直處於四處平亂的境地。終上所述，劉邦豐沛故人集團的嚴密性比項羽的鬆散西楚集團更容易吸引人才。

第三，團結是成功的基石 —— 西楚集團的內部矛盾決定了人才的外流。

西楚集團的內部矛盾第一個體現在項氏與舊楚集團的鬥爭，舊楚集團的權力鬥爭失敗無疑導致舊楚集團、親舊楚集團的殘餘勢力倒向劉邦這邊。這裡有史可考的有漢初十八大功侯之陳武在漢二年十月入漢，從時間上推斷陳武亦是因為舊楚集團的覆滅而失勢導致背楚亡漢。

舊楚集團的覆滅並沒有使西楚內部矛盾有所緩和，新的矛盾又產生了。這次是項羽的項氏集團內部的矛盾，世人都以為同為項氏應該利益息息相關，一損俱損，一榮俱榮，而項羽更是重用項氏，很難想像項氏會因為內部矛盾而投靠劉邦。但是事實俱在，項伯早在鴻門宴前就和劉邦約為婚姻，對劉邦百般維護，後來又接受張良賄賂，為劉邦請漢中地。楚漢時期屢為劉邦謀，後被劉邦封為射陽侯，功表中排 14 位。

其實在項梁死後，項氏缺乏一個足夠威望和才能足以統率項氏家族的領袖。在舊楚集團的壓制下，項氏尚能團結在才能出眾的項羽帳下，但是大局以定，輩分高於項羽的項伯，在項梁時代就獨當一面的項佗是否服從項羽是個問題。這些項氏是因為內部的派系為劉邦所用，項伯在西楚作為左尹位高權重猶勾結外人，顯然出自於內部爭權奪利，欲挾外敵以自重，而項莊聽范增之言欲殺劉邦絲毫不給項伯面子，亦顯示項氏內部並不是鐵板一塊。

有位學者指出：「族權與王權又對立又統一，構成了楚國貴族統治集團內部的主要矛盾。就王權來說，對族權是務必嚴加控馭的。當族權與王權協調時，它是王權的肱股，族長奉職於廟堂，族兵效死於疆場。反之，當族權與王權敵對時，它就是王權的禍患，族長可能成為政變的主謀，族兵則可能成為叛軍的主力了。」

由此可見項氏的內部紛爭亦是人才外流的一個原因。有史可考的尚有項襄，在漢二年，曹參攻定陶時投靠了劉邦，被劉邦封為桃侯，並賜姓劉，其子劉舍還在景帝時為丞相。除此外尚有「平皋侯，玄武侯皆項氏，賜姓劉」。綜上所述，西楚集團的內部矛盾亦是導致其人才外流的根源。

第四，向管理要效益 —— 西楚集團的內部鬆散決定了人才的外流。

項羽驅逐懷王後建立西楚王國，西楚王國從建立起內部就紛亂不止，派系繁多，勢力盤根錯節。所以項羽的西楚王國貌似強大，實則不堪一擊，幾乎都是靠項羽一人硬撐下來，這點鮮明的對比就是楚漢期間的勝利幾乎都是項羽親征的結果，而其他戰場不是戰敗就是投降，這裡除了項羽的個人能力外，內部的鬆散亦是很大的原因。

首先，項羽在西楚建制方面，亦有其恢復舊楚制度的一面，亦有適應新制度的一面，有學者指出：「楚漢之際楚制的復活與楚舊制相比也略有變化……項氏還設郎中、都尉、司馬、將軍、上將軍、郡長等……項氏的分封制當為楚舊封君制的擴大化，可視為一種新楚制。項羽恢復舊楚制顯然有拉攏舊楚勢力以及地方勢力的意圖，而採用新制度則是為適應新的局勢來加強中央集權，典型的例子是在西楚王國採用郡縣制度。」

從西楚的建立開始項羽就在走鋼絲，在新舊勢力之前徘徊。連綿不斷外部的戰爭也使得他無法完成一個由鬆散集團到強力集團的轉變。我們來看項羽建立西楚王國後重要的官職安排：令尹（楚官，相當於宰相）靈常，右令尹項伯，左令尹呂青，柱國（楚官。相當於總理大臣）陳嬰，柱國項佗（後期任），大司馬（相當於軍事總長）龍且，大司馬周殷（後期任），大司馬曹咎（後期任）。

看西楚重要職務的安排，亦見西楚內部的繁雜，陳平曾指出：「顧楚有可亂者，彼項王骨鯁之臣亞父、鍾離眛、龍且、周殷之屬，不過數人耳。」西楚人才的關鍵問題被陳平看得一清二楚，項羽缺少骨鯁之臣，所以陳平的用金子收買分化西楚君臣之策才可以有效進行。身居西楚高位的大多是各個派系勢力的代表。

八個西楚重臣，只有三個大司馬是項羽的心腹，令尹靈常不知其何來歷，從姓氏靈可知或是地方勢力的代表；項伯、項佗亦是項氏家族各個勢力的代表；呂青、陳嬰是起義軍元老。從結局看除了龍且、曹咎戰死，其他六位後來皆投靠了劉邦，從這可以看出西楚王國內部四分五裂，各有勢力，沒有多少向心力凝聚力可言。西楚內部上層存在派系紛爭，同樣下基層地方勢力亦是異常龐大。楚漢戰爭期間，多數地方勢力參與戰爭，如蕭公角抗彭越，被彭越所殺；楚將軍薛公於東阿被彭越所殺；柘公王武等人投降劉邦，又反，被曹參、灌嬰擊破；留公救齊亦被擊破；楚將公杲在魯北被灌嬰擊破；項羽使薛公、郯公復定淮北，郯公在下邳被灌嬰擊破，薛公被殺；終公守成皋，被劉邦所破等等。楚制度中公者即為縣令，以上所敘述的諸公未見其功績，卻在楚漢戰爭中或處於戰事之關鍵或屬於重要之角色，大概是地方勢力，項羽不得不在一定的時候所依靠他們，而他們或是能力不足或是隨風倒，亦可證實西楚國內部基層之鬆散。

西楚王國內部集團的鬆散，使其缺乏足夠的向心力、凝聚力，不但對外作戰效率低下，而且其內在成員亦無同舟共濟的精神，存在勝則挾敵自重，敗則各奔東西的局勢。由上所論，西楚集團的內部鬆散亦是導致其人才外流的根源。

第五，鐵打的營流水的兵 —— 劉邦與西楚集團的關係決定了人才的外流。

從上面的論述我們知道劉邦的豐沛故人集團是個嚴密的利益性集團，故項羽想分化瓦解劉邦集團難上加難。反之，劉邦卻一而再、再而三的利用其出身楚集團，和諸多西楚權貴有交情而對其分化瓦解收買。典型的如項伯，正是因為張良曾經和其有過命交情被劉邦收買。

同樣楚漢時期另有兩個事例不容忽視，「漢二年四月，劉邦兵敗彭城，項羽手下大將丁公為項羽逐窘高祖彭城西，短兵接，高祖急，顧丁公曰：『兩賢豈相戹哉！』於是丁公引兵而還，漢王遂解去。」據史記〈高祖功臣侯者年表〉記載寧陵侯呂臣的功勞有一項：「為上解隨馬」，有學者懷疑其人就是蒼頭軍領袖呂臣，因為「所謂解追兵，無非是與追擊者套交情，而能如此者，肯定是大有面子之人。在當時的情況下，有此面子者，也只有陳勝、楚懷王的老臣呂臣能辦到。」

從這個兩個例子看，劉邦和西楚集團內部權貴有藕斷絲連之關係，並利用這種關係多次在自己危機時救命，而西楚內部集團的鬆散亦使這些西楚權貴們樂意睜一隻眼閉一隻眼。這種兩方之間的交情，甚至在劉邦戰敗時，不少劉邦的將士暫時寄居在項羽那裡，轉而又投奔回來。

而項羽勢弱時，這些人憑藉和劉邦的老交情或恩惠又重新轉變立場，改做劉邦之臣，可謂是萬全之策。由此可見，劉邦出身於楚集團，與西楚集團有著說不清道不明的關係，而這種關係使得劉項就算對立，其屬下依然保持相當的友好關係，而人才流動亦是牆頭草的生存之道。

點評：小成功靠個人，大成功靠團隊。整體而論，楚漢時期人才背楚亡漢的原因錯綜複雜，無論其表現在項羽用人唯親，其根本所在不是因為項羽小氣，劉邦大方，而是在於天下大勢決定項羽已經無地可封，無爵可授；在於西楚內部的派系勢力使得權貴勢力位於高位，地方勢力把持基層，使得項羽無法重用心腹、提拔賢才；在於劉邦與西楚權貴的老交情以及西楚內部權貴的內訌，使其勾結外敵，隨風搖擺。終上所論，天下大勢和集團背景是楚漢時期人才背楚亡漢的主要根源。

第四章

智與謀・千古誰識鴻門宴

一、煮酒論飯局

抽祕無須更騁妍，
唯將實事紀耆筵。
追思侍陛髫垂日，
訝至當軒手賜年。
君酢臣酬九重會，
天恩國慶萬春延。
祖孫兩舉千叟宴，
史策饒他莫並肩。

——〈千叟宴〉

「飯局」這一詞彙起源於宋代，已經有 1,000 多年的歷史。「局」是下棋術語，引申出「情勢、處境」的意思，後來再引申出「賭博、聚會、圈套」的意思。「飯」與「局」的組合，是宋代文人對漢語及中國文化的一大貢獻——因為飯局上的圈套實在太多了。

春秋時代的齊相晏子，在飯局上「二桃殺三士」；藺相如澠池會上鬥秦王，開趙國數十年之太平。此外，如「鴻門宴」、「青梅煮酒論英雄」、「杯酒釋兵權」、「火燒慶功樓」等歷代著名飯局已是耳熟能詳、婦孺皆知。

一、最霸氣的飯局——煮酒論英雄

出席人物：曹操、劉備、關羽、張飛、趙雲、許褚、張遼

飯局始末：東漢末年，曹操挾天子以令諸侯，勢力大；劉備雖為皇叔，卻勢單力薄，為防曹操謀害，不得不在住處後園種菜，親自澆灌，以為韜晦之計。

有一天，劉備正在澆菜，曹操派人請劉備入府。曹操說：「剛才看見園內枝頭上的梅子青青的，想起『望梅止渴』之往事，恰逢煮酒正熟，故邀你到小亭一會。」劉備隨曹操來到小亭，只見已經擺好了各種酒器，盤內放置了青梅，於是就將青梅放在酒樽中煮起酒來了，二人對坐，開懷暢飲。酒至半酣，突然陰雲密布，大雨將至，曹操大談龍的品行，又將龍比作當世英雄，問劉備：「請你說說當世英雄是誰？」劉備裝作胸無大志的樣子，說了幾個人，都被曹操否定。曹操單刀直入地說：「當今天下英雄，只有你和我兩個！」劉備一聽，吃了一驚，手中拿的筷子，也不知不覺地掉到地上。正巧突然下大雨，雷聲大作，劉備靈機一動，從容地低下身拾起筷子，說是因為害怕打雷，才掉了筷子。

曹操此時才放心地說：「大丈夫也怕雷嗎？」劉備說：「連聖人對迅雷烈風也會失態，我還能不怕嗎？」劉備經過這樣的掩飾，使曹操認為自己是個胸無大志、膽小如鼠的庸人，曹操從此再也不疑心劉備了。

從這次飯局中我們看出劉備是個出色的演員，糊弄了英明一世的曹操。其結果是劉備後來趁機開溜，到後來赤壁之戰中聯合孫權大敗曹操，打破了行將大一統的局面，開創了一個新的時代 —— 三國。

二、最坑人的飯局 —— 群英會

出席人物：龐統、諸葛瑾、黃忠、周瑜、諸葛亮、蔣幹、呂蒙、魯肅

飯局始末：周瑜在帳中正與眾將議事，聞蔣幹來訪。當即命眾將依計行事。蔣幹打扮得像個世外高人，「引一青衣小童，昂然而來」。一見面，蔣幹問道：「公瑾別來無恙！」這一句既是問候，又道出蔣幹與周瑜原有一番舊誼，而裝出一副非說客樣。

之後，周瑜大擺筵席，並禁止在席間談論曹操與東吳軍旅之事，只是在座上觥籌交錯，大笑暢飲。接著，周瑜領蔣幹參觀了東吳軍營的精兵強

將。飲至天晚，周瑜裝醉。蔣幹被周瑜刺激到，倒也絲毫不敢提及遊說周瑜投降曹操的事。但是為了有所收穫，好向曹丞相有個交代，於是他劍走偏鋒，就有了晚上偷聽、盜書等宵小行為。

後來曹操果然中計，斬了水軍首領蔡瑁、張允。於是乎，一個勸降不成，便試圖以雞鳴狗盜之術盜取敵方機密，另一個則將計就計請君入甕。這赤壁之戰，蔣幹也算為東吳立了大功！

三、最香豔的飯局 —— 貴妃醉酒

出席人物：楊貴妃、高力士、裴力士等

飯局始末：貴妃醉酒，是唯一以女子為主角的名局。卻說這天傍晚，皇宮院內涼風習習，皓月當空。唐玄宗與楊貴妃本來相約在百花亭品酒賞花，屆時玄宗卻沒有赴約，而是移駕到西宮與梅妃共度良宵。良辰美景奈何天，雖然景色撩人欲醉，楊貴妃也只好在花前月下悶悶獨飲，喝了一會兒不覺沉醉，邊飲邊舞，萬般春情，此時竟難自排遣，加以酒入愁腸，忘乎所以，倦極才怏怏回宮。

四、四兩撥千斤的飯局 —— 杯酒釋兵權

出席人物：趙匡胤、石守信、高懷德、王審琦、張令鋒、趙彥徽、王彥超

飯局始末：杯酒釋兵權是一個著名的酒局，也是歷史上一個重要事件。話說北宋皇帝趙匡胤自從陳橋兵變後黃袍加身，一直擔心手握重兵的部下效仿他當年的作為。於是在西元 961 年，趙匡胤安排了一次酒局，召集禁軍將領石守信、王審琦等武將飲酒。酒席上趙匡胤唉聲嘆氣個不停，眾人問明白了才得知皇帝擔心他們手握重兵日後會造反。他們只好告老還鄉以享天年，並多積金帛田宅以遺子孫，他們的兵權從此被徹底解除了。

西元 969 年，趙匡胤又召集節度使王彥超等宴飲，解除了他們的藩鎮兵權。這也開啟了宋朝數百年重文輕武的國家體制。宋太祖的做法後來一直為其後輩沿用，三軍統帥常常是個文官，武人比文人低一等。

這種做法主要是為了防止兵變，但是這樣一來，兵不知將，將不知兵，能調動軍隊的不能直接帶兵，能直接帶兵的又不能調動軍隊，雖然成功地防止了軍隊的政變，但是卻大大削弱了部隊的作戰能力。以至宋朝在與遼、金、西夏的戰爭中，連連敗北。

五、最豪華的飯局 —— 乾隆千叟宴

出席人物：乾隆及千名老者

飯局始末：千叟宴始於康熙，盛於乾隆時期，是清宮中與宴者最多的盛大御宴。康熙五十二年在陽春園第一次舉行千人大宴，玄燁帝席賦〈千叟宴〉詩一首，故得宴名。乾隆五十年（西元 1785 年），四海承平，天下富足。

適逢清朝慶典，乾隆帝為表示其皇恩浩蕩，在乾清宮舉行了千叟宴。宴會場面之大，實為空前。被邀請的老人約有 3,000 名，這些人中有皇親國戚，有前朝老臣，也有從民間奉詔進京的老人。乾隆皇帝還親自為 90 歲以上的壽星一一斟酒。當時推為上座的是一位最長壽的老人，據說已有 141 歲。乾隆和紀曉嵐還為這位老人作了一個對子，「花甲重開，外加三七歲月；古稀雙慶，內多一個春秋。」根據上聯的意思，兩個甲子年 120 歲再加三七二十一，正好 141 歲。下聯是古稀雙慶，兩個七十，再加一，正好 141 歲。堪稱絕對。

這場酒局體現出來的皇家氣派自與民間大不相同。不但有御廚精心製作的免費滿漢全席，所有皇家貢品酒水也都全免。在這五十年一遇的豪宴上，老人們爭先恐後，一邊說著「多虧了朝廷的政策好」，一邊大快朵

頤，狼吞虎飲。據說暈倒、樂倒、飽倒、醉倒的老人不在少數。千叟宴這場浩大酒局，被當時的文人稱作「恩隆禮洽，為萬古未有之舉」。

六、最鼓舞人心的飯局——東晉新亭會

出席人物：王導、周顗

飯局始末：西晉末年，中原經過八王之亂和永嘉之禍後，北方大片土地落入胡人之手。北方士家大族紛紛舉家南遷，渡江而南的占十之六七，史稱「衣冠渡江」。南渡後的北方士人，雖一時安定下來，卻經常心懷故國。

每逢閒暇，他們便相約到城外長江邊的新亭飲宴。名士周顗嘆道：「風景不殊，舉目有江河之異。」在座眾人感懷中原落入夷手，一時家國無望，紛紛落淚。為首的大名士王導立時變色，厲聲道：「當共戮力王室，克服中國，何至作楚囚相對泣邪！」眾人聽王導這麼說，十分慚愧，立即振作起來。這便是史上非常著名的新亭會。後世詠嘆國破家亡的詩詞歌賦裡常常見到的「風景殊異」、「新亭會」、「江河」，就是來自此次新亭會。

七、最不辱使命的飯局——澠池之會

出席人物：秦襄王、趙文王、藺相如

飯局始末：趙國得到和氏璧，貪得無厭的秦襄王得此消息，派人送信給趙文王，願意拿十五個城池換這塊璧。藺相如毅然承擔出使秦國的重任並「完璧歸趙」。不久，秦國攻打趙國，殺死趙國兵士 2 萬多人。詭計多端的秦王派使者告訴趙王，約趙王在澠池會談。趙王害怕上當，又不敢不去。藺相如為了榮譽，不怕犧牲，決定親自陪同趙王前往澠池。

在宴會上，他與秦國君臣進行了針鋒相對的鬥爭。在趙王被迫鼓瑟的情況下，他為了使趙國取得對等的地位，據理力爭，使秦王不得不擊缶。

後來，秦國群臣向趙國要十五座城，藺相如寸步不讓，提出用秦國的國都咸陽作為交換條件，使秦王理屈詞窮，毫無所得。藺相如機智地保護了趙王的安全並且不被羞辱。回國後，他被任命為上卿（相當於宰相）。

八、最沒素質的飯局 —— 杜康美酒醉劉伶

出席人物：劉伶等

飯局始末：劉伶是「竹林七賢」之一，酒量好，詩文更好。他經常「借杯中之醇醪，澆胸中之塊壘」，可謂意氣風發。他的〈酒德頌〉曾說「無思無慮，其樂陶陶。兀然而醉，豁然而醒。靜聽不聞雷霆之聲，熟視不睹太行之形，不覺寒暑之切肌，利慾之感情。」酒醉後渾然忘我之情呼之欲出。杜康酒是當時的名酒。曹操有詩云：「何以解憂，唯有杜康」，可見杜康酒在當時已是是最好的美酒。

這「杜康美酒醉劉伶」的故事原本就是一個神話傳說，兩人也不是同一個時代的人。在這個故事裡，劉伶慕名來到杜康的酒館，喝了三杯杜康的家釀美酒，一醉就是三年。這真是：「猛虎一杯山中醉，蛟龍兩盅海底眠，劉伶一醉睡三年。」像楊貴妃一樣，西晉劉伶在酒後也經常失態，但是與楊貴妃不同的是，劉伶的酒後失態似乎是刻意而為，以示其雅致高格、與眾不同。

劉伶每次大醉後，喜歡在大道上裸奔，還自稱以天為衣被，以地為床。他是當時的名士，名氣太大了，一舉一動都備受矚目，時人不但不斥責他這種有違傳統的做法，反而稱讚他這種行為是名士風流，是「率真」、「瀟灑」、「有個性」的表現。

九、最有詩意的飯局 —— 飲中八仙長安酒會

出席人物：賀知章、王李璡、李適之、崔宗之、蘇晉、李白、張旭、

焦遂等人

飯局始末：當年讀杜甫的詩，最喜歡的一首就是〈飲中八仙歌〉。為什麼在杜甫那麼多的詩裡獨獨最喜歡這一首？原因只有兩個字：熱鬧。這首詩十分熱鬧而有趣，把「飲中八仙」描繪的姿態各異，活靈活現。古人說「二士共談，必說妙法」，這「飲中八仙」齊聚，會是怎樣的一種盛況？我們只能從杜甫的詩裡來揣摩體會了。

這「飲中八仙」分別是詩人賀知章、汝陽王李璡、左相李適之、美少年崔宗之、素食主義者蘇晉、詩仙李白、書法家張旭、辯論高手焦遂等八人。雖然歷史上沒有這「飲中八仙」齊聚一堂的明確記載，但是盛唐時各種酒會盛行一時，參與者甚眾。這「飲中八仙」，都是當時的名人，或同朝為官，或詩文相交，或意氣相投，我們知道，名人一向喜歡聚在一起，他們八個聚在一次酒局的可能性就非常大，當然參與者可能還有些其他人。

這種聚會，可能在白天，也可能在夜晚；可能在秋雨綿綿中舉杯把盞，也可能在春雷陣陣裡開懷痛飲。總之，如果你不能證明他們沒在一起過，那你就要相信曾經有過這麼一次瀟灑快活的神仙酒局，杜甫用詩把這種場面記錄下來並傳於後世。

下面，就讓我們來看，被喻為最殺機四伏的飯局 —— 鴻門宴。

某年某月的某一天，劉邦和項羽在鴻門那個地方喝了一次酒。很多年以後，人們把這次聚會叫做鴻門宴。故事的梗概大致如下：

那天一大早，劉邦就到了鴻門參見項羽。項羽緊急召見他，是因為他已經辦成了一件驚天動地的大事：秦國被他滅亡了。當時，劉邦帶了一百多號人，但是心裡仍然很不踏實，因為他聽說，項羽要對他下手了。

他一路上都在想如何應付這次會面，等他一看見項羽，就喊上了：「大王，我們兩個兄弟當年約定合力攻秦，我真沒想到自己能先入關破秦，能在這裡和大王相見，真是想死我了。聽說有個奸人挑撥我們兄弟間的關係，你可得相信我！」這番表白，既套了交情，又表了立場。說得那項羽有些不好意思了，忍不住說：「都是你手下的那個曹無傷說你的，要不然我哪會懷疑你啊。」這話笨得可以，人家還沒問呢，他項羽就把自己的內線說出來了。

於是兩個人開始喝酒，劉邦表現得很謙卑，撿了一個下手坐下。喝了幾杯之後，項羽手下的智囊范增似乎覺得他的玉珮很漂亮，一次又一次地舉起來，還用眼睛盯著項羽看。原來他是想趁此機會，讓項羽除掉劉邦。哪知道項羽視而不見。結果，范增一看這招不靈，便溜了出去找到項莊，要他進去敬酒，並舞上一段劍，然後趁機刺殺劉邦。

那項莊也不含糊，進去就開始舞劍，尋機而動。哪知道項羽他叔叔項伯早就被劉邦收買了，還結成了親家。他也拔劍起舞，擋在劉邦面前，項莊自然刺殺不了劉邦。劉邦的智囊張良一看情況不對，馬上也溜了出去，找到了樊噲。樊噲是屠戶出身，勇猛過人，衝進大帳後表演了一段啃生豬腿、喝大杯酒的生猛戲，然後對項羽喊道：「大王，我姐夫可真是冤枉啊，他辛辛苦苦打下咸陽，什麼東西都沒動，就盼著大王來主持大局，您怎麼能聽小人的讒言，一來就要拿我們開刀呢？」劉邦也擠出幾滴眼淚配合了一下，弄得項羽無話可說。

過了一會，劉邦藉口如廁溜了出來，在樊噲的勸說下，由幾名勇士護送著溜走了，只留下張良帶著幾件玉器辭謝項羽。那項羽不知道怎麼想的，什麼也沒說，收下了玉器。范增則怒，拔劍擊碎玉器，嘆息道：「豎子不足與謀！」

以上是最為簡潔版的鴻門宴，而歷來史學家對此都有不同的記載，可見這場盛世之宴的影響力之大，場面之激烈。太史公司馬遷大人為失敗者項羽寫了本紀，為平民出身的陳勝寫了世家，這一點得到歷代人物的高度評價。

在司馬遷這位大史學家的歷史宏觀眼光裡，個人性情和行為上的表面的或深層的仁義和殘暴都是淡化了的、不重要的，重要的是他們的行為造成的結果，對天下最廣大的群體、最長遠的利益來看，是正面還是負面，是仁慈還是殘暴。

點評：食、色，性也。世界上沒有什麼事情比吃飯更重要的了。在中國歷史上，飯局與政治永遠保持著若即若離的關係。每一個飯局，其實都是人與人之間的較量。飯桌可以改變歷史，筷子也可以塗改史書。幾個足以扭轉乾坤的飯局，的確有太多東西值得領悟和借鑑。

二、瘋狂的飯局

飯局不是萬能的，

沒有飯局是萬萬不能的。

—— 題記

讓我們走進楚漢之爭，去詳解曠世之局 —— 鴻門宴的前世今生。

(一) 做局前的準備。

飯局之前，作為「特邀嘉賓」的劉邦顯然是有備而來，在張良的指導下做了精心準備。一方面，他利用透過金錢、哄騙（結為兒女親家）把項伯搞定了，這樣等於拉了個「內應」在項羽設下的飯局之中，這無疑為他的力挽狂瀾打下了堅實的基礎。

另一方面，他在赴宴人選上也費了不少神，因為是去別人的地盤赴宴，安全是第一要素，如果能順利到「虎穴」瀟灑遊一回顯然是一項技術活，因此，除了在敵人陣營中以「無間道」的方式設下內應外，自己所帶的隨從人員也相當重要，一句話就是少而精。

隨從人員不宜過多，人多雖然安全，但是帶來的後果是，目標增大，危險大。試想，一大幫人去別人陣營赴宴，且不說別人招待費神，而且也容易引起別人重視和懷疑，加強防備和警戒，帶來的後果往往是致命的。劉邦顯然深諳此道，因此，在選擇陪同人員時只用一百騎這樣少得可憐的護衛隊。人雖然少，但是素質要求卻高，這其中包含了劉邦頗為器重的「三劍客」：張良、樊噲、夏侯嬰。

劉邦這樣選擇是有講究的，張良善於謀略，足智多謀，是自己的「智囊」；樊噲勇猛剛強，勇冠三軍，是自己的「保鏢」；而夏侯嬰雖然智不及張良，勇不及樊噲，但是手上卻有絕活，「開馬車」的技術首屈一指，是自己的「專業司機」。事實證明，劉邦的「少而精」戰術是成功的，正是他在赴項羽的大局之前精心布置和打造了「小局」，最終讓他化危為安。

而項羽卻是有恃無恐，做為東道主，他根本沒有做什麼特別的安排，一派我的地盤我作主的氣勢，彷彿劉邦在他的眼裡就是一隻螞蟻，隨手一捏就粉身碎骨了，根本不用費力費力費思量。非但如此，就連手下的大謀士范增精心打造的「小局」他也不屑一顧，他認為殺雞焉用宰牛刀，彷彿覺得范增這樣小心謹慎是多此一舉。因此，儘管范增為了做到萬無一失，一直在努力設局，又是安排刀斧手，又是準備玉珮，總之，可謂做到了面面俱到，然而，他的努力因為沒有得到主人的「認可」，最終的結局只能是徒勞。

知己知彼，方能百戰不殆。劉邦做到了「知己知彼」（自己的弱小和項羽的強大），從而選擇了揚長避短、另闢蹊徑等低調得不能再低調的策略，最終達到了「柳暗花明」的目的。而項羽呢？他「知己」（自己有幾斤幾兩是清楚的），但是卻不「知彼」（只看到了劉邦表面上的脆弱，卻沒有看到他骨子裡的堅強），從而選擇了放任自由、漠然置之等高調得不能再高調的策略，最終讓「煮熟的鴨子飛了」。

（二）飯局上要講規矩。

劉邦見了項羽，又是賠禮道歉，又是甜言蜜語，說了這樣一句話：「臣與將軍戮力而攻秦，將軍戰河北，臣戰河南，然不自能先入關破秦，得復見將軍於此。今者有小人之言，令將軍與臣有卻」。這段話包含五層意思：一是表現（戮力而攻秦，戰河南……這是頑強打拚、視死如歸的表現）；二是表明（臣與將軍……這樣的並列句是他與項羽的關係平等的表明）；三是表功（先入關破秦……這顯然是在表達自己的功勞；四是表示（復見將軍於此……這顯然是表示自己不居功）；五是表象（今者有小人之言，令將軍與臣有卻……這顯然是自我解釋的表象，其目的是掩飾自己的過錯過失，掩飾自己的政治意圖）。

請大家注意，劉邦的「含沙射影」之語顯然比直言不諱的直接認錯、直接道歉更具技術性和說服力。

總之，劉邦的話歸納起可以用兩個字概括：表態。有苦不言苦，有功不居功，有賢能讓賢，有錢不忘本，劉邦這樣說的目的是掩蓋自己的過失，表達自己的忠心和誠意，取得項羽的同情，緩解當前危急的形勢。

伸手不打笑臉人。項羽心中原本藏著在函谷關吃閉門羹的怒火，被劉邦的柔功一摻和，一下子就拋到九宵雲外去了。這樣一來，飯局顯然是一團和氣的場面了。

俗話說「飯可以亂吃，話不可以亂講」。劉邦恰如其分的言語，見人見事見思想，正是講規矩的具體體現，結果達到了消除誤會和隔閡的預期效果，達到了「洗腦」、「提神」的功效。

單從這一點來看，劉邦在政治上真是一個不折不扣的明理人。

(三) 飯局上要懂得察言觀色。

項羽是個粗人，不懂得察言觀色，具體體現在兩個方面。

一是他目光短淺。因為在自己的地盤上，范增沒有選擇在酒裡下毒、在菜裡下藥這些下三濫的手段，而是選擇了舉玉珮、亮身分這樣的含蓄優雅之舉，連傻子都知道，這是暗示項羽該下手了，畢竟在飯局上來個「捉鱉」那是手到擒來的事。

然而，項羽因為被劉邦的甜言蜜語所迷惑，產生了化敵為友的純真想法，於是兩人又是划拳又是猜謎，對范增左舉右晃的白花花亮晶晶的寶玉視而不見，大有今朝有酒今朝醉、他日愁來他日憂的英雄氣概。眼光只停留在酒杯這個巴掌大的地方上，想不鼠目寸光都不行啊。

二是他缺乏辨別力。項莊在范增的安排下，以舞劍助樂為由開始登場了，按理說，項羽應該有所警覺，應該對項莊這個出人意料之舉會有所察覺，然而，他還是固執地認為舞劍助樂不失為好主意。因此，在項伯挺身而出，用劍擋在劉邦身前，擋住項莊殺氣騰騰的劍時，項羽還是沒有察覺出異樣來，可以想像他的辨別力是有差距的，可以想像他是有多麼的「酒不醉人人自醉」了。

相反，劉邦卻是精明人，他很會察言觀色，具體體現在兩個方面。

一是他目光如炬。范增舉玉珮，項羽沒看到，但是劉邦看到了，雖然還不確定范增的動機，但是明顯感覺到了四處的殺氣騰騰，特別是當項莊提劍上場後，劉邦終於知道這是一場有陰謀有預謀的飯局，范增的所作所為就是要他的腦袋。

也正是因為這樣，在項伯為他解了圍後，劉邦用眼神示意了一下身邊的張良。張良也是個精明人，馬上會意，很快「藉故」離席，來到營外後，他馬上叫來樊噲。樊噲原本是個粗人，但是在劉邦和張良的教誨下，也已經變成了聰明人了。接下來，樊噲開始了個人表演秀。

先是以百公尺速度闖關成功，項羽的保全根本無法阻擋樊噲。而樊噲到了宴廳後，以大無畏的精神直接跟項羽叫板。項羽先是考驗他的酒量，賜一壺酒，結果樊噲一飲而盡；項羽又考驗他的食量，賜他一塊生的豬腳，結果樊噲拿起就啃。下馬威沒有發揮效果，項羽對他也就另眼相看了，於是開始了對話。

結果一向四肢發達頭腦簡單的樊噲說出了一系列經典的理論，為劉邦「解釋」了關閉函谷關之事。項羽原本就是個死腦筋的人，聽了同樣死腦筋的人的話，覺得很對、很有道理，結果自然對劉邦的「敵意」又消減了幾分。

二是他隨機應變。因為樊噲吸引和分散了項羽的注意力，劉邦急中生智，沒有再在這個困局裡待下去，他很快「藉故」溜出了飯局現場。在局裡他是魚肉，項羽是刀俎，只有跳出局，他才能由「魚脯」變成「刀俎」。

(四) 辭宴有講究。

那麼，劉邦在眾目睽睽之下如何離席的呢？他上演的是「三管齊下」。

第一步，中途離席是項技術，理由一定要充分。劉邦為自己找的理由和藉口是：如廁。如廁就是上廁所的意思。可以說劉邦找的離席理由和藉口雖然不高明，但是卻實在，讓人無法拒絕。

第二步，中途離席是件窩囊的事，顏面一定要保全。劉邦出來後，張良也緊接著跟出來了，然後是樊噲。自從出來後，劉邦已經想好了，兩個字：回營。三十六計，走為上計，但是為了面子，秀還是做的，因此，當張良提出先回營時，劉邦還假惺惺地說：「這樣不好吧，人家盛情款待，就這樣招呼都不打一聲，太不厚道了啊。」

這時張良和樊噲自然要進行勸說了，大道理說了一通，特別是一向大老粗的樊噲說得有板有眼，講出一段極為精采的話語：「做大事不必顧及小節，講大禮不必計較小的謙讓。現在人家好比是菜刀和砧板，我們則好比是魚和肉，告辭做什麼呢？」劉邦這才「不得已答應」，在樊噲和夏侯嬰的護送下，順著驪山腳下，取道芷陽，抄小路逃走了……不說別的，劉邦在項家大本營還能玩這政治作秀遊戲，這份勇氣，這份淡定是令人敬佩的。

第三步，中途離席是件極不禮貌的事，禮數一定要周到。劉邦選擇了不辭而別，但是辭宴的禮數卻不可少。做為補償，他託張良來為這場飯局買單。張良眼看劉邦走得遠了，才慢慢地回到飯局上。可憐的是，這時的項羽還被蒙在鼓裡。

當張良向項羽獻上一對白玉璧時，項羽還在問：「沛公呢？」張良說：「沛公不能多喝酒，已經醉了，不能（前來）告辭。謹叫我奉上白玉璧一對，敬獻給大王；玉杯一對，敬獻給大將軍。」項羽一看人家都主動為盛宴買單了，也就不客氣了，順水推舟就接受了白玉璧，放到座位上。

而范增倒是蠻有骨氣，他接過劉邦送給他的玉杯後，先是摔了個稀巴爛，然後才對主角項羽發脾氣：「唉！這小子不值得和他共謀大業！奪走項王天下的一定是沛公。我們這些人就要被他俘虜了！」是啊，政治上的飯局不單單是靠金錢來買單，還需要用生命和鮮血。可惜，當時的項羽並不明白這個道理。

點評：項羽「鴻門宴」之後的窮途末路也令筆者不禁想到，一個天生的理想主義者，或者一個富有騎士精神的人，真的不適合走上充斥著厚黑之道的仕途之路。不信？那就請做好付出慘痛代價的準備，為你的選擇「買單」。

歷史是一個兩面體，有光明面也有黑暗面。在黑暗面裡，人性的善良與醜惡，欲望和貪婪，利益與權力，陰謀與殘殺，都會在這裡交集、綻放、腐爛……「鴻門宴」是決定項羽一生成敗的重要一環，宴會上刀光劍影，殺氣騰騰，驚心動魄。「鴻門宴」是一個藏有殺機的宴會，也是項羽、劉邦展現自我的舞臺，項羽在宴會上的諸多表現，暴露出他的性格缺陷，正所謂「性格決定命運」，這也為他日後的英雄末路留下了伏筆。

三、鴻門宴「五問」

我們目擊的事實，往往只是浮出水面的冰凌，冰山下面的巨大事實，更排山倒海穿透視聽。

我們面對的人生舞臺，也許只是化蝶幻影，層層垂簾般幕後的故事，更震撼世道人心。

——題記

饕餮鴻門宴靜如處子，動如脫兔，靜的時候如同平靜的大海，動的時候亂成一團。然而滄海橫流、斗轉星移、時事變遷，在波濤凶湧和風雨隱晦之中，裡面卻隱藏有太多的疑問待解，留了太多的懸念讓人遐想，這無疑也更讓鴻門宴披上了一層神祕的色彩。這裡不妨精選幾個來一探究竟。

問題一：項羽為何不在鴻門宴上殺掉劉邦？

酒無好酒，宴無好宴。中華民族請客吃飯有時當不得真，歷史上的鴻門宴就是這樣的飯局，請吃飯的想殺死被請吃的，可見吃飯有風險，入座需謹慎。不過鴻門宴上項羽並沒有殺掉劉邦，多少叫人有些匪夷所思。當時項羽虎視眈眈，陳兵新豐鴻門，幾欲置劉邦於死地。不過劉邦很有辦法，結果逃脫掉了。那麼項羽為什麼沒有殺掉劉邦，這得從項羽的心理談起。

一是守義的謙謙君子。中華民族講究一個「義」字，古語曰「捨生取義，殺身成仁。」項羽，出身於楚國項氏望族，他秉承了上層貴族文化的誠信守義、知恩圖報、光明磊落等品質。鴻門宴中，項伯言曰：「沛公不先破關中，公豈敢入乎？今人有大功而擊之，不義也，不如因善遇之。」項羽諾之。項伯一句「今人有大功而擊之，不義也」，說得項羽一時沒了信心，缺少了攻打劉邦的把柄。

所謂殺之無名，因此，既然項羽已同意了項伯的意見，就不能名正言順、大張旗鼓地討伐劉邦，那麼，他更不會以小人行徑，在宴會之上置劉邦於死地了。因為對一個已經來謝罪的人還要殺害，更是殺之不武。因此，他對范增的多次暗示才「默然不應」，故作不聞不知，並寬容了樊噲的不敬，甚至產生了英雄相惜的情感。這些問題的關鍵，都是「義」字在發揮作用。在當時，項羽的這種信義之舉可稱得上是真正的英雄，直到今天，堅信守義仍然是我們中華民族最寶貴的精神財富。

二是高度自信的心理。項羽不殺劉邦也是建立在他對自身勇氣和實力充分自信的基礎上的。鴻門宴發生時，項羽不僅攜鉅鹿之戰勝利之威勢，而且與劉邦實力懸殊（「當是時，項羽兵四十萬，在新豐鴻門，沛公兵十萬，在霸上」）。這種唯我獨尊、誰與爭鋒的氣勢，撼三軍，動天地。虎狼之秦尚不在他眼裡，區區劉邦又豈在話下。

三是仁而愛人的性情。一般人認為，項羽性格殘暴、動輒殺人。但是，項羽還有至情至性的另一面。作為一名橫刀立刻、馳騁疆場的武將，項羽本是性情中人，他不是政客，不像劉邦那樣惺惺作態。項羽仁而愛人，敢愛敢恨，因此才會有分食推飲的舉動，才會見傷病者而落淚，才會流傳霸王別姬的千古絕唱。「楚漢相持未決，丁壯苦軍旅，老弱罷轉漕。項王謂漢王曰：『天下匈匈數歲者，徒以吾兩人耳，願與漢王挑戰決雌雄，毋徒苦天下之民父子為也。』」（《史記・項羽本紀》）雖這想法幼稚，但是愛民之心天地可鑑。

也許，在鴻門宴上放走劉邦還有政治上的考慮。在項羽看來，至少在當時劉邦還算不上是他的對手，如果隨意殺了有功的劉邦，會引起諸侯的不滿和恐慌，造成抗秦聯盟的瓦解。而從「勇武」的角度來看，「沛公旦日從百餘騎來見項王，至鴻門。」對於劉邦的到來，項羽定然高興。最重要的是，劉邦沒有讓項羽在將士面前食言。項羽也是懂得兵法的，劉邦已經親自上門請罪來了，他怎能再打，這是「不戰而屈人之兵」啊，他何樂而不受？這可是戰爭的最高藝術啊！

總之，鴻門宴上，項羽遲遲沒有下手，確實有上面說的個性因素、心理因素，也有雙方軍事力量強弱、人心向背等外界因素。但是不爭的現實是，項羽沒有殺掉劉邦，以致留下後患，最終成為千古之恨。

問題二：漢王劉邦為何要赴史上第一飯局？

孟子說：「天將降大任於斯人也，必先苦其心志，勞其筋骨，餓其體膚，空乏其身，行拂亂其所為，所以動心忍性，曾益其所不能。」由此可見，大丈夫要想做成大事，必須經歷一些風浪、磨難才能到達成功的彼岸。很多時候，我們看到那些「稱病不朝」、「願乞骸骨」、「裝瘋賣傻」的人，其實並非表面的臨危而懼、臨陣脫逃，而是因為他們在做準備，準備增強自身挑戰困難的實力。

「鴻門宴」本就是一場生死較量，如果其中的細節稍有變更，也許，今天的歷史就要改寫。但是，事實就是如此，天下注定是被劉邦所得。當時，劉邦的實力和項羽根本無法相比，項羽若要殺劉邦就跟碾死一隻螞蟻一樣容易。

所以，劉邦知道，自己不赴宴就是暴露了自己爭天下之心，必死無疑，赴宴，至少還有一線希望。所以，在赴宴前一天的晚上，他先拉攏項羽的叔父項伯，與他攀親，認作兒女親家，趁機表露自己無東進之心，請項伯在項羽面前美言幾句。果然，項羽聽了項伯之言答應明日劉邦來時「善待」劉邦，這個計畫算是幫助劉邦削減了潛在的危機。

第二天見面後，劉邦盡量表現得卑躬屈膝，一再地誇讚項羽是當世英才，無人能及，盡說好聽的話。並再三解釋自己先入關中是始料未及的事，請項王不要聽小人挑撥。不過，我們可以想像，當時劉邦已是五十多歲了，項羽才二十多歲，劉邦可以算是項羽的長輩了。一個長輩在小輩面前如此「卑躬屈膝」，讓驕傲自大的項羽如何不動心呢？

所以，「鴻門宴」看似是劉邦的屈辱之宴，項羽獲得勝利，但是，從後續故事的發展來看，「鴻門宴」是劉邦勝利了。項羽此次放了劉邦，無異於是放虎歸山，最後被劉邦奪得了天下。從這個角度上是說，劉邦還應該為自己的「韜晦」之術而自豪呢！古人尚且如此，我們更應該以史為鑑，大丈夫有所為，有所不為。打擊報復，不是君子所為，能隱忍不爭也是明智之舉。

問題三：為什麼張良要找樊噲破解鴻門宴危局？

鴻門宴，劉邦所帶部將被司馬遷點出姓名的有樊噲、夏侯嬰、靳強和紀信等四人，為什麼在「項莊舞劍，意在沛公」的危急關頭，司馬遷卻交代「張良至軍門，見樊噲」？這其中隱含著什麼問題？運用了什麼方法？

這主要有三個原因：第一，樊噲智勇雙全，這從「樊噲闖帳」本身即可看出；第二，樊噲和劉邦的親密關係，樊噲娶劉邦妻子呂雉之妹呂須為妻，樊噲和劉邦是連襟關係；第三，樊噲和張良的關係非同一般。司馬光《資治通鑑》有如下記載：

冬，十月，沛公至霸上；秦王子嬰素車、白馬，繫頸以組，封皇帝璽、符、節，降軹道旁。諸將或言誅秦王。沛公曰：「始懷王遣我，固以能寬容。且人已降，殺之不祥。」乃以屬吏。

沛公西入咸陽，諸將皆爭走金帛財物之府分之；蕭何獨先入收秦丞相府圖籍藏之，以此沛公得具知天下厄塞、戶口多少、強弱之處。沛公見秦宮室、帷帳、狗馬、重寶、婦女以千數，意欲留居之。樊噲諫曰：「沛公欲有天下耶，將為富家翁耶？凡此奢麗之物，皆秦所以亡也，沛公何用焉！願急還霸上，無留宮中！」沛公不聽。張良曰：「秦為無道，故沛公得至此。夫為天下除殘賊，宜縞素為資。今始入秦，即安其樂，此所謂『助桀所虐』。且忠言逆耳利於行，毒藥苦口利於病，願沛公聽樊噲言！」沛公乃還軍霸上。

有人覺得樊噲只是一介武夫而已，他的口才也很一般，「樊噲闖帳」應該不是他臨時發揮的一場戲，而是在張良的導演下精心排練出來的。如果我們只是就鴻門宴而論「樊噲闖帳」，這種說法似乎不無道理；但是把它和〈高祖本紀〉、〈留侯世家〉尤其是〈樊酈滕灌列傳〉等連貫起來閱讀，卻可發現問題所在：勸沛公還軍霸上，雖然是樊噲和張良聯袂諫諍的結果，但是諫諍話語的原創權，在張良看來，卻是屬於樊噲的——樊噲並不是一個任由張良導演的演員！

也因為此，在「如廁密謀」中，劉邦提出「今者出，未辭也，為之奈何？」之時，起謀士作用的倒是樊噲而不是張良：「樊噲曰：『大行不顧細謹，大禮不辭小讓。如今人方為刀俎，我為魚肉，何辭為！』於是遂去，乃令張良留謝。」

就鴻門宴而論「樊噲闖帳」，體現的是「忠、勇、威、壯和智」，單從這一點來看，樊噲無疑是一個布衣英雄。

問題四：項伯在鴻門宴中發揮了什麼作用？

鴻門宴向來被認為充滿殺機和變數，為什麼？因為劉邦的背後站著項羽的叔父項伯。鴻門宴前，項伯為什麼會向劉邦通風報信？鴻門宴中，項伯為什麼又會挺身而出保護劉邦？項伯為什麼要保護自己姪子項羽的政治對手？他這樣做到底出於何種原因？

「鴻門宴」依然是一個暗含驚心動魄、暗藏刀光劍影的名詞，同時，「鴻門宴」也是一個充滿了分裂氣息的名詞，它包含了一種鮮明的張力，它將殺機和宴會、微笑和刀鋒巧妙地結合在一起，進而成為漢語裡一個特殊的自身相互否定的詞彙的代表。

如果拋開這些病態的抽象認知，提及「鴻門宴」，大多數人會莫名其妙地長吁短嘆，他們會為「死亦為鬼雄」的項羽再三惋惜：那麼好的機會居然錯過了！然而，更多時候，很多人知道歷史由不得假設的道理，但是心裡又無法接受曾經有過這麼一場不堪回首的宴會。

其實，「鴻門」之所以有「宴」，一個人發揮著至關重要的作用，此人就是項伯。當項羽決定「旦日饗士卒，為擊破沛公軍」、劉邦命懸一線的關鍵時刻，項伯私下跑去會見張良，「張良是時從沛公，項伯乃夜馳之沛公軍，私見張良，具告以事，欲呼張良與俱去。曰：毋從俱死也」。項伯為什麼這樣做，表面的原因是項伯「素善留侯張良」，和張良特殊的關係，成了項伯通風報信的原因。

項伯雖是個缺乏遠見、才智駑鈍的平庸之輩，卻也是個信守封建倫理道德並身體力行者。由於他和張良都有「知恩必報」之心，使得劉邦於偶然之中得以與他結識。劉邦看出他為人篤信不疑這點，對他百般籠絡，並請他向項羽傳達「臣之不敢倍德也」的虛情假意。

這一招果然奏效，項伯即回營安排鴻門宴。項伯也確實看不到項劉之間的生死存亡的利害關係，他想的是既要保全張良，還要使張良的恩主劉邦安然無恙，這樣才算是「救人救到底」了。於是在此之前，他對項羽曉之以仁義，要項羽對劉邦「善遇之」。而項羽為了改變留在世人心中「多行不義」的形象，也便出口千金一諾。這就為宴上未殺劉邦埋下了一重大伏筆。

項羽既然向叔父作了「善遇之」的應諾，即使劉邦反覆多變，說話不算話，但是在叔父面前還得表示「信用」。再者他身為三軍統帥，若再言而無信，不僅威信大失，而且人心大失，後果嚴重。所以宴上任憑范增「舉所佩玉玦以示之者三」，他只好「默然不應」。這樣，項伯不僅對人信而不疑，還促使項羽信守諾言，從而使劉邦最終逃過了這一劫。

秦漢之際，以儒家倫理思想為核心的封建倫理道德已經確立。項羽項伯姪叔出身於楚國舊貴族，反秦的歷史風暴使項氏家族捲入了這場鬥爭。項羽在軍營中至高無上，可自立為「西楚霸王」，但是在家族中他也只能認定自己的位置。項伯雖是項羽的部下，在家族中他卻是項羽的叔父，其間的宗法等級關係是不可鬆動和踰越的。

再者，項伯昔日為楚左令尹，是僅次於令尹的國家軍政長官，今日雖官位不在，但是身分還在，項羽是不能不買帳的。項伯要項羽對劉邦「善遇之」，名為勸說，實為正告，是不可不聽的，否則大逆不道，當然項羽也不會這樣做。

席間，項伯眼看項莊舞劍意在擊殺劉邦時，即離座拔劍起舞，以身蔽護，項羽對此亦無可奈何。倘若此時不是項伯而是別人，則將是另一番情景了。道理很簡單，項伯者，季父也，其意不可違抗。

整體而言，鴻門宴上項羽未殺劉邦，項伯發揮了很大作用。是他提出了對劉邦「善遇之」的主張，是他使項羽對此作了承諾，是他以叔父的身分使項羽許下的諾言必須信守，又是他以叔父身分在劉邦危急之時親自出來保護，才使劉邦在鴻門宴上免於一死。而仁義、倫常、報恩等道德意識成了制約項羽行為的一根繩索，繩索的另一端卻是操縱在項伯這個不起眼的人物手中。

問題五：「鴻門宴」究竟吃的是什麼美食？

歷史上「鴻門宴」被人們稱為千古一宴，也被稱為歷史上最著名的飯局。然而，司馬遷的春秋之筆，卻很少著墨這次宴會上的美食，這讓許多人抱憾不已。其實，《史記》雖然對鴻門宴的珍饈美味著墨不多，但是，人們還是可以看到「鴻門宴」這次千古飯局上美食的傳奇和楚漢相爭那個時代的舌尖上的文化。

一是美酒。「鴻門宴」是當時兩大軍事政治集團的最高領導者舉行的宴會，從飲食的內容來看，宴會上有酒有肉，具備了當時最好的食材。酒是人際交往間的調節劑，因而酒是「鴻門宴」中的飲食主角。在這場充滿刀光劍影的政治鬥爭的飯局上，酒發揮了不可替代的調節和緩衝作用。

劉邦向項伯示好時用的是奉卮酒為壽的方式；項羽聽了項伯和劉邦的辯護之言後，也用「即日因留沛公與飲」的方式來增加宴會的氣氛；當面對高大勇猛的樊噲時，項羽則以賜酒的作法來傳達欽佩之情；宴會上劉邦想溜走避禍，張良亦是以「沛公不勝杯杓」為託辭，讓劉邦找到了逃跑的藉口。總之，在鴻門宴上酒成為貫穿始終的一條紅線，連起各個事件，展現出兩千多年前那一幕幕驚心動魄飯局上的生動而真實的場景。

二是佳餚。司馬遷的筆下有這樣一段記載：噲即帶劍擁盾入軍門。交戟之衛士欲止不內，樊噲側其盾以撞，衛士僕地，噲遂入，披帷西向立，瞋目視項王，頭髮上指，目眥盡裂。項王按劍而跽曰：「客何為者？」張良曰：「沛公之參乘樊噲者也。」項王曰：「壯士，賜之卮酒。」則與鬥卮酒。噲拜謝，起，立而飲之。項王曰：「賜之彘肩。」則與一生彘肩。樊噲覆其盾於地，加彘肩上，拔劍切而啖之。由此可見，這場被稱為「鴻門宴」的宴會上，不僅有美酒，而且還有美食。

文中所說的「卮酒」指的是器皿中盛的酒，也就是人們常說的杯酒。《東周列國志》第一百七回中說：「於是太子丹復引卮酒，跪進於（荊）軻。軻一吸而盡，牽舞陽之臂，騰躍上車，催鞭疾馳，竟不反顧。」這其中的「卮酒」指的就是杯酒。而文中所說項羽賜給樊噲的「彘肩」在當時也是一種美食。「彘肩」指的是豬肘子，就是作為食物的豬腿的最上邊部分。

在秦漢時期，人們習慣於席地而坐。豬肉在鑊中煮熟後，用匕將肉取出，放到一塊砧板上，這塊板叫俎。把俎移到席上，用刀割著吃。刀、俎不可缺一，用來比喻宰割者。所以鴻門宴中說：「如今人方為刀俎，我為魚肉。」

可以想像，「鴻門宴」應該是以烤肉為主的宴會，是軍營野餐性質的一次領導者的政治飯局。

「八百里分麾下炙，五十弦翻塞外聲。」這是南宋抗金將領辛棄疾的兩句詩。讀起來真是讓人蕩氣迴腸。金戈鐵馬、絃歌聲聲的戰場上，獵獵旌旗飛揚之處是一片裊裊的烤肉香，此時此地，應該是沒有比烤肉更能襯托肅殺軍帳間的宴會氣氛了吧？「鴻門宴」正是在肅殺軍帳內的一片裊裊的烤肉香的氣氛之中，當時楚漢這兩大軍事政治集團的領導者舉行的最高級宴會。

不難想見，在當年戰火連天的歲月裡，酒可謂是沙場征戰相互殘殺的春藥，殺人者和被殺者都要借酒來增添豪情和膽氣。在「鴻門宴」這樣牽一髮就會動全身的生死飯局上，酒的力量尤其強大。因此，在「鴻門宴」上，雖說雙方暗地裡各懷鬼胎，但酒是絕不能少喝，也沒有理由不喝好的。於是，司馬遷的〈鴻門宴〉為後人留下了「鬥酒彘肩」的歷史典故。

一千四百多年之後，南宋的詞人劉過揮筆寫下了〈沁園春．鬥酒彘肩〉的詞，其中第一句就是「鬥酒彘肩，風雨渡江，豈不快哉！」由此可見，「鬥酒彘肩」，不僅是古代酒席宴會上的最佳美食，而且已經成為了熱血男兒一展豪情的壯麗詩句。

點評：古人云：「韜光養晦，厚積薄發。」這「韜光養晦」其實就是藏鋒露拙，與之相對的就是鋒芒畢露。「露」也並非是不可取的，但是也要懂得適時而露。如果是以卵擊石、招惹是非之露，那就相當於是自取滅亡；若是藏於逆境、伺機而動，卻能後發制人，如驚天轟雷。

所以說，藏露之道是要講求具體實戰的，當顯則顯，當收則收，處在逆境或是劣勢之時，更要懂得如何收斂自己的鋒芒，隱藏大計，保全自身，然後等到自己的羽翼豐滿之時，再「厚積薄發」，一鳴驚人。因此，越是能藏身者，越能胸懷大計，成就大業。

在自己的羽翼沒有足夠豐滿之前過早地暴露自己的心思，就等於是告訴敵人自己的弱點，是以卵擊石、自取滅亡。明朝的徐階不愧為韜晦專家，透過掩藏、迷惑、麻痺等手段與嚴嵩周旋，藏而不露，伺機而動，在關鍵時刻發出致命一擊，讓一向把權勢玩弄於股掌之間的嚴嵩也翻不得身，最終除去了天下之大害。

人活著就要有志氣、有尊嚴，但是在歷史上的生存法則就是，誰能笑到最後，誰就是勝利者，逞一時之勇而搭上性命，不是聰明人的選擇。勝敗之事時有變數，一時的忍讓若能換來將來的成大事，那麼一切付出都是值得的。在這一點上，劉邦就做得很到位。

四、飯可飯，局中局

君不見，黃河之水天上來，奔流到海不復回。
君不見，高堂明鏡悲白髮，朝如青絲暮成雪。
人生得意須盡歡，莫使金樽空對月。
天生我才必有用，千金散盡還復來。
烹羊宰牛且為樂，會須一飲三百杯。
岑夫子，丹丘生，將進酒，君莫停。
與君歌一曲，請君為我側耳聽。
鐘鼓饌玉不足貴，但願長醉不復醒。
古來聖賢皆寂寞，唯有飲者留其名。
陳王昔時宴平樂，鬥酒十千恣歡謔。
主人何為言少錢，徑須沽取對君酌。
五花馬，千金裘，
呼兒將出換美酒，與爾同銷萬古愁。

—— 李白〈將進酒〉

李白是唐朝非常著名的詩人，人稱「詩仙」。汪倫非常欣賞他的才華，很想請他去自己的家鄉玩，向他學習，可是他又怕被拒絕，於是寫了一封信給李白：「先生好遊乎，此地有十里桃花；先生好飲乎，此地有萬家酒店。」

李白看到信，很高興。可是到了那裡一看，只有一個清澈見底的水潭，潭邊有家酒店，根本沒有十里桃花、萬家酒店。李白有些生氣，就問汪倫：「汪倫，你說有十里桃花，我怎麼沒看見呢？」汪倫指著水潭和酒店不慌不忙地說：「這個潭叫桃花潭，有十里長，所以有十里桃花。這家酒店的老闆姓萬，所以就叫萬家酒店。」李白聽後不禁哈哈大笑。接著兩人就在這家酒店裡把酒言歡。

離別時，兩個人依依不捨，李白乘著船正準備離開的時候，忽然聽到汪倫唱著歌為他送行。李白聽後，也非常感動，於是寫了一首有名的詩〈贈汪倫〉送給他。

唐代是詩歌繁盛的年代，詩人多，嗜酒者也多。李白就是這其中的一個。汪倫欣賞李白的才華，有意結交李白卻又擔心被拒絕，所以以酒將李白「騙」了去。儘管後來李白知道自己被「騙」了，但是他感受到了汪倫對他的深厚情誼。兩人喝著酒，暢談一番。酒後離去之時，汪倫以歌相送，李白感動不已，兩人的友情自此得到了昇華。

喜歡喝酒的人總能夠聚到一起喝一杯。人與人之間，以酒相繫，自是酒厚情濃，酒便成了維繫友情的紐帶。其實，以酒會友與以文會友、以棋會友並無大的差別，「酒逢知己飲，詩向會人吟」，共同的愛好就是構築友誼的基礎。酒友也是朋友的一種，其與牌友、戲友、球友，甚至學友、同袍也差不多，只不過他們的友誼媒介是酒而已。對酒的褒貶譽毀也牽扯到了以此為載體的友情，有「酒肉朋友」等不怎麼好聽的詞為證，還有「酒色之徒」、「酒囊飯袋」等。其實這不該怪酒，而要怪人自己。

誰能否認酒友之間存在的真摯感情？「五花馬，千金裘，呼兒將出換美酒，與爾同銷萬古愁」，這是一種怎樣深情厚誼的境界？老舍說：「貧未虧心眉不鎖，錢多買酒友相親」，「有客同心當骨肉，無錢買酒賣文章」，雖然貧苦，依然賣文買酒待客，這著實令人肅然起敬。

下面筆者從對比角度對項羽和劉邦這對「酒友」及盛世鴻門宴作分析。

（一）宴會前後戰爭形勢的對比。

鴻門宴一開始，便給人一種黑雲壓城城欲摧的感覺，曹無傷的告密、亞父范增對項羽的不斷點撥，逐步導致場上形勢對劉邦極為不利，火藥味愈來愈重，戰爭一觸即發。這其中，曹無傷的密報：「沛公欲王關中，使子嬰為相，珍寶盡有之」是矛盾的導火線；范增分析劉邦：「志不在小，急擊勿失」，更是道出了項羽與劉邦水火不相容的形勢，矛盾更加激化。

然而，隨著雙方在鴻門宴上的明爭暗鬥，局勢逐漸平緩直至風平浪靜。在鴻門宴中，項羽為劉邦的假意屈從、謙卑之詞及張良的巧言機辯所迷惑，為樊噲的義正詞嚴、有禮有節有據、貌似訓斥實則恭維的話語所矇騙，實質上恰恰迎合了項羽居功自傲、捨我其誰的思想，使其狂妄自大心理抬頭繼而麻痺輕敵。透過項羽：「善遇之（劉邦）、賜坐（樊噲）、受璧（張良）」等一系列語言動作，充分反映了項羽由盛怒到息怒，由擊之到不擊的心理變化。正是這種對比，折射出項羽由「氣吞萬里如虎」走向「四面楚歌」的內在必然性。

（二）主帥對將士的態度對比。

透過鴻門宴，我們可以感受到劉邦知人善任的胸懷。正是這種識人善斷使得集團內部能夠上下一心、生死與共；而項羽則是狂妄自大、剛愎自用、用人失察，這必然造成集團內部的種種矛盾。

劉邦駐軍霸上，忽聞項羽欲擊之，大呼「為之奈何」，虛心向張良請教，得謀士張良相助。後又會見項伯，工於心計，巧於逢迎，不但「兄視之，更奉卮酒為壽，約為婚姻。」化敵為友，為己所用。張良分析雙方力量大小，權衡利弊，出謀劃策。對此，劉邦言聽計從，用人不疑，疑人不用，表現出對部下的極大信任。在雙方共宴時，張良注意到局勢變幻莫測，危機四伏，於是又尋找機會，面授機宜，要劉邦當機立斷，從速脫身。樊噲帶劍擁盾怒闖酒宴，言語鏗鏘，以攻代守，配合默契。出於劉邦對將士的信任，上下團結一致，從而能在鴻門宴這場「人為刀俎，我為魚肉」的險境中，取得勝利。

反觀項羽，他似乎也能夠採納謀士的建議，這可以從「范增說項」得到證明。他聽到曹無傷的密報以及范增的說服後，大怒，決定消滅劉邦。可是聽到項伯說「今人有大功而擊之，不義也。」恐損其威，恐傷其信，又改變了主意，答應項伯「善遇之」。用人失察，朝令夕改，未能集思廣益，缺乏謀略和政治遠見。

於是在鴻門宴上，被劉邦請罪、張良巧言所矇蔽，完全忘掉既定之決策。面對范增「舉玉玦以示者三，默然不應」，對「項莊舞劍，意在沛公」，他也是熟視無睹，一意孤行，喪失了一次又一次機會。這充分暴露出項羽頭腦簡單、趾高氣揚、目中無人的思想。僅憑一己之力，逞匹夫之勇，致使謀臣不能施其謀，將士不能效其力。最終全盤計畫落空。

(三) 人物語言上的對比。

劉邦面對項伯的到來，「君為我呼入，吾得兄視之」，並約為婚姻，極盡籠絡利用之能事，表現了劉邦圓滑世故的性格。劉邦對項羽的謝罪之詞，讓人聽起來情真意切，滴水不漏。「臣與將軍戮力而攻秦，將軍站河北，臣戰河南，然不自意能先入關破秦，得復見將軍於此。今者有小人之言」，寥寥數語，既隱瞞了事實真相，又尊崇了項羽；既否認欲王關中，又把不實之詞推到小人身上，有力地突出了劉邦能言善辯、見風使舵的性格。

項羽本要擊殺劉邦，但是聽到項伯之言，未加思索，自作主張「善遇之」，表現了他頭腦簡單、遇事少思的性格。當劉邦向他謝罪之時，輕信劉邦，把為自己送情報的曹無傷和盤托出，這又表現了他直率、少謀、麻痺輕敵的性格。

（四）項羽派和劉邦派的軍事力量對比。

根據〈鴻門宴〉的出處可以知道，項羽與劉邦曾經有過一次比較激烈的軍事衝突「函關之戰」，結果是劉邦失去了關中稱王的理想，從「沛公欲王關中」、「項羽兵四十萬」、「沛公軍十萬」得出，當項羽準備再次對劉邦實行軍事攻打時，項羽的兵力為四十萬，而劉邦的兵力只有十萬，兩者之間力量十分懸殊，對於結果應該十分明顯，所以項羽覺得劉邦肯定害怕他，於是變得輕敵、狂妄。

對於劉邦，他十分清楚自己已經沒有力量對付項羽，如果硬要攻打就是以卵擊石，所以當劉邦知道項羽要攻打自己時，立時驚恐萬狀，最後只有向張良求計策，並開始實施張良的赴鴻門宴計畫，只求可以讓自己的軍事實力得以儲存，並等日後有力量時再與之抗衡，鴻門宴的歷史事件正式展開。

（五）項羽派和劉邦派的宴席座位對比。

古人一向有殺向（即坐西向東）為尊的說法，座位的排序不僅代表著來訪人年齡的大小，還代表著來訪人地位的尊卑，所以在古代招待客人的四個座位裡面，西邊的座位是最尊敬客人坐的，北邊的座位是次尊敬客人坐的，南邊的座位是次次尊敬客人坐的，東邊的座位則是侍者坐的。

鴻門宴這個由項羽做東、劉邦做客的飯局上有五個人，分別是：西楚霸王項羽、項羽的叔叔項伯、項羽的謀士范增、劉邦、劉邦的謀士張良。外圍還有兩個猛人，一個是耍劍的項莊，一個是殺狗的樊噲。有趣的是，《史記》詳實地記錄了他們的座位朝向，原文：「項王即日因留沛公與飲。項王、項伯東向坐，亞父南向坐。亞父者，范增也。沛公北向坐，張良西向侍。」簡單翻譯過來就是：「項羽和項伯坐西向東、范增坐北向南、沛公劉邦坐南向北、張良坐東向西」。

從座位的排序可以看出西面的項羽是最尊貴的，然後才是范增，再然後是劉邦，最後是張良，這可以體現出項羽對劉邦是十分輕視，輕視到所有人都一目了然。劉邦因為項羽的強大只好委曲求全，按位就座，這也表現出了劉邦豁達的胸襟，不為一事一時所計較。

關於鴻門宴的座位是有玄機的 —— 按周易五行生剋之道，可以從另一個角度解析項羽為何無法殺掉劉邦，分析如下：

最想殺劉邦的人是誰？范增！他坐北方屬水，克坐在南方火的劉邦，范增是謀士，聰明過人，水剛好代表智慧。

張良是劉邦的謀士，坐東方屬木，木生火，幫助劉邦。項羽坐在西方屬金，金為肅殺之氣，西楚霸王霸氣側漏，正符合他的性格。而劉邦火是可以克項羽金的，但是當時劉邦畢恭畢敬，讓項羽感覺不到威脅，劉邦知道什麼時候應該夾著尾巴。

最關鍵的一個人，項伯，他是項羽的小叔叔，在飯局之前，已經偷偷告訴張良這飯局是個圈套，目的是想殺掉劉邦。並且當項莊這個耍劍的上來助興的時候，項伯他也拔劍起舞，並有意無意間擋在劉邦前面，讓項莊沒有機會下手。

西楚裡面三個重要人物對於殺不殺劉邦是三個不同的態度：范增是欲

殺劉邦而後快；項羽自視甚高，殺不殺劉邦都無所謂，並且喝高了忘了辦正事；項伯則暗中保護劉邦。

張良東方（木）本應是被項家西方（金）所克，還好這個飯局裡面酒水管夠，在易學裡面叫通關，項伯（金）透過（水）生張良（木）。所以一方面項伯暗中保護劉邦，一方面張良去叫樊噲過來救場。范增空有計謀卻無可奈何。

樊噲中途闖進來討酒討肉，劉邦要上洗手間，叫樊噲一起。隨後樊噲保護劉邦尿遁成功。由此可以得出結論，坐對位置對於當時的劉邦來說是多麼地重要。歷史帶有一定的偶然性，而其中的偶然性也許帶著很多不為人知的玄機吧。

（六）關於項羽和劉邦酒後形象對比。

如果只用一句話來形容劉邦的酒後形象就是：一個卑鄙的聖人。

在鴻門宴中，劉邦的表現極為突出，他善於用人、善於應變、能言善辯、機智善斷的特點，這是一目了然的，這些都是聖人的體現，毋須贅述。但是從深層次挖掘和品味，劉邦的另一面就展露出來了：虛偽、怯懦、狡詐、卑鄙，甚至無賴的品質。這主要體現在劉邦「勾結項伯」和「請罪項羽」兩件事上。

劉邦先是低三下四地拉攏項伯：「沛公奉卮酒為壽，約為婚姻。」但是據《史記・項羽本紀》記載：「諸項氏枝屬，漢王皆不誅。乃封項伯為射陽侯。」並沒有實現「約為婚姻」的諾言。可見劉邦在說謊。再看劉邦對項伯所說的話：『吾入關，秋毫不敢有所近，籍吏民，封府庫，而待將軍。所以遣將守關者，備他盜之出入與非常也。日夜望將軍至，豈敢反乎！」

但是據《史記・高祖本紀》記載：「說沛公曰『十倍天下，地勢強。今聞章邯降項羽，項羽乃號為雍王，王關中，今則來，沛公恐不得有此。可急使兵守函谷關，無內諸侯軍，稍徵關中兵以自盜，距之。』公然其計，從之。」可見沛公又在說謊，他是用謊言來收買拉攏項伯的。

而在「請罪項羽」，他抓住項羽的心理特點，利用甜言蜜語哄騙項羽，說自己和項羽是「攻秦」同胞，並非敵人。又說：「不自意能先入關破秦。」以表明自己力量不如項羽，此乃意料之外之事，以滿足項羽「自高自大」的心理，接著又把項羽要「擊破」他的事，轉到「小人之言」上去，又為項羽解脫所謂「無端責人」之過。

他既稱臣謝罪，又把欲王關中的野心否認得乾乾淨淨，從而在危機四伏的鴻門宴上躲過了殺身之禍，趁機逃脫了。可以說「勾結項伯」隱避地表現了劉邦的「虛」，而「請罪項羽」則隱避地表現了劉邦的「騙」。「虛」與「騙」正是政治流氓的慣用伎倆，是小人的本性。

透過片言隻語透視人物的內心世界，可以看到劉邦的性格特點。如劉邦對項羽和張良的稱呼就值得我們認真品味：劉邦稱項羽一再用「將軍」，而稱自己，口口聲聲「臣下」。本來，項羽和劉邦同為反秦大將，他們的身分沒有大的差異。況且，根據懷王與諸將的約定：「先入關者王之」，而劉邦先入關，即使想「王關中」也無可厚非。

可是眼前項羽兵 40 萬，而己方 10 萬，劉邦對目前形勢、雙方力量對比心知肚明，因而只能忍氣吞聲，一口一個「將軍」，甜言蜜語，一副小人嘴臉。而對張良，宴前稱「君」，宴後稱「公」。「君」是對對方尊稱，日常用於平輩之間，而劉邦是主，張良為僕，顯然，劉邦這樣稱呼是討好拉攏張良，降低身價，以求得其獻計為目的。

而「公」呢？也是尊稱，且往往用於長者。宴後，劉邦想藉口逃脫，留下張良搪塞，而張良留下可能有殺身之禍，因而劉邦進一步降低身價，稱張良為「公」，近乎哀求。劉邦之自私、怯懦、卑下可見一斑。總之，用卑鄙的聖人來形容劉邦的酒後形象恰如其分。

如果只用一句話來形容項羽的酒後形象就是：一個平庸的好人。

在鴻門宴中主要表現了項羽的輕敵自大、寡謀輕言、不善用人、優柔寡斷，又帶有直率的糾糾武夫的性格特點。在整個鴻門宴上項羽頭腦遲鈍，完全缺乏政治手腕，一再坐失良機不殺劉邦。他的「為人不忍」表面看來是「愚」，是「庸」，其實恰說明他磊落大度、不乘人之危的器量。這正是自古以來人們推崇的大丈夫氣概，是好人的本質，是君子的本性。

「小人喻於利，君子喻於義」（《論語》）便是極好的例證。連繫「鉅鹿之戰」和「垓下之圍」，我們可以看出作者對項羽這位暗噁叱吒、氣盛一世的失敗英雄雖有所貶責，但是主要卻是熱情的歌頌和深切的同情。

點評：在各種飯局中，安排得恰到好處，甚至有利於「治國安邦」；出現意外，則「敬酒不吃吃罰酒」，甚至「白刀子進紅刀子出」。而在飯局中，幾杯酒下肚後，「酒能壯膽」，是重大決策發表的好契機。

因為「酒文化」的塑造與引導，人們常常更傾向在飯局中決定是否簽合約。親密朋友的聚會中，有人收起了平時的小心翼翼，有人放鬆警惕，有人隨便說話，於是飯局的利益追求可能水到渠成。若江湖中的飯局不牽扯任何飯局之外的利益，從來都是有責任者買單，自然「親意濃濃」。

可是，一旦飯局與政治或者經濟等利益發生關聯，就充滿了玄機。尤其是當發生在「江湖」關係上的時候，作為察言觀色的最好契機，這樣飯局就有了某些特殊的使命。

鴻門宴做為政治飯局，當然也有他的使命。劉邦的使命是火中取栗，如何在夾縫中求自保、求生存；而項羽的使命是隔山打牛，如何唯我獨尊、唯我獨霸。眼界的不同、思想的不同、抱負的不同，造就了不同的人生之路，是偶然，也是必然。

五、鴻門宴中兩大謀臣張良與范增

虛飄飄旌旗五色煌，
撲咚咚金鼓振八荒。
明亮亮槍矛龍蛇晃，
閃律律刀劍日月光。
嗚嘟嘟畫角聲嘹亮，
咕牛牛悲笳韻淒涼。
忽轆轆征車兒鐵輪響，
撲拉拉戰馬馳驟忙。
似這等壁壘森嚴亞賽個天羅網，
那劉邦到此一定喪無常。
只要他魚兒入了千層網，
哪怕他神機妙算的張子房，
怎逃這禍起蕭牆……

談到鴻門宴的人物形象，我們首先想到的是項羽和劉邦兩大主帥，項羽驍勇善戰卻有勇無謀、剛愎自用；劉邦膽小懦弱卻城府極深、知人善任，以致最後取得了勝利。但是〈鴻門宴〉中塑造的成功人物遠不止這兩個，我們不要忘記了在兩大陣營對立中出謀劃策的關鍵人物——范增和張良，可以說沒有他們，就沒有這場「鴻門宴」。

總體而言，范增和張良都是兩大陣營的智囊人物，同樣謀算能力很強的顧問式人才，由於機遇的不同，命運也截然相反。范增深謀遠慮，凡事都事先做好應對之策，卻識人不清，犯了嚴重的錯，終招致失敗的結局；

相反的，張良足智多謀，臨危不亂，善於察言觀色，幫助劉邦奪得天下，亦為自己贏得美名。下面具體談談范增與張良這兩大謀士之間的差異。

范增身為項羽帳下第一謀士，張良是劉邦的主要謀士，范增和張良誰厲害？

首先，來看張良。如果只用兩個字來形容張良，那就是：足智。

他曾被蘇軾稱作「蓋世之才」；他雖貌不驚人，卻有著凌雲之志；他的祖父、父親皆為韓相，本人是韓國的貴公子……他，就是張良。張良是一個經歷坎坷的人，當秦軍攻破陽翟，韓國滅亡的時候，他的生活改變了：由一個貴族公子變成了浪跡天涯的淪落人。

起初，他幻想可以刺殺秦始皇，為韓國復仇。於是，他就散盡家財，尋找刺客，等待行刺的機會。終於，在博浪沙，力士振臂一擲，大鐵錐劃破陰暗的天空，飛向秦始皇的車隊。只可惜，這驚天動地的一投，僅僅擊中了副車，多年的準備，功虧一簣。

然後，他不得不開始了逃亡的生活。在逃亡中，他漸漸明白靠行刺來復仇是難以達到的，他開始尋找新的方法。就在這時，在下邳，他幫一位老人撿鞋，透過了老人的考驗，得到了《太公兵法》，並開始研讀。

十年就這樣過去了，正當他為時光流逝而感慨時，一個驚人的消息傳來：在大雨連綿的大澤鄉，陳勝喊出了「王侯將相寧有種乎」的口號，率領戍卒揭竿起義，各路豪傑紛紛響應，秦朝統治搖搖欲墜。

在並起的豪傑之中，張良遇見了劉邦——第一個聽得懂《太公兵法》的人。因為他的悟性，張良決定跟隨他。

在隨劉邦征戰的過程中，張良表現出了非凡的才能——足智。

張良的足智具體體現在兩個方面：一方面張良在劉邦集團中的作用，

除運籌帷幄、決勝千里的作用外，還能在關鍵時刻和關鍵性的問題上，對劉邦因勢利導，加以諫正。如勸劉邦就封漢王，並燒毀棧道，以迷惑項羽；鴻溝劃界後，勸劉邦引兵追擊項羽；垓下決戰前，勸劉邦封韓信、彭越為王，徵其兵會垓下等，對劉邦的勝利發揮了相當重要的作用。

另一方面是對劉邦的一些錯，他能及時發現，及時勸諫，使劉邦得以及時改正。如諫阻劉邦不要迷戀秦宮室的豪華，以致劉邦進入關中後「財物無所取，婦女無所幸」；勸其還軍霸上；勸劉邦定都關中等，既表現了張良進步的歷史觀和遠見卓識，還表現了他勇於諫諍的勇氣。這些對劉邦改正錯誤，取得最後勝利有決定性的影響。

特別是當劉邦和項羽對峙，戰事一觸即發之時，是他從中周旋，為劉邦作了精心的部署、周密的準備，定下了「韜晦之計」，以「不敢倍德」、無意於稱王矇蔽項伯，欺騙楚王，終於化險為夷，在鴻門宴上化干戈為玉帛，免除了劉邦的滅頂之災。

尤其值得一提的是，張良不像范增那樣妄自尊大。他認為劉邦稱王不是時候，並不明確否定，只是問了一句：「誰為大王為此計者？」他認為不可以武力與項羽相鬥，也只是委婉地探詢：「料大王士卒足以當項王乎？」劉邦遠不像項羽那樣自信，張良卻仍然處處留心，始終把自己放在謀臣的位置上。這是劉邦對他絕對信任的關鍵。可以說張良是「鴻門宴」這個事件的總導演。

更難能可貴的是，當功成名就，劉邦讓他在齊地任選三萬戶時，他斷然拒絕，只是挑選了一個小小的留縣。此後，他很少出現在政治上，幾乎是只有劉邦找他，他才出山，這是因為他早就厭倦了，他此時更希望棄人間事，從赤松子遊。事實證明，他的選擇是明智的，因為這使他免除了兔死狗烹的下場，也免除了權力的壓榨。歷史證明，他的選擇是偉大的，因為縱觀歷史，在位及人臣之時，能夠做到功成身退的，實在少之又少，這樣大神級的人物又豈是足智兩字可以形容得了的。

其次，來看范增。如果只用兩個字來形容范增，那就是：多謀。

范增是項羽的主要謀士，他的政治觀察力、才智謀略絕不遜於張良。關於范增其人，《史記．項羽本紀》載：「居巢人范增，年七十，索居家，好奇計。」那麼我們從這裡應該看到，范增隱居幾十年，秦末大亂出山相助項梁。此人有洞觀時事的才能，因為他所長在於奇計，對於當權者，是無用武之地的，只有伺機出山。

那麼他為什麼不選擇陳勝吳廣呢？我們就應該看到陳勝吳廣與項梁之間的差異：一個是戍邊的農民出身，自大自傲容不下人，《史記．陳涉世家》中記載有陳勝殺死嘗與庸耕者，「……陳王故人皆引去，由是無親陳王者」，就充分道出陳涉政治短命的根本原因。

而另一個是名將項燕之後，飽讀詩書，「吳中賢士大夫皆出梁下」。范增不投靠陳勝而投靠項梁的原因，可能就在此，范增自己也說「陳勝固敗當」，又說：「夫秦滅六國，楚最無罪。自懷王入秦不反，楚人憐之至今，故楚南公曰：『楚雖三戶，亡秦必楚』也。今陳勝首事，不立楚後而自立，其勢不長。今君起江東，楚蜂午之將皆爭附君者，以君世世楚將，為能復立楚之後也。」這句話，一方面道出了陳勝失敗的原因，一方面指導了項梁該怎麼做，事實也證明了范增的話，也證明了范增的選擇，「於是項梁然其言」。自己的意見被採納了，說明范增這個良禽擇對了高木。

曾勸項梁立楚王族後裔為楚懷王。西元前 207 年，秦軍圍鉅鹿，楚懷王命宋義、項羽救趙，他為末將。項梁死後，范增被項羽尊稱為「亞父」，表示對范增僅次於對自己的父親。宋義死後，項羽被封為上將軍，范增被封為大將軍。（鴻門宴上，張良向范增謝辭為：「玉斗一雙，再拜奉大將軍足下。」）強秦被推翻後，諸侯在戲下大會，（西元前206年）一月（夏曆），范增以自己的卓越功勳，堅辭不王，為爭功欲王者樹立了光輝的榜樣，再辭不過，被封為歷陽侯。

關於范增的功績，有目共睹。在農民起義低潮時期，正是范增建議立楚王後裔為楚王獲採納，故楚民眾蜂擁爭附，義軍勢力才得以大長。范增不僅幫助項梁組建訓練出無敵之軍，而且策殺李由、計除李斯，更輔助項羽定下了「破釜沉舟，速戰速決」的妙計。和項羽一起，親率大軍，繞過勁敵章邯，在三天裡以少勝多，九戰九捷，打敗了圍攻鉅鹿的秦王朝王離、蘇角大軍，然後回頭收服章邯，取得了推翻強秦的決定性戰役的勝利。

范增在鴻門設宴欲除劉邦，是他高瞻遠矚，為避免內戰，防人民生靈塗炭而採取的權宜之計。歷時四年的楚漢戰爭證明他是英明正確的。作為偉大的政治家，作為一位愛國忠君的大賢，范增既要尊重楚懷王「先破秦入咸陽者王之」的約定，又要統一天下，保持天下和平安定。他精心策劃了「尊楚懷王為義帝，尊項羽為霸王，畫天下為十九王地，封十八王」的劃時代格局。

最後，來分析一下多謀的范增和足智的張良在鴻門宴上的「真情對對碰」。

一是對所事君主的了解程度上的差異。

范增曾跟隨項羽的季父項梁，為其出謀劃策。項梁死後，范增便順理成章的跟從項羽征戰天下，在隨項羽征戰的過程中，范增理所應當的了解項羽這個人有勇無謀、自大輕敵、剛愎自用、優柔寡斷的性格特點。既然知道這些弱點，那麼在實際作戰中就可以避重就輕、揚長避短，但是事實上卻不是這樣的。范增一早便看出好酒色的劉邦入關後「財物無所取，婦女無所幸，此其志不在小」，所以便極力慫恿項羽「急擊勿失」，兩人合力設下「鴻門宴」，借宴請之名，行刺殺劉邦之實。范增知道這場宴會的重要性，但是他對項羽太過有信心，沒有料到項羽會改變初衷。項羽在項伯的勸說及劉邦刻意表現出來的謙卑下改變了殺他的想法，甚至誠意留他赴宴。范增在宴會上洞悉這一切後沒有及時向項羽說明，縱使范增「數目項王，所舉佩玉玦，以示之者三」，項王依舊只是「默然不應」。可見，范增雖被項羽稱為「亞父」，而且並肩作戰多年，但是彼此之間的了解和默契仍然是不夠的。

反觀張良對劉邦的了解，讓我們深深信服。張良自投靠劉邦後，被任命為廄將，留在身邊當謀僚。劉邦重武將，不喜歡談經論道的書生，張良便向他不斷談論《太公兵法》，漸漸得到信任。他知道劉邦不像項羽那樣驍勇善戰，但是他善於權術、志向高遠、知人善任，非池中之物。

項羽的叔父項伯與張良有交情，連夜進入劉邦的軍營，把鴻門宴這個絕密的軍事情報告訴了張良，讓他趕緊逃。張良不僅沒走，反而告訴了劉邦。劉邦非常害怕，因為此時的項羽要打敗他簡直易如反掌。張良臨危不亂、從容淡定，分析道：「沛公你自己估量一下，能打敗項羽嗎？」劉邦沉默了好久，答：「當然不能，現在該怎麼辦呢？」張良深知，此時項伯是唯一的救命稻草，於是向劉邦引薦項伯，勸諫劉邦用設酒款待、舉杯敬酒、為他祝壽、締結婚姻等手法籠絡了項伯，為次日鴻門宴的虎口脫險埋好了伏筆。

二是宴會上用人的差異。

「鴻門宴」上，范增等人準備嚴重不充分，甚至連埋伏也沒有安排，而且操之過急，臨時找了一個不能擔當大任的項莊來完成刺殺任務，結果刺殺失敗。首先在安排上，考慮不周全。既然知道宴會的重要性，那就應該全面考慮可能出現的情況。

例如：假如項羽改變刺殺劉邦的主意，那麼該採取怎樣的策略來補救；刺殺失敗了，又該採取怎樣的計策進行下一輪的伏擊；在沿途設下怎樣的埋伏……這些都是應該在考慮之中的事情，然而范增卻沒有多加思考。

其次在刺殺人員的安排上也是有問題的。范增深知「不者，若屬皆為所虜」，卻派了平庸的項莊擔此重任，項莊沒有殺人的膽量，幾次攻擊都不能成功刺殺劉邦，不知變通，喪失大好時機。同時范增只派了項莊這麼一個殺手，失敗後，沒有人繼續完成任務，最後劉邦成功逃脫。假如范增事前做好了充分的準備，並且委派幾個有勇有謀的武士去刺殺，那麼結局則會完全不同。

再看張良這邊，做了三大準備，考慮相對周全，連善後問題都想到了。張良在評估過項、劉二人的實力之後，明白單靠武力硬碰硬是絕對贏不了項羽的，所以只能採取自保的策略。他主動聯繫項伯，為劉邦、項伯牽線搭橋，項伯才能「具以沛公言報項王」：「沛公不先破關中，公豈敢入乎？今人有大功而擊之，不義也。不如因善遇之。」這是其一。其二，張良考慮到范增的老謀深算，特意帶去了樊噲等百騎精幹人才，以防萬一。在發現殺機後，立即召來樊噲，幫助劉邦逃去。其三，張良留謝，處理善後事宜，收拾尷尬局面，不卑不亢。

三是對待君主態度上的差異。

范增在鴻門宴上擔任了非常重要的角色，但是他盲目自信，設計好一切，讓項羽照著他的意思去完成，當形勢發生改變時，不能虛心和項羽等人商量，而是自己自作主張的安排項莊刺殺劉邦，最後項莊失敗，劉邦逃脫。

再者，范增沉穩不足，而且粗暴易怒，對於這一點項羽不能理解，更加不能接受，鴻門宴上失敗後，只知道一味責怪項羽，不知道自我反省，因而漸漸失去項羽的信任，最後在陳平反間計下，項羽和范增之間的矛盾激化，項羽徹底不信任范增，只落得憤然出走。

相反地，張良在處理和劉邦的關係上就顯得遊刃有餘了。他心中謹記著自己所處的位置，不曾踰越。在為劉邦出謀劃策時，總是時時、處處與劉邦商量，不妄作決定，謙虛謹慎。在幫助劉邦取得天下之後，張良藉口自己體弱多病，逐漸從官場中脫身，激流勇退，張良也因此被劉邦讚賞為「運籌帷幄，決勝千里」，被封為留侯。

四是在勸諫上的差異。

在勸諫這一點上，范增的表現遠遠不如張良。范增在很多時候不是對項羽進行勸諫，而是為他安排好一切，讓項羽照著他所設計的藍圖去做事。項羽進入關中前後是他取得勝利的關鍵時期，在這個時期，項羽在政治上一次次的犯重大錯誤，如坑降卒、屠咸陽、燒宮室、放棄關中、殺掉提建議的人等，暴露了項羽殘暴，以及以殺人為快的狹隘的復仇思想。

項羽的所作所為，「增皆親見之」，但是可惜的是，「未嘗聞一言」，也就是從未聽到范增一句勸諫的話。在鴻門宴如此重要的宴會上，項羽改變心意，不想刺殺劉邦時，他也沒有及時進行勸諫。最終使項羽在違背歷史的方向、背離人民的要求上，越走越遠，以致最後被歷史和人民所拋棄，西楚霸王的神話就此破滅。

雖然范增在鴻門宴結束後有「唉！豎子不足與謀」的慨嘆，但是他仍然不放棄輔佐項羽的大業。在項羽想和劉邦自滎陽東西分天下時，是范增及時阻止，他知道「漢易與耳，今釋弗取，後必悔之」，所以「項王乃與范增急圍滎陽。」劉邦在此時知道，他最大的敵人不是項羽，而是范增，於是「乃用陳平計間項王」，「項王乃疑范增與漢有私，稍奪之權」，此時范增已經七十四歲，項羽的懷疑，無疑傷了這位為楚國天下鞠躬盡瘁的老忠臣，於是，范增感嘆：「天下事大定矣，君王自為之。原賜骸骨歸卒伍。」糊塗的項羽竟然答應了他的要求，范增在回彭城的路上，「疽發背而死」。

范增死後，楚軍中再無可與他比肩的謀士，所以，在和謀士如雲的劉邦的戰鬥中節節敗退。由此可見，范增一人之才，足以抵過劉邦帳下所有謀士。蘇軾在〈范增論〉裡面說：「增，高帝之所畏也；增不去，項羽不亡。亦人傑也哉！」說的確實很中肯。司馬遷作為西漢的史官，能夠客觀地評價范增的才能和功績，更是難能可貴。

范增的失敗是歷史的悲哀，其悲哀無怪乎有二：其一悲哀是鴻門設宴，范增數目項羽，要除掉劉邦，是有一統宇內的心志的。而一心只想當西楚霸王的項羽，施婦人之仁後，忙不迭地收拾金銀細軟，一把火燒了壯麗的咸陽宮，衣錦還鄉去了。

凡讀過〈鴻門宴〉的人大概一般都會記得，范增在得知劉邦已逃跑後感慨的那句話，「哎！豎子不足與謀！」人們為何記得這句話呢？因為人們從范增的這句話中，似乎感覺到了范增的失望心態和萬般的無奈。當然，也正是這句話，長期以來被當成「項羽不會用人」的一個注腳。

因為，從「鴻門」到「鴻溝」，大楚王業功虧一簣，這不能不是一個想在政治上大有作為的政治家的最大悲哀。其二悲哀是范增的另一個致命失誤在於沒有諫止項羽殺義帝。義帝之立，是范增的首謀，諸侯以此服從，劉邦亦聽從義帝的號令，「挾天子以令諸侯」的功效本來就顯露了山水。只是項羽怨義帝沒有派他西入咸陽，讓劉邦拔了頭籌，遂弒之。致使上上之謀付諸東水，范增亦功業未成，身先志殞，又怎能不常使英雄淚滿襟呢。

點評：縱觀全面，我們看到，范增的政治觀察力、才智謀略絕不遜色於張良，但是為什麼兩人的結局卻截然不同呢？主要在於范增既不知人，也不知己，而張良卻能做到知己知彼，始終明確自己的定位。范增、張良二人可謂輔世奇才，亂世中必以兵治之，方定乾坤，但是兩雄相爭，必損大將，既生瑜，何生亮，兩者始終是不能並存的。

由此可見，臣僚替君主「謀國」與「謀身」，更重要的是在「謀身」基礎之上「謀國」，因為君主一旦名譽掃地，即使「謀國」成功，也未能「得眾」，很難「持久」。所以，必須做的事、不得不做的「壞事」，如果會影響到君主的威望，那就需要臣僚主動去擔當（不必君主授意，甚至不顧君主反對！），把所有責任都攬到自己身上。

上下數千年，對歷史上的英雄項羽敗給了流氓劉邦，惋惜者有之，感嘆者有之，不屑者有之……但是說起項羽失敗的原因，總是要加上一點「有一增而不能用」！似乎范增不去則不亡。足見范增影響之大，尤其是對「鴻門宴」這個范增政治生涯的一大轉捩點，史冊上對此更是敘述頗多。

六、鴻門宴中兩大間諜曹無傷與項伯

「諜，徒協反；間也，今謂之細作。」

—— 摘自《左傳》

間諜，在中外歷史上一直是相當活躍的一個特殊群體。在託為上古周初姜太公之名而寫的古兵書《六韜》中，已經出現了「間諜」一詞，第三卷《龍韜》中有這樣一句話：「遊士八人，主伺奸候變，開闔人情，觀敵之意，以為間諜。」這句話的大概意思是，在戰役開始之前，選派八名「遊士」到敵國偵察，收集政情資訊和社會輿情，了解敵人真切意圖，進行間諜活動。由此可見間諜在中華民族出現時間之久遠。

實際上，《六韜》中所記的「間諜」，並不是中華民族最早的間諜，在比周代更早的夏代就有了間諜。

中國公認的間諜第一人，是夏代前期出現的「特務」女艾。他是夏國君寒浞之子，生活於西元前二十世紀前後。《左傳·哀西元年》中「少康使女艾諜澆」一語，說的就是他。夏國君少康利用女艾，成功殺掉了政敵澆，恢復夏朝正統，實現了「少康中興」。「女艾諜澆」，是古代中國間諜史上的代表性事件，清代學者朱逢甲在《間書》中認為，中國古代「用間始於夏之少康」。

古代間諜都是靠什麼來活動的？從史料記載來看，早期間諜的一大利器，是以色誘人，早期使用女色更為普遍，兵書稱之為「美人計」。西方間諜的鼻祖，也是一位女性，她是生活於西元前十世紀前後、名叫娣萊拉的菲利斯女人。這也是人類間諜史上最古老的蒐集情報手段。如夏朝，其因間諜而中興，也因間諜而亡。這個亡夏的間諜名叫妹喜，她是夏末代國君桀的寵妃。

對於妹喜的間諜身分，有兩種說法：一是，她是被夏滅掉的有施國暗派的「女特務」，借性賄賂的便利，成功地打入了夏王室內部；另一種說法是，她是被中國歷史上著名間諜伊尹策反的。伊尹又名伊摯，他不僅是中國古代早期的名諜，還是中華廚師的「祖師爺」。伊尹曾先後兩次進入夏境內進行偵察活動，第二次時妹喜說出了夏王朝的兵力分布情報，商湯就此有針對性地制定出作戰方針，一舉滅夏。

這類透過女諜進行情報蒐集和暗殺活動的，史上事例有很多。最為香豔的女諜故事，當屬西施。有「沉魚落雁之容」的西施，和另一位美女鄭旦，帶著越國大夫范蠡的密令，成功完成了搞垮吳國的使命，將女色的功用發揮得淋漓盡致。

春秋戰國時期，是古代間諜的「黃金年代」。在國家軍事間諜之外，集中出現了一批為諸侯國和利益集團服務的「私家間諜」。當時非官方「特務」十分活躍，幾乎各個階層都有間諜。當時私人間諜的招募有「養士」和「收弟子」兩種主要方式。

魏國信陵君、齊國孟嘗君、趙國平原君、楚國春申君，這「戰國四君子」都曾養士數千，這些「士」，有的是專門負責蒐集情報的特務；有的相當於現代間諜中的暗殺特務，專門負責滅口和破壞。「養士」是當時流行的間諜培養方式，而「收弟子」則較為隱蔽，甚至不少現代間諜史研究學者都未能注意此現象。

相傳孔子有「三千弟子」，其中有 72 人最優秀，人稱「七十二賢」。孔子是魯國人，一生最主要的經歷是帶著眾弟子周遊列國，外交遊說。孔子生前親手安排和導演的最成功、影響最大的一輪遊說，是選派子貢出訪齊、吳、越、晉四國，做「間諜外交」。

子貢是孔子最得意的門生，其天生就是搞外交、做間諜的料：能言善辯，辦事幹練。這麼說孔子，可不是一種獵奇和想像，而是有充分史實根據的。《史記・仲尼弟子列傳》記載，在自己的國家魯國存亡之秋，孔子適時啟動了「間諜外交」。結果「子貢一出，存魯，亂齊，破吳，強晉而霸越」，意思是，子貢一出馬，保全了魯國，搞亂了齊國，吳國因此滅亡，晉國得以強盛，越國稱霸一方。

子貢採用了何種手法，得以取得如此輝煌的成就？清人朱逢甲引用《李衛公・兵法》的說法，認為是「間鄰」之法。「間鄰」之法，實質上就是「離間計」。古代傑出的軍事理論家孫子曾將間諜劃分為五大類型，即因間、內間、反間、死間、生間「五間」。所謂「生間」，與「死間」相對，通俗說就是能活著回來的間諜，子貢屬於「生間」。孫子強調，「生間」對人選要求嚴格，最重要的一點，要有「賢才智謀」。

子貢正是這樣，可以說子貢是古代中國間諜中的智慧超人。孔子當時選人時，第一個請纓的並不是子貢，而是子路，孔子未予同意；隨後子張、子石分別要求前往，孔子也未同意，「子貢請之，孔子許之」。

秦漢以後，間諜成為封建皇帝維持中央集權專制統治的重要工具。與前期不同，這之後從事間諜活動的人員中出現了新角色，即宦官身分的間諜。宦官即太監，一直到晚清，太監諜影都未消失。蒐集情報、暗殺、緝捕、刑偵、逼供……間諜無所不做。

而說起鴻門宴中的人物，有兩個間諜人物不得不提，那就是曹無傷與項伯。曹無傷是劉邦手下的左司馬，相當於一路大軍中的副職軍官，也算是個高級軍官。曹無傷在鴻門宴中是個悲劇人物，司馬遷在《史記．項羽本紀》、《史記．高祖本紀》中都有提及曹無傷，《史記．項羽本紀》鴻門宴事件也是以曹無傷先上場最後出場謝幕，開場情節為：沛公軍霸上，未得與項羽相見。沛公左司馬曹無傷使人言於項羽曰：「沛公欲王關中，使子嬰為相，珍寶盡有之。」

最後結果是：沛公至軍，立誅殺曹無傷。項伯是項羽最小的叔父（四叔），早年曾殺了人，跟隨韓公子張良在下邳躲避。項羽統兵後，他任左尹，為令尹的副職，也算是楚軍的高級將官，隨項羽一起進入關中。在鴻門宴中先是到漢營密告張良項羽要打劉邦，讓張良跟他逃命去。後在張良和劉邦的勸說和誘惑下做了間諜，利用自己特殊的身分，勸說項羽聽信劉邦的謊言，並且在項莊舞劍時也起身舞劍保護劉邦，最後幫助劉邦逃回到漢營。下面對這兩個間諜人物做個比較：

（一）甘當間諜的原因。

曹無傷是個自以為精明，到頭來反因精明喪了命的人。他屬於見利忘義主動的理想信念不堅定的人，他錯斷了形勢，認為在敵強我弱（項羽四十萬軍隊，劉邦僅十萬軍隊）情況下，劉邦因懷王之約先進關中得罪項羽，肯定要被項羽所滅，於是起了反心，派人到楚營向項羽告密，引火澆油地說：「劉邦要在關中稱王了，丞相都選好了，關中的金銀財寶美女香車都霸占了。」引起項羽大怒，「旦日饗士卒，為擊破沛公軍！」發誓要滅了劉邦，從而引發鴻門宴這個歷史事件。

對於叛變的原因，筆者認為曹無傷所說並不是什麼重大機密，與其說是通風報信，不如說是政治表態，其所作所為更像是為自己留個後路。在司馬遷的《史記・高祖本紀》裡記載有「欲以求封」字眼，可見邀功請賞和討封的意味濃一些。

總之，不管曹無傷以何種目的背叛劉邦，西楚霸王項羽對曹無傷這個小人物還是沒放在眼裡的，也許是看不起叛徒的原因吧，項羽根本不理他討封邀功，更不稀罕他做內應，要滅劉邦靠的是實力。不僅如此，還在高層會談中一開口就賣了曹無傷：「此沛公左司馬曹無傷言之。不然，籍何以至此？」

項伯叛變的原因則不同，他還有點「道義」的味道，受人滴水之恩當湧泉相報。大戰之前，他首先想到的是救命恩人張良還在劉邦的漢營，純樸的報恩思想使他沒意識到自己身為楚軍高級將官，當朋友之誼與政治利害相衝突時，究竟應把什麼放在首位？他把朋友之誼凌駕於政治關係之上，也沒有說謊話把張良騙出來了事，而是直接就去漢營向政敵之友洩露了自己軍中最高機密。

如果說曹無傷是主動叛變的話，那麼項伯的無意洩密從道義上說，罪責要算輕多了。只是後來被張良拉去見劉邦，在劉邦的美女錢財的誘惑下，終於喪失了革命的立場，這位心地善良的重量級老人家利令智昏地把屁股坐錯了位置。

(二) 間諜作用的發揮。

曹無傷是個悲劇人物，他屬於主動投敵，又被人看不起，他發揮的作用當然是有限的，有人說老曹的最大貢獻在於他引發了鴻門宴事件，是他打響了鴻門宴事件的第一槍，雖然他壯烈犧牲了，但是為後人留下了精采的一幕。縱觀歷史，這件事表面是曹無傷引發的，其實即使沒有老曹的告密和火上澆油，類鴻門宴事件也遲早是要爆發的，不過可能是時間和地點不同罷了。

項伯自從和劉邦結為兒女親家後，在這個歷史事件中就發揮了重要作用。一是利用自己的長輩身分，在項羽面前替劉邦說情，使項羽誤信劉邦不敢稱王的謊言，動搖了殺劉之決心；二是引導劉邦當面為項羽解釋，以釋前嫌；三是在宴會上挺身保護劉邦。席間范增命項莊舞劍湊興，明眼人都知道，項莊舞劍，意在沛公。而項伯不顧自己年長，亦拔劍起舞，常以身翼蔽沛公，使得莊不得擊，保住了劉邦一條性命，同時也粉碎了范增等人的圖謀。

(三) 間諜人物的命運。

鴻門宴上楚漢高層人物劉邦和項羽之間只有一句對話，僅僅這一句對話，項羽就賣了為他通風報信的曹無傷，對於曹無傷這個叛徒人物的下場就可想而知了。以劉邦的精明和果斷，不殺曹無傷就說不過去了。

而項伯呢？史料上記載：項羽敗亡後，劉邦封項伯為射陽侯，賜其姓劉，但是後來未見劉邦的哪位兒女與其子輩成婚。古人有同姓不婚的禁忌，(如《左傳・僖公二十三年》記有「男女同姓，其生不蕃」) 劉邦賜項伯姓劉，不知是賞以同姓之尊，還是要藉故取消以前的婚姻之約，因為當年霸上結親本來就是劉邦臨時求助的手段。項伯受封三年後死去，其嗣子項睢因罪未承爵。

總之，項伯分明比曹無傷「強」多了。曹無傷不過是因為項羽勢大才背漢通楚，而項伯，一邊是叔姪至親，一邊是姻親新好。腳踏兩頭船，後來發展到明為項羽，暗為劉邦。項伯為漢立下殊功，發揮了一般漢方將相所無法達到的特殊作用。

點評：鴻門宴中，除了項羽和劉邦、范增和張良、項伯和曹無傷之間「間諜」的兩兩 PK，還有一個重量級的 PK，那就是項莊與樊噲的「力量級」PK。只是兩個鬚眉卻根本無法相比。

項莊只是個唯唯諾諾的武夫，一閃而過的人物。而樊噲之勇，出自內心，溢於言表。當其飲鬥酒啖彘時，威懾對方，視楚人如無物。壯士「死且不避」，隨時準備與之同命，就產生出無畏的精神力量。然而樊噲不只是一員勇將，而且是有相當政治頭腦的人。且不論他在劉邦入關欲入幸阿房宮時苦苦進諫，且不說他在劉邦得天下後的種種獻策，就看他在項羽面前慷慨陳詞，以及在劉邦對逃席遲疑未決時那段「大行不顧細謹……」的說辭，足為明證。

第五章

男與女・霸王別姬空餘恨

一、劉邦：多情種子無情根

兩兩相望就是偉大的愛情，一旦長相廝守不免會落個灰飛煙滅的下場。睡了是姦情，不睡是愛情，就是這個道理。

—— 專欄經典言論

下面進入劉邦和項羽兩大主角談情說愛的時間。

首先，來看劉邦。劉邦是個好色之徒，一生情人不斷，豔遇不斷。他不管老少，通通攬入懷中，這裡不妨來細數他的四段愛恨情仇史。

第一段情：地下情。

女主角：曹氏。

特點：三不詳（具體姓名不詳，生卒年不詳、生平事蹟不詳，在《史記》、《漢書》中僅有簡單記載）。

優點：豪爽大氣、敢愛敢恨、甘於奉獻、樂於擔當。

缺點：潑辣難纏，說話辦事從不太顧及形象，有點野蠻女生的味道。

視點：默默無聞、淡泊明利。

賣點：寡婦、出軌、地下情……

切入點：當情竇初開的處子劉邦遇到如飢似渴的寡婦曹氏，愛的洪水也就產生了。

贊點：風雨同舟、同舟共濟、患難與共、潤物無聲。

詳點：劉邦雖然晚婚並不代表他在外面就沒有女人。據史書記載，劉邦很早就和在家鄉開酒館的寡婦曹氏有染，原因有二：一是生理的需求；二是生活的需求。生理需求這個很好理解，人都有七情六慾，其中性慾為重。生活需求又是怎麼回事？劉邦輟學當游俠後，日子過得很不如意，寒酸得令人心痛，他常常為了吃飯而發愁。

想收保護費吧，可是當時在沛縣稱王稱霸的是王陵，劉邦只是不入流的三級混混，做點偷雞摸狗的事還行，想要橫行黑白兩道簡直白日做夢。為此，他想到了到大哥家蹭飯，結果只蹭了幾天飯，他的大嫂就有意見了，說了一句和陳平的嫂子大同小異的話「有這樣的叔叔，還不如無」後，做出了「請君勿入」之舉。提前吃飯的時間，等劉邦等人來時，她開始表演吹拉彈唱之功，又是敲碗筷，又是摔茶杯，總之清脆之聲不絕於耳，她用這樣的「貝多芬交響曲」告訴劉邦：「對不起，小叔叔，你們今天來晚了，我們已吃完飯了，明天記得早點來哦。」

劉邦當然不是好糊弄的人，他馬上選擇了「驗證」，親自跑到廚房裡揭開鍋蓋去看，結果不看不知道，一看嚇一跳，鍋裡盛滿了白花花的米飯。有飯卻不給他吃，這是怎樣的奇恥大辱。對此，劉邦選擇了怒目而去，從此，再也沒有踏進大哥家的大門。

後來，劉邦當了皇帝，對這件事還耿耿於懷，所有的親朋好友都得到了分封，唯獨大哥的兒子得不到分封，最後是劉老爹出面說情，劉邦礙於老父的情面，才極不情願地才把大哥的兒子劉信封為侯，還是一個帶點嘲諷性的封號「羹頡侯」。這樣的怪乎異常的侯爵，可見劉邦對這件事的刻骨銘心。

當然，不幸運的劉邦同時也是幸運的，因為他很快找到一張長期飯票——寡婦曹氏。曹氏在村裡開了個小酒館，因為身邊沒了男人，門前是非當然多。但是有了劉邦坐鎮，便安安穩穩了。不但如此，店子裡的生意也越來越興旺發達。這個曹氏就很好奇，這個劉邦不但帶來了好運，而且帶來了財運，因此，她視他為「貴賓」。而劉邦每次來吃喝完之後拍拍屁股就走人，只留下一句話：「帳替我記上，下次一起結。」永遠都是記上，永遠都是下次結，永遠都是永遠，到了歲末年尾，該是算總帳時，曹氏的舉動卻很驚人，當著劉邦的面撕掉帳本，引用《史記》裡的專業用語叫「折券棄責」）。

曹氏之所以做出這樣的豪爽之舉，原因有二。一是劉邦不是尋常人。雖然劉邦在整個沛縣只能算個小混混，但是在中陽里村卻是村霸村痞，他說一沒人敢說二，有劉邦「罩著」曹氏的酒店，自然少了許多磕磕碰碰、紛紛擾擾的繁雜事。二是劉邦有神龍護身。劉邦愛好酒，每次到曹氏的酒館喝得很醉時，便會上演「醉臥」，而讓曹氏感到驚奇的是，每每這個時候，都會有一條龍盤旋在他的頭頂之上……

發展點：作為寡婦，需要的是保護，需要的是呵護，剛好劉邦光棍一條，正值血氣方剛之年，既能滿足她的生理需求，又能滿足她的呵護需求。一個乾柴，一個烈火，兩人自然一點就著，於是發生了不該發生的事情。

概括點：總而言之，劉邦的這段情史，說白了就是為了蹭一口飯吃，解決溫飽問題；為了一個溫柔鄉，解決生理的需求。因此，這是一段地下情，是注定見不得光的。

情感點：劉邦身邊有很多女人，尤其是他貴為皇帝之後。不過在劉邦沒發達之前，能夠一直跟著劉邦，並且為之生兒育女的，最喜愛劉邦的女人莫過於曹氏。

理由有二：第一，曹氏是在劉邦最苦難的時候現身的。當時曹氏剛剛死了丈夫，那時的劉邦連泗水亭長都不是，一貧如洗。可是劉邦還喜歡帶著人蹭吃蹭喝，來到曹氏這個小酒館，曹氏居然不嫌棄，對待劉邦的客人像對待自己的客人一樣，可見曹氏的聰敏大度。一個女人能把不盈利當作自己開酒店的目的，你說該是多麼的有魄力。

第二，曹氏發現了劉邦。這個上面已說了，劉邦不同於一般人，舉頭三尺有神龍附體。曹氏和劉邦沒結婚，曹氏沒要名分，居然為他生下一個男兒，要知道這在當時會頂著多大的壓力。單從這一點來看，如果曹氏不是真心愛著劉邦，是無法做到的。

悲點：曹氏早逝，沒有機會享受劉邦當上皇帝後的榮華富貴。（有說法是曹氏生子難產而死）

欣慰點：曹氏後繼有人。她為高祖劉邦生下了長子劉肥，而劉邦也沒有忘記這位遺落在民間的私生子，很快把他接到皇宮。然而，劉肥雖然是劉邦長子，但是其生母曹氏不是劉邦的元配妻子，因此，劉肥也只能算是庶子。

按傳統的嫡長子繼承制，劉肥沒有資格成為太子和繼承皇位。漢高祖六年（庚子，西元前 201 年），劉邦封劉肥為齊王，封他七十座城，百姓凡是說齊語的都歸屬齊王。從一個鄉巴佬一躍為王爺，這份遲來的愛當真是豐而足。（《史記》：「齊悼惠王劉肥者，高祖長庶男也。其母外婦也，曰曹氏。高祖六年，立肥為齊王，食七十城，諸民能齊言者皆予齊王。……齊王，孝惠帝兄也。」）

疑點：劉肥為何尊妹妹魯元公主劉樂為王太后。

漢惠帝二年（戊申，西元前 193 年），齊王劉肥入京朝見弟弟漢惠帝。惠帝與齊王飲宴，二人行平等禮節如尋常家人兄弟一樣。呂太后為此發怒，要誅殺齊王。她命人斟了兩杯毒酒並擺在齊王面前，讓齊王用此酒來為她祝壽。

劉肥不知其中的陰謀，便準備起身敬酒。而惠帝也起身拿起其中的一杯酒，準備與劉肥一同向太后祝壽。呂后害怕害死自己的兒子，便急忙起身碰灑了惠帝手中的酒。劉肥對太后此舉產生了懷疑，因此就不敢再飲，假裝醉酒離去。劉肥認為太后想要殺自己，很難逃離京城，整天心裡惴惴不安，擔驚受怕。

齊國內史得知此事以後，向劉肥獻計說：「呂太后只生有惠帝與魯元公主，她對自己的兩個孩子無比疼愛。如今，大王您擁有七十多座城邑的封土，而魯元公主卻只有幾座城邑作為自己的食邑。您如果將一個郡的封地獻給太后，以此作為公主的湯沐邑，太后必然大為開心，而您也就不會有什麼殺身之禍了。」

劉肥為了保命，聽取了內史的建議，把城陽郡獻給太后，請求太后將該地作為魯元公主的湯沐邑，並尊魯元為王太后。呂后十分高興，很爽快地答應了齊王的請求，並在齊王的府邸設宴款待齊王，以此來表示謝意，眾人盡情地痛飲了一番。後來，呂后沒有再追究齊王當初的過失，放他回到了自己的封國。

終點：漢惠帝六年（壬子，西元前 189 年），劉肥去世，諡為悼惠王。他的兒子劉襄繼承他的位子，為哀王。

嘆點：誰言寸草心，報得三春暉。曹氏是偉大的，她沒有和劉邦結婚，也沒要名分。她能夠有一雙慧眼，識得英雄，的確讓人佩服。不管曹氏是怎麼死的，是劉邦娶了呂雉，曹氏鬱鬱寡歡而死；還是曹氏是個寡婦，家裡人不同意，以身殉情；還是曹氏生下劉肥大出血，難產而死。

不管怎樣，在劉邦心中，這肯定是揮之不去的影子。這是劉邦的患難夫妻，有了曹氏，劉邦才知道自己以前的生活不是夢，那些歲月，點點滴滴鐫刻在自己的腦海裡，那麼真實。為了彌補，劉邦封曹氏的兒子劉肥做齊王，封他七十座城，百姓凡是說齊語的都歸屬齊王。即使如此，也很難報答當初的款款深情。

第二段情：夫妻情。

女主角：呂雉。

特點：富家女子。

優點：嫁雞隨雞，嫁狗隨狗。

缺點：剩女。（25 歲還是孤身一人）

視點：溫室裡長大，不識人間煙火。

賣點：千金小姐、富二代、毒婦……

切入點：當遊子劉邦遇到含苞待嫁的剩女呂雉，愛的暖巢也就開啟了。

贊點：不抱不怨、不離不棄、不亢不卑、不落窠臼。

詳點：如果說劉邦在事業上的改變是因為「意外」當上泗水亭亭長這個連芝麻官都談不上的差事的話，那麼劉邦在愛情上的改變就是因為一次「意外」的酒宴。當時劉邦雖然只是個小小的亭長，但是縣裡的「祕書長」蕭何卻對他器重有加，主動和他稱兄道弟，來往甚密，絲毫不顧別人的眼色。

一天，蕭何告訴劉邦一個消息，說是呂公家舉辦喬遷之喜，當時名流會去喝酒，劉邦最好也去一下，這是個結交當地名流和權貴的好機會。劉邦接到消息後，悲喜交加，喜就不用說了，喝喜酒、結交權貴當然高興。悲的是宴是好宴，酒是好酒，但是不能白吃白喝，要賀禮。呂公是有頭有臉的人物，去的都是有頭有臉的人，因此，每個人的賀禮很足很沉很重，都是白花花的金銀珠寶。

但是劉邦呢？劉邦很窮酸，當混混時只能勉強混口飯吃，當亭長時也好不到哪裡去，因為以前欠的舊帳太多，因此，那點薪水是不夠花的，據《史書》記載，他外出出差的路費因為不能報帳，只能籌集，拉贊助商，總之，每一次出差都是一場人生苦旅。總之，這種情況，他去哪裡找賀禮送人？左思右想，劉邦最終還是決定去。

來到現場，人來人往，收賀禮的蕭何忙得不易樂乎。一千錢，二千錢……這樣高額的賀禮比比皆是。劉邦摸了摸口袋，連一塊錢都沒有。關鍵時刻，他充分發揮超級大膽無敵的流氓作風喊著：「劉季，賀禮一萬貫。」劉季是他的小名。他這一喊，蕭何頓時有機會從「埋頭苦幹」中解脫出來，開始打量「財神爺」，發現是劉邦，苦笑不得，劉邦的老底，蕭何是一清二楚的，他很是納悶：「他怎麼出手這麼闊綽？」還沒問，劉邦已經叫嚷道：「快寫上，劉季，賀禮一萬貫。」蕭何只能揮筆，寫上劉邦的大名。

而這時一直在屋裡迎客的呂公出現了，他掙脫眾人，直奔「財神爺」而來。於是，兩個素昧平生的人一見如故，又是握手，又是寒暄，總之，簡直一多年的故交。也正是因為這樣，酒席上，劉邦成了當仁不讓的主角，他這時開始充分展現他的才能，憑著一張三寸不爛之舌開始說起天南地北、趣事軼聞，眾人只有洗耳恭聽的份了。散席時，終於輪到主角呂公說話了：「遠方的客人，請您留下來。」劉邦一聽當然不會走了，但是回過神來時，才發現，只有他一個人了。

呂公又說話了：「只有您才配留下來。」劉邦還是很納悶啊，心裡盤算著呂公這葫蘆裡賣的是什麼藥呢？正在這時，呂公的第三句話出爐了：「就讓我的女兒拿著掃把屋裡屋外地伺候您吧。」就這樣，劉邦娶到了他的女兒——呂雉。

熱點：呂公自降身分釣了個「清龜婿」，呂公的女兒是什麼意見呢？她當然不同意，不但她反對，呂公的老婆也堅持不同意，畢竟劉邦現在可以看到的是什麼呢？一是年紀超大，三十好幾的人了。二是家徒四壁，家裡窮得叮噹響。但是呂公這一回卻充分發揮了大男子主義。「管你同意不同意，這門親事就這樣結定了。」

發展點：但是呂雉畢竟還是出身於富貴之家，懂得深明大義四個字，嫁到劉家後，主動擔起了婦女能頂半邊天的責任，在劉邦每天上班——泗水亭亭長工作時，她也沒有閒著，主動攬下家裡的事情，特別是農事，她也接手了，這對於一個嬌生慣養的富家女來說，是很難能可貴的。呂雉很快為劉邦生了一對金童玉女，而正是這對金童玉女成了呂后日後繼續輝煌的基礎。

概括點：應該說呂家對劉邦的幫助是很大的，劉邦在發跡前，呂家對劉邦的資助、呂雉主內的井然有序，劉邦在鬧革命後，呂家依然鼎力支持，別的不說，單是劉邦在彭城大敗，逃往下邑，就是呂雉的弟弟呂澤擔任守將，下邑之所以這麼牢靠，這肯定跟守將是家人有關。總而言之，劉邦的這段情史，不是真正的愛情，但卻是他人生當中真正意義上的婚姻，對他的人生發跡，以及人生轉變發揮了不可估量的作用。

悲點：劉邦經過楚漢之爭戰勝項羽建立漢朝後，呂雉作為劉邦的原配夫人，沒有懸念地當上了皇后。然而，當面對情敵戚夫人時，呂后毫不手軟，劉邦屍骨未寒，她的「惡毒婦人心」便顯露了出來。

她第一件事情是把「情敵」戚夫人罰為奴隸，讓人用鉗子把她的一頭秀髮通通拔光，並罰她去舂米，限每天舂一石，如果少半升則要打她一百棍。據《漢書》記載，自知命運不濟的戚夫人悲從心中來：「子為王，母為虜。終日舂薄暮，常與死相伍。相隔三千里，當使誰告汝？」呂后聞訊，心生毒計，把戚夫人的兒子如意誘進京城，暗暗把他毒死了。

如意死時七竅出血，連已稱帝的劉盈也於心不忍，大哭了一場，用王的禮儀將同父異母的如意葬了，諡號隱王。但是就這樣還不解恨，呂雉最後用「人彘」之刑活活弄死了戚夫人。後宮一姐之爭中，呂后以「快、準、狠」的連環招完勝而告終。

轉捩點：俗話說，出來混遲早是要還的。呂后欠下的血債由她的兒子劉盈來償還。心地仁善的劉盈對自己的兄弟劉如意的死很悲傷，但是呂后竟然讓他去看「人彘」表演。劉盈也不知「人彘」為何物，便跟著太監去看了，七彎八繞到一間廁所裡，看到一個血人，四肢全被砍了，眼珠被挖了，剩下兩個血窟窿，人還沒有死，身子還能動，嘴一張一張的。

劉盈便問太監這是什麼，一聽是戚夫人，他差點被嚇暈了。原來，呂雉對戚夫人下了毒手，施了酷刑後，又對她硬灌了藥，讓她聽不見，不能語，半死不活地扔到了廁所裡。惠帝因為受此驚嚇，從此也不敢「治天下」了，終日飲酒作樂，僅做了七年皇帝就死了，誠為嘆也。

暴力點：惠帝軟弱，已榮升為太后的呂雉選擇了挑大梁，她以霹靂的手段掌握了皇家全部權力，到惠帝死後，新皇帝幼小，她又臨朝稱制八年，成為事實上的皇帝。為了鞏固政權，她對劉邦的那些其她妃嬪所生的子子孫孫們，想殺誰就殺誰，殺到什麼程度？去其多數而只剩少數！

像呂太后這樣隨心所欲、快意恩仇，做人辦事，也真是爽快到了極點。

盲點：年輕貌美的呂雉為何要嫁給大叔劉邦？僅僅父親呂公的一席話，就決定自己的婚姻大事，豈不是太草率了？其實呂雉大可不必嫁給劉邦：其一，劉邦作風不好。劉邦無職無權，並且遊手好閒，經常與女人勾勾搭搭，造成的結果就是有了一位未婚生育的兒子，名叫劉肥。雖然身為泗水亭長，可是芝麻大的官，露水大的前程，有什麼出息？

其二，年齡相差很大。郎才女貌來說，也要般配。劉邦儘管是初婚，卻比呂雉大十五歲，如此巨大的年齡差距，讓人感覺呂雉是不是貪圖劉邦什麼東西？但是劉邦一無所有，除了喝酒就是與人吹牛，別的似乎一無所長。呂雉花容月貌，正在妙齡。

其三，地位不般配。呂雉家裡富有，父親和當地縣令要好，而劉邦則出身貧農。貴為千金小姐的呂雉僅僅因為父親說劉邦前程不可限量，居然答應和劉邦長相廝守。

其四，呂雉知書達理，是個知識女性，而劉邦基本是個大老粗，教育程度有差異。但是呂雉義無反顧地嫁給了劉邦，可見呂雉認定了劉邦是自己心中的真命天子，結果也確實如此。

其一，當時男人很少，尤其是有氣質的男人。大部分人都被抓壯丁或修築長城或修建阿房宮；劉邦雖然年齡老大，但是帝王之氣讓人生畏，雖然在逆境中，但是對於善於識人的呂雉來說無疑是泥土中發現了美玉。

其二，劉邦豁達開朗，手下有一些死士。劉邦早年很敬佩信陵君，曾徒步去拜訪過，因信陵君作古而罷，後來到信陵君的門客張耳手下拜師學藝，兩人相見甚歡。這和一般的小人物相比，劉邦無疑占有上風。

其三，呂雉相信自己的父親，呂雉的父親眼光很好，從來沒看走眼過。呂雉知道老爸為了自己的終身幸福，不會推自己進火堆。更主要的自己也發現劉邦是個績優股。

其四，害怕秦王朝選妃。當時秦二世廣修秦宮，徵召天下未婚女子。不少女子為了免被徵進後宮，忍受寂寞之苦，通常會選擇草草嫁人。因為有個固定的丈夫總比進宮受寂寞之苦要好得多。

其五，劉邦的年齡大，雖然超過了抓壯丁的年齡，總比年紀輕輕的守活寡要好些。嫁給劉邦，雖然還要下地做事紡織井臼，但是畢竟是一家子和和美美。另外劉邦在當地也有些號召力，呂雉的家庭在原郡出了點小問題，急於要和沛縣融合。

其六，呂雉自己眼光獨到。《史記》上還記載，劉邦呂雉曾遇到一神祕老頭為他們算命，說呂雉和一雙兒女將因劉邦而富不可言。當劉邦跑到芒碭山的時候，呂雉帶著兒女居然找到了躲在山裡的劉邦，理由是劉邦走到哪裡頭頂都有團五彩之氣。

疑點：呂雉是否曾「紅杏出牆」呢？從古至今，女人紅杏出牆的偷情的話題由於給了人們無限想像的空間，因此總能引起廣泛的興趣。而出現在皇宮內院的皇后偷情事件更為古往今來的人們所津津樂道。每當人們談論起皇后偷情時無不義憤填膺，紛紛指責那些母儀天下的皇后，做出紅杏出牆如此為人不齒的偷情醜事。

然而，他們沒有想到這些皇后偷情的背後曾經流淌的斑斑血淚。不要說「後宮佳麗三千人」，每晚只等待一個皇帝，也不要說「三千寵愛於一身」，皇帝寵妃獨霸龍床，讓其他后妃望洋興嘆，就是說男人「喜新厭舊」花心通病，便會讓許多女人流盡了辛酸的眼淚。尤其是這個男人貴為九五之尊的皇帝時，在對待後宮女性的問題上，他更是可以明目張膽，肆無忌憚，為所欲為。

被許多男人推重的蜀漢皇帝劉備曾有一句名言，叫做「兄弟如手足，妻子如衣服」，作為皇帝的妻子，就是正牌皇后。劉備一語道破男人世界的天機，既然是「衣服」就可以常脫常換嘛！在皇帝的所有「衣服」當中，皇后的婚姻可能往往是常脫常換的婚姻。而皇后不甘心自己成為常脫常換的「衣服」，不甘受寂寞，因此，在歷朝歷代的皇后中，許多皇后便走上了紅杏出牆的偷情之路。

中國歷史上第一位偷情皇后應該是大漢王朝開國皇帝漢高祖劉邦的妻子呂雉。這位偷情皇后不僅是劉邦的結髮妻子，而且還與劉邦的婚姻充滿了浪漫色彩，經受過血與火的考驗。西元前 209 年，劉邦芒碭山斬蛇起兵反秦，呂雉為他撫育一雙兒女。兵荒馬亂之中，呂雉帶領兒女四處躲藏，餐風飲露，好不辛苦。在後來劉邦與西楚霸王項羽逐鹿中原之時，呂雉不幸被項羽抓捕，而深陷囹圄。

但是她面對刀山，寧死不屈，保住了此時已經貴為漢王丈夫的面子。按說劉邦應該與她恩恩愛愛走完一世才對。然而，劉邦卻把這位結髮之妻拋在九霄雲外，與新結識的美女戚夫人尋歡作樂。好不容易打敗了項羽，當上了大漢王朝的開國皇帝，劉邦更是一點也不念及與呂雉的結髮之情，不僅很少臨幸，而且還屢次三番地要廢掉呂雉所生兒子劉盈的太子之位，改立戚夫人所生的趙王如意。

在這樣的情況下，呂雉紅杏出牆就在所難免了。呂雉的情夫名叫審食其，楚漢戰爭期間，他與呂雉一起在彭城之戰中被項羽的楚軍俘虜，可以說他們二人在戰亂歲月裡產生了生死與共的感情。漢高祖六年，即西元前201年，因為呂雉提請，沒有什麼戰功的審食其被封為闢陽侯。等到劉邦死後，二人更無顧忌，互相往來。《漢書．朱建傳》中說：「闢陽侯行不正，得幸呂太后。」說的就是此事。呂雉雖然紅杏出牆，為千夫所指，但是，為此戴上綠帽子的劉邦難道就沒有責任嗎？可嘆的是，他死時也不知此事啊（也許是故意裝著不知）！

終點：西元前180年（高後八年），呂雉病重，她臨終前仍沒有忘記鞏固呂氏天下。在她病危之時，下令任命姪子趙王呂祿為上將軍，統領北軍；呂產統領南軍。並且告誡他們：「高帝平定天下以後，與大臣訂立盟約：『不是劉氏宗族稱王的，天下共誅之。』現在呂氏稱王，劉氏和大臣憤憤不平，我很快就死了，皇帝年輕，大臣們可能發生兵變。所以你們要牢牢掌握軍隊，守衛宮殿，千萬不要離開皇宮為我送葬，不要被人遏止。」八月一日，呂雉病死，終年六十二，與漢高祖合葬長陵。

嘆點：有因必有果，所謂因果輪迴。由於呂后在政時期培植起一個呂氏外戚集團，從而加劇了漢統治階級內部的矛盾，因此在她死後，馬上就釀成了劉氏皇族集團與呂氏外戚集團的流血鬥爭。呂太后沒有完成她的政治計畫就去世了。漢統治階級內部矛盾驟然激化，祖劉之軍蜂起。齊王劉襄發難於外，陳平、周勃響應於內，劉氏諸王，遂群起而殺諸呂，劉氏皇族集團與呂氏外戚集團的一場流血鬥爭，以皇族集團的勝利而告終。

這當真是六月債，還得快，她的下場比漢高祖悽慘得多，應著漢高祖生前的某些巧妙的制度預設與人事安排，呂太后才離人世，全部呂姓外戚，盡遭大臣們誅戮，老幼無存，雞犬不留。最後結果乃是，漢高祖差一點因為呂太后的快意恩仇而斷子絕孫。而呂太后自己的呂姓家族，也就因著呂太后的快意恩仇而真的斷子絕孫了。

第三段情史：婚外情。

女主角：戚夫人（原名戚懿）。

特點：年輕貌美，能歌善舞，可謂才色全雙。

優點：不但美如天仙而且身懷絕世媚功。她的皮膚白皙，像雪白無瑕的白玉一樣，清純溫潤。她的眼睛圓圓的，十分柔美迷人。她的體態豐滿，氣質高雅。最為難得的是，她的歌喉優美，腰如柳枝，舞姿輕盈美妙，如流風，如飛雪，令人陶醉。

缺點：不知進退之道，不懂圓滑之術，不謀身外之事。

視點：我一言難盡，忍不住傷心，衡量不出愛或不愛之間的距離。

賣點：情婦、一夜情、情婦、小三……

切入點：當好色如命的「土匪」劉邦遇到清純如水的少女戚懿，愛的孽障也就誕生了。

贊點：北方有佳人，絕世而獨立。一笑傾人城，再笑傾人國。

詳點：劉邦是很有女人緣的，結婚之前就把一位曹姓女人勾上手了，在婚後一樣走桃花運。在與項羽爭奪江山期間，前期老吃敗仗，但是卻收穫到了一個年輕美貌、後來影響後宮的女人戚夫人。得到戚夫人的故事很浪漫，說是劉邦在彭城大敗逃亡的過程中，連飯也沒得吃，逃到一村子裡遇見一個老人。

老人姓戚，帶著 18 歲的閨女在此躲避戰亂。一見帶兵的劉邦，老人嚇得連忙下拜，並帶他回家裡弄菜弄酒給他吃。劉邦見到老人貌美如花的閨女，頓時動了心思，得知女孩尚未嫁人後，心中竊喜。老人看出意思，就說：「相面先生講他閨女有貴人之相，難道遇到大王，就是她的前世姻緣？」於是要把閨女許給劉邦為妻。雖然說劉邦心裡暗喜，考慮家有妻室，已有呂雉，也客氣了一番才應下。據說，劉邦是解下自己的玉帶作為定情之物，老人當晚便讓閨女陪劉邦睡覺了，劉邦這第二位「老岳父」看來比今天的父母們還想得開呢。

發展點：雖然劉邦第二天為了「逃命」，提起褲子就走人了，但是因為這次「一夜情」，卻把戚家閨女的肚子搞大了，後來為劉邦生了一個白白胖胖的兒子叫如意。而劉邦東山再起後，也沒有忘記這位令他蝕骨銷魂的美人，把她接到了身邊。從此戚夫人跟定了劉邦，後來成為劉邦後宮的寵妃。

概括點：總而言之，劉邦的這段感情就是偷腥、嘗鮮，而集才貌於一體的戚夫人卻讓劉邦體會到了什麼叫真正的愛情。她長有沉魚落雁之貌，又很有音樂細胞，會鼓瑟擊筑，善做翹袖折腰之舞，也能歌，帶動得劉邦這種粗線條的人與她男女對唱。就這樣戚夫人讓劉邦暈頭轉向。劉邦被迷戀在溫柔鄉里不由發出「還想再活五百年」的豪邁之語。

情感點：劉邦身邊有很多女人，但是對戚夫人的寵愛可以說是至高無上的，這從他日後想改立戚夫人所生的如意為太子就是很好的證明。所謂愛之深，痛之切。劉邦不會料到，正是因為他對戚夫人愛的深、愛的濃、愛的真，讓日後戚夫人痛的深、痛的苦、痛的切。

悲點：劉邦死後，戚夫人被呂太后折磨成「人彘」悽慘而死，寶貝兒子劉如意同樣未能倖免於難。

欣慰點：呂后死後，呂氏家族被誅九族，呂后被挫骨揚灰，打入十八層地獄。

疑點：戚夫人為什麼會死得那麼慘？

嫁給皇帝丈夫的戚夫人並沒有像童話裡描述的那樣，王子和公主從此過上了幸福生活，她一邊享受著劉邦對她的寵愛，一邊在呂雉面前戰戰兢兢，時時提防突如其來的飛刀。而劉邦呢？他與呂雉的感情本來是不錯的，她畢竟是光棍時的髮妻。但是在奪了天下後，情況卻發生了變化。

呂雉比戚夫人大多了，戚夫人與劉邦「一夜情」時，是才 18 歲的黃花大閨女，也是中國歷史上有名的美女之一；而呂雉當年是有嫁不出去之嫌的女人。年齡一大，呂雉自然就成了「豆腐渣」，年老色衰敵不過戚氏。兩人分別當了劉邦的皇后和愛妃（夫人）後，就開始明爭暗鬥起來了。

起先戚夫人占上風，劉邦每次外出都由戚夫人陪侍，而把呂后丟在後宮。本來已定下呂后生的兒子劉盈為太子，戚夫人卻希望讓自己 10 歲的兒子如意繼位。劉邦也不看好劉盈，覺得性格不像自己，而如意卻很聰明，有自己年輕時的樣子。

當劉邦把自己廢太子的想法拿到朝中商議時，如果不是有口吃的大臣周昌冒死力諫，戚夫人的陰謀差點就成了。後來，戚夫人又多次向劉邦提出立自己兒子為太子的事情，但是年老的劉邦心有餘而力不足了，因為在呂后的精心策劃下，太子的勢力已形成，沒有辦法廢了。

年幼的如意被迫離開京城到三千里外的封地為王。戚夫人致命的弱點是，不懂政治，她把劉邦當成了自己唯一的救命稻草，不會籠絡人心，沒有建立自己的黨羽，除了劉邦以外沒有人把她放在眼裡。而呂雉恰恰與戚夫人相反，她有著蛇蠍一般的心腸，但是表現出來的卻是一副菩薩面孔，她因人而異，或送美女或送珠寶，廣結善緣。也正是因為這樣，劉邦死後，劉盈繼位，貴為太后的呂雉把手中的權力棒伸向戚夫人也就不足為奇了。

女性的美貌往往對男性具有殺傷力。假如這個美女不自量力，倚仗美貌橫挑強鄰，美貌就會變成自戕的匕首。戚夫人就是這樣。後人常常將戚夫人之死歸咎於呂后的殘忍。但是，在當時那種她不殺別人、別人就殺她的社會環境下，呂后做的事符合她的性格。

戚夫人之死最該負責任的是她本人，雖然呂后的手段過於殘忍，但是戚夫人卻也是咎由自取。戚夫人不懂得政治鬥爭的規則，僅僅憑劉邦的寵幸就屢屢挑釁呂雉，從一開始就陷入不對等的局面。

終點：西元前 195 年，劉邦去世。戚夫人的悲慘命運正式來臨。呂后掌權，「斷戚夫人手足，去眼，煇耳，飲瘖藥，使居廁中，命曰『人彘』。」人彘雖然悽慘，但是戚夫人心中更悽慘，這種悽慘的始作俑者根本不是呂太后，而是漢高祖劉邦。戚夫人先上了劉邦的當，又遭了呂太后的毒手，最終死於非命。

嘆點：戚夫人與呂后的鬥爭，以戚夫人的慘敗而告終。戚夫人，一位美麗靈秀的女子，原本可以嫁作平民婦，安安靜靜地走完她的一生，卻因為嫁給了劉邦，捲入殘酷的政治鬥爭中年輕輕地送了性命。

戚夫人與呂后，我們都很難以現代的觀點來評判是非對錯，都說女人何苦為難女人，但是無論誰在那種情況下都無法置身事外，不管願不願意，只能鬥爭到底。中華民族有一種悲劇情結，同情弱者，所以戚夫人的故事千百年來不知賺取了多少後人的眼淚。這穿越千年時空的淚水，也許是對逝去的佳人唯一的安慰吧！

第四段情史：一夜情。

女主角：薄姬

特點：單親家庭。據史書記載：她的父親薄生在秦朝之時與從前魏國的宗室之女魏媼相好，未婚而生下了她。更糟的是，還沒來得及結為夫婦，薄生年紀輕輕就死在了山陰，成了異鄉之鬼。魏媼拉扯著薄姬，在亂世之中苦苦求生。

優點：秀外慧中、溫柔敦厚、賢惠善良、淡泊名利。

缺點：出生低微。

視點：陰差陽錯、顛鸞倒鳳。

賣點：淑女、棄婦、罪婦、一夜情……

切入點：當情場老手的老邁劉邦遇到默默無聞的棄婦薄姬，愛的結晶也就產生了。

贊點：有心栽花花不發，無心插柳柳成蔭。

詳點：薄姬長成亭亭玉立的少女後，魏媼心懷故國，見魏國宗室魏豹複稱魏王，便將心愛的女兒送進了魏豹的王宮，薄姬便成了魏豹的姬妾。魏豹背棄自己和漢王劉邦所訂的攻楚盟約，轉而在楚漢之間中立起來，隱隱然有坐山觀虎鬥、想收漁人之利吞併天下的意思。魏豹背約，令劉邦怒火中燒，這一下氣得連項羽都先放在一邊了，趕著就派自己的親信將領曹參率兵，誓要先滅了兩面三刀的魏豹不可。

魏國的實力怎麼能是漢軍的對手？於是兵敗如山倒，漢二年三月，魏豹投降。劉邦倒還算客氣，封他做御史大夫，並讓他守城。可是他的霉運正旺，不久該城被楚軍圍攻，與魏豹共同守城的周苛、樅公認為，魏豹曾為此地國王，是個靠不住的傢伙，於是魏豹不得不一命歸西。當初魏豹敗後，魏宮中的女人們全部被俘。由於是「罪婦」，薄姬等人沒有資格充當劉邦的姬妾，只能去做宮中役使的婢女，於是她們都被送進了「織室」。魏豹死後，劉邦偶然想到了魏宮的姬妾宮人，於是便到囚禁她們的織室去瞧瞧。

這一瞧之下，劉邦頓時心曠神怡，發現死鬼魏豹的宮人中，居然不乏美色嬋娟。於是色心大動，挑選了一批姿色出眾的女奴送進自己的後宮中。薄姬就在這批女人之中。一時間，薄姬以為自己將要時來運轉了，不禁又想起了當年許負「生天子」的預言，心中無比雀躍。誰知道，老天爺又再一次把她丟進了深淵。劉邦內有悍妻呂雉，外惑諸夫人，何況薄姬的姿色在魏宮女眷中並不出眾，因此劉邦壓根就不曾注意過這個小妾。

一年多的時間過去了，薄姬連劉邦的面都沒能再見到。眼看青春流逝，她只能自嘆命苦。就在這個時候，老天再一次展現了奇蹟。當初在魏宮中，年少的薄姬有兩個最要好的朋友，一個叫管夫人，一個叫趙子兒。薄姬視二人如同姐妹，知心貼意，還和她們立下了盟誓：「假如三人中有誰先得富貴的話，一定不會忘記另兩人，要共享富貴和機遇。」漢高祖四年，劉邦來到河南成皋靈臺。這時陪伴他的姬妾，正是管夫人和趙子兒。這兩個女人提起了當初和薄姬立下的誓言，覺得薄姬十分可憐。劉邦無意間聽到了一些，出於好奇召薄姬侍寢。

發展點：一夜風流，薄姬居然為劉邦生了一個白白胖胖的兒子劉恆。

悲點：然而，劉邦對薄姬顯然同情多於愛情，他並沒有喜歡上薄姬，所以很快也就把她拋到了九霄雲外，特別是她懷孕生產之後，更是連面都不見她一次。因此，薄姬雖然為劉邦生下了兒子，卻還是長年枯守孤燈，純粹守活寡。

嘆點：孤寂的薄姬在長達八年的時間裡，默默無聞地僻處掖庭一角，撫養著劉恆。由於極其不受寵愛，偏偏又生了兒子被諸寵姬所妒，薄姬的處境可想而知。漸漸地，她養成了謹小慎微、凡事忍讓的態度，就連照制度派來侍侯她的宮女，她都不敢得罪。在劉邦的後宮中，薄姬母子幾乎成了「好欺負」的代名詞。

轉捩點：這樣的處境，當然是苦惱的，但是世事就是那麼翻雲覆雨，難以預料。劉恆八歲這年，是漢高祖十二年，就在四月甲辰，他那高高在上、幾乎不曾多看他一眼的父親劉邦去世了。大權獨握的太后呂雉雖然對戚懿進行了殘忍的報復，對薄姬的態度卻非常公正。

這當然是因為薄姬為人小心謹慎，更是因為薄姬和她一樣，沒有得到丈夫劉邦應該給予的善待，除了人生經歷和身分頭銜略有差距，在被丈夫冷淡這方面，呂雉覺得自己與薄姬多少有點同病相憐。正因此，薄姬意外地得到了呂雉特別的恩遇：薄姬被呂雉送往兒子劉恆的封地，不但讓她母子團圓，更給予她「代王太后」的稱號，使她成為大漢王朝僅次於呂雉的貴婦人。

疑點：呂雉為什麼放過薄姬和劉恆？

劉邦去世之後，呂雉發威，殘酷迫害劉邦的其他老婆和孩子，戚姬最慘，其他受寵的姬妾也都被幽禁。劉邦八個兒子，只有長子劉肥、次子劉盈、四子劉恆和幼子劉長得免，其他都被呂雉弄死。劉肥之所以倖免，不是因為呂雉寬宏，呂雉已經在劉肥的酒中下毒，劉肥要喝的時候被劉盈救下，後劉肥向呂雉愛女魯元公主獻城巴結、討得呂雉歡心，更重要的是，劉肥乃是當時勢力最大的一鎮諸侯，又已經有了警覺，如果硬要加害，難免會逼使劉肥鋌而走險，因而呂雉最終放過劉肥。

劉盈乃是呂雉所生，儘管如此，劉盈在呂雉淫威之下、鬱鬱寡歡，一代仁德之君、英年早逝，殊為可惜。幼子劉長因生母早死，自小便由呂雉撫養，故而得免也在情理之中。四子劉恆是薄姬所生，母子二人居然和呂雉相安無事，可謂十分另類。那麼，原因何在？

因為薄姬有心計嗎？有心計當然有用，但是若過分誇大其功效，則未免言過其實。薄姬與劉恆之所以能夠與呂雉相安無事，是由客觀因素決定的，就像劉恆當上皇帝一樣，天意如此、非人力所能為。一個原因是與劉邦的關係十分疏遠。

薄姬自從被劉邦納入宮中，立刻就被劉邦忘了。後來，經別人提醒，劉邦才想起薄姬來，於是召來薄姬一夜春宵之後，薄姬生下劉恆。此後兩個人基本上也不見面。這顯然不是什麼薄姬有心計的結果。薄姬和劉邦之間是親近還是疏遠，薄姬說了不算，若是劉邦就喜歡薄姬，難道薄姬還敢給劉邦臉色看不成嗎。

再者一說，若是薄姬真受寵，為何不放手一搏，能把呂雉扳倒總比把命運交給人家要好得多吧。戚姬其實差一點就成功了。那麼，為什麼劉邦不喜歡薄姬，這原因就不太好確定。不過從兩個人的出身、修養、學識、品味、談吐來看，確實差距過大。所以，劉邦喜歡不了薄姬，薄姬也欣賞不了劉邦，也是正常現象。這和薄姬有沒有心計一點關係都沒有。

還有一個原因就是：薄姬乃魏國王室宗女之後，頗有人脈根基和勢力，而且與當時的朝廷重臣陳平的關係非同一般。而呂雉打算掌握朝政，在許多方面，還需要仰仗陳平的配合與支持，畢竟，呂雉還沒有獨掌天下的勢力。所以，呂雉之所以放過薄姬和劉恆，是各方因素權衡的結果。

終點：由於呂雉孜孜不倦的「除苗」工作，很快劉邦的兒子們，只剩了代王劉恆和淮南王劉長了。齊王劉襄一系雖然在剷除呂族方面立下了首功，但是他們畢竟是孫輩，而且他們還有一個凶悍無比的舅父 —— 誰也不想再侍候一個換湯不換藥的陰狠外戚家族。

劉長媽媽家的親戚為人也不比劉襄家的好多少，只有代王劉恆之母薄氏家族，一向以克己謹慎聞名於世。一比之下，大臣們立刻拿定了主意。這樣一來，皇帝的龍袍，就如同一塊大餡餅，向遠在晉陽與世無爭的代王劉恆頭上砸來。

西元前 189 年閏九月，迎接劉恆進京為帝的使者來到了代國。這時的劉恆，已經做了十七年的親王，時年二十四歲。他簡直不能相信，世上有這樣的好事，他和他的臣屬們（除了一個叫宋昌的）都認為這是一個陰謀，萬萬不能相信。然而他的母親薄姬卻覺得這是天意。

為了穩妥起見，薄姬讓劉恆採用自己深信的卜筮之術，以占卜星象決定。占卜的結果是上上大吉。於是劉恆放了一半心，讓舅父薄昭隨使者進京，直到得到舅父的肯定答覆，他才輕車簡從向長安出發。這時的劉恆的心還沒有完全放下，來到長安城外五十里處，他再次派人打探消息，確信無疑後，才前往渭橋與迎接的大臣相會。當人群將他前呼後擁送進未央宮後，他成為大漢王朝的第五任皇帝。劉恆即位後，封自己的母親薄姬為皇太后。

欣慰點：在婚姻生活上，薄太后一生坎坷，是毫無樂趣可言的。然而她卻生了一個世上數一數二的孝順兒子。在中國歷史上影響深遠的二十四孝故事裡，漢文帝劉恆排第二，僅次於舜帝姚重華。據說，薄氏成為皇太后之後，漢文帝以皇帝之尊，仍然對母親孝順如初。薄太后曾經生了一場重病，輾轉遷延達三年之久。俗話說，久病床前無孝子。然而劉恆卻打破了這句話，在三年之中，他每天都要看望母親，常常衣不解帶不眠不休地陪伴在旁邊，凡是御醫送來的湯藥，劉恆都要親口嘗過，確認無誤之後，才放心餵母親吃。文帝在位二十三年，一直都對母親盡為子之道。

終點：西元前 157 年，文帝先於薄太后離開人世。臨終時，他對於讓母親「白髮人送黑髮人」的「不孝」深為抱憾，反覆囑咐妻子竇皇后和兒女們一定要對薄太后盡孝。為了彌補這個缺憾，劉恆要求將自己的陵墓照「頂妻背母」的方式安置方位。兩年後，薄太皇太后去世，竇太后謹遵丈夫的心願，將婆婆落葬在劉恆霸陵的南方，彷彿劉恆揹著母親的樣子。

嘆點：雖然對於大多數人來說，呂雉是一個狠毒的女人，然而對於薄姬來說，呂雉卻不啻於是她的恩人。因此能夠與劉邦合葬的始終都是呂雉，薄姬不但沒有在權傾天下之後，將呂雉的棺槨從劉邦陵中遷出，更沒有將自己以「文帝生母」的身分擠進劉邦陵。她始終認為，呂雉才是丈夫真正的妻子。

薄姬陵一如薄姬生前的為人，恪守著自己姬妾的身分，守護在兒子劉恆的身邊，隔河遠望丈夫劉邦和呂雉的合葬陵。一守一望間，兩千年時光已經流逝。現在回望薄姬的人生，她似乎完全是為了「生天子」而來到這個人世的，上蒼賦予她的人生使命，僅僅是做一個母親。然而她是世間最幸福的母親。

點評：多情也好，絕情也罷，在歷史的長河中，男人是天下的主宰。但是，男人離不開女人，女人也離不開男人，如同紅花與綠葉一般。男人與女人總是在歷史的舞臺上，上演著一段段或悽美、或纏綿、或悲壯的故事，讓歷史不寂寞，讓歷史更嫵媚……

二、項羽：痴情王子

為欠虞姬一首詩，白頭重到古靈祠。
三軍已散佳人在，六國空亡烈女誰？
死竟成神重桑梓，魂猶舞草溼胭脂。
座旁合塑烏騅像，好訪君王月下騎。

—— 題記

對男人最有影響的女人是母親和妻子。母親對兒子的影響是在早年，對於兒子的個性的形成具有極為重要的重要。而妻的影響則不同，雖然很難改變丈夫早年形成的性格，但是對丈夫的思想觀念和行為方式有時會產生巨大的影響。由此可見，一個男人如果早年有位好的母親，婚後有位好妻子，如同在他的生命中遇到了貴人。

在歷史長河中，孟子之所以能成為「亞聖」，成為中國封建社會正統思想體系中地位僅次於孔子的人，就是得力於他的母親的塑造。孟子的母親是位偉大的女性，她克勤克儉，含辛茹苦堅守志節，撫育兒子，從慎始、勵志、敦品、勉學以至於約禮、成金，數十年如一日，絲絲入扣，毫不放鬆，既成就了孟子，更為後世的母親留下一套完整的教子方案，她本人也成為名垂千秋的偉大母親，屬於典型的中華良母。

而項羽雖然沒有「孟母」般的好母親（母親早逝，就算是也感覺不到），但是卻有一位「孟母」般的好紅顏知己 —— 虞姬。

導讀：自古男兒中唯有皇帝最多情也最有權利娶多房妾侍，皇帝總給人一種後宮三千但還是不滿足的印象。然而也有例外的，有幾位皇帝是後宮三千只取一瓢飲的，盤點古代最專情的十位皇帝，出身帝王之家卻也為愛而生……

第一位：明孝宗。明孝宗與張皇后：且不論古代，在法律保障下的現代，如此的夫妻都很少，更何況那可坐擁有天下任何女人的皇上，後宮竟只有一個女人，一個他愛的女人——張皇后。無論如何評比，他們這對獨一無二的帝后理所應當成為第一。

第二位：光武帝。光武帝和陰麗華：她是他一生的夢想，就算成為皇帝的他，後宮僅三人，一個無寵，一個為政治利益，終被廢。而她——陰麗華，幸運的女人，當他望著人到中年的她時，就像田舍老翁用充滿愛的一切情感望著她逐漸衰老的容顏，唯一不變的是他對她的愛。

第三位：唐太宗。唐太宗和長孫皇后：最佳帝王與千古一后的結合締造了貞觀之治，造就了大唐盛世，武則天一生無法戰勝的兩人，便是此對絕配夫妻。她享受他終極的愛戀，「霸占」他永恆的懷念，她的死帶走了他的愛情與溫柔。而他是她的全世界，生死相許。之所以沒有評為冠軍，只因唐太宗的專情度不如前兩對。自從知此二人，別人再無法使我心動。

第四位：東漢明帝。東漢明帝和馬皇后：無子的皇后通常命運是可悲的，但是她卻是例外。她終生無子，為了她，他將其他女人的孩子過繼於她並且享受他終生的寵愛。當然，她的善良與賢德使他愛她一生。他死後，她成為太后，抵制外戚，為國家做出了不可磨滅的貢獻。

第五位：郭威。郭威和柴皇后：一個嬌貴仕女，一個起自貧寒，荒村茅店中，撞擊出了愛情的火，這是天意的安排。他成為了九五之尊，而她已命喪黃泉。但是他又怎能忘記她？力排眾儀封她皇后，收她的姪兒柴榮為養子，以慰她的九泉之靈，柴榮後繼位為帝，這是怎樣無法割捨的愛情。

第六位：順治。順治和孝獻皇后（董鄂妃）：她走了，他雖生猶死，痴情至極，竟使民間傳出他為她出家之說，無論真或假，他們真正的愛情在那個時代堪稱傳奇。把他們放在後面，是因為在我看來，拋棄孤兒寡母讓幼弱的他們去獨撐大清江山，他們愛情於國於家都顯的過於自私和狹隘。感動他們的愛情，但是我卻從不欣賞。

第七位：漢宣帝。漢宣帝與許皇后：他無法忘記自己的貧賤夫妻，抵制住所有的危險，將他心愛的妻子扶上后位，繼續他們的恩愛生活。但是他還是無法保護妻子，她被人毒死，含恨九泉。她死後，兩件事情成為他今後生活的重點，一是報仇，二是撫養他們的兒子。都只為她。數年後，他實現了他對她的承諾。為他們的愛情畫上完美的句號。

第八位：朱元璋。朱元璋和馬皇后：很多人不喜這一對，但是就恩愛夫妻來講，他們是有資格進榜的。他和她共創大明天下，同甘共苦。他將她比喻為長孫后，而她也卻如長孫后一樣，用她的溫柔賢德去平復他的猜忌與殘暴，為他挽回了一定損失。她的幫助造就了他的成功。他終失去了她，而為追念愛妻，他不再立后。

第九位：乾隆。乾隆和孝賢皇后：他們的愛情有些類似唐太宗與長孫后。她的衣服是後宮中最樸實的，他給她最樸實的愛情；她送他的荷包是最簡單的，他獨將她的荷包珍惜收藏。他多情但是專情。她賢惠簡樸，為他那奢華的帝王生活帶來一絲清涼。

第十位：隋文帝。隋文帝與獨孤皇后：他怕她一生，怕之深，愛之切。新婚之夜，他發誓愛他一生，不納妾，他的兒子全部是她所生。隨之，他成為皇帝。他上朝，她送他；他下朝，她接他，依舊恩愛無比。只是後來，隨著時間的推移，她的鐵腕政策使他怕她要比他愛她更甚。其實，她也沒有錯，只為守住那份誓言。如果她大度一些，他們將會更恩愛幸福。但是女人在愛情面前是什麼都做的出來，甚至迷失方向。

其實，相對於以上十位專情皇帝，項羽才是專情的創史人和代言人，只是因為他最終只是個西楚霸王，沒能稱帝，所以才沒能入榜。因為相對於劉邦四大多資多彩、多變多化的複雜情史，項羽的情史則顯得單純單色、單一單調的多，也顯得蒼白蒼翠、蒼茫蒼勁的多。

項羽的情史中頗有爭議的人物是虞姬。虞姬是個什麼樣的人物呢？她擁有兩大得天獨厚的優勢：一是長相絕美。這個沒得說，西楚一枝花可不是浪得虛名的，如果沒有這個美做為條件，那麼，項羽這個英雄又怎麼會對虞姬這麼感興趣。所謂英雄愛美女，天經地義嘛。二是才華橫溢。虞姬應該是棋琴書畫樣樣都精通的，特別難能可貴的是還能吟詩做賦，這一點從虞姬在垓下上演姬別霸王的一幕可以看到，我們可愛的虞姬的多才多藝。

關於虞姬，史書對虞姬的記載只有寥寥數筆，但是作為藝術形象，對虞姬的刻劃是非常豐滿的，王立群說：「虞姬作為藝術形象最早出現在元代戲曲裡，在元明雜劇和傳奇中，虞姬一直是作為道德符號出現，但是缺乏完整的藝術形象，直到京劇《霸王別姬》，虞姬徹底轉變為情感實體，成為舞臺上的美麗女性形象之一。」因為史書記載少的緣故，這裡梳理歸納了一下，有六大疑難問題待解。

問題一：關於虞姬的姓名之謎。

目前有三種觀點。觀點一：有人考證，虞姬真名叫虞薇，她和項羽從小青梅竹馬，兩小無猜日久生情，終於結為連理。觀點二：虞姬並非真名，因她出生於常熟虞山腳下一個村舍裡，史家以其出生地稱呼之，遂有「虞姬」之名。虞姬在項羽起兵時，因仰慕他的英雄氣概，自願為妾，跟隨他東征西戰，在他浴血奮戰之餘，為他唱支小曲，或跳個舞，舒緩他緊張的神經。虞姬是項羽的精神按摩師，虞姬對於以「霸王」姿態面對世人的這個男人來說，作用不可忽視。項羽這種斬萬餘首級不眨一下眼的角色，倘沒有虞姬柔性的薰陶，或許會變成一個混世魔王的。

觀點三：古時女人有些沒有名只有姓，也不全是沒有名，一般都有乳名，就是嫁人前的名，嫁了人就只叫姓了。有時為了區別兩個不同的人，也會加上一個前輟，但是那不能稱作名。例如，春秋時齊的兩個女人（齊桓公的兩個姑姑）分別嫁給了魯侯和衛侯，魯和衛都姓姬，為了區別她們，就分別叫文姜和莊姜，這裡姜是她們的姓，「文」和「莊」也不是她們的名。

另一個例子，是很有名的一個女人，叫夏姬，是鄭伯的女兒，姬是她的姓，嫁給了陳國的夏御叔，就叫夏姬。還有一些用她們的排行作區別，例如，孟姜，就是齊人，姓姜，孟是她的排行。這個叫法一直沿用到了戰國時代。值得注意的是，春秋戰國之前很少人有姓，一般只有氏，在春秋戰國時代才產生了大批的姓，而且很多都是以故國國號為姓。周時的虞國是文王姬昌的二伯父虞仲的後人，姬姓，因有讓國之恩，武王得國後，封虞仲的後人為虞國，後虞被晉所滅。虞姬很可能是虞國的後人，姓姬，為了區別其他的姬姓女子，叫虞姬。

問題二：關於虞姬的出生之謎。

史書有兩種記載：一說虞姬出生在吳中（大概也是當地貴族）。按《史記》、《資治通鑑》載，項梁殺人避禍攜項羽由下相奔吳中。虞氏為會稽郡（秦末置春秋吳、越地域為會稽郡，以吳為郡治）吳中望族。項梁叔姪在此不但結交江東子弟，而且結識了吳中第一美女虞姬。自古美女慕英雄，英雄愛美人，虞姬因為仰慕項羽英名，早已芳心暗許。而項羽有幸得識虞姬，早已情歸此人。兩人一個郎才一個女貌，豪無懸念地走到了一起，共譜華章。

另一說虞姬出生在充滿悠久文化的美麗江南名城——紹興。具體出生地是美女山腳下的塔石村，風光秀麗的美女山也是因此地出此奇女子而命名的，美女山比鄰書法聖地蘭亭和西施故里，因此此地出美女不足為奇。雖然虞姬和項羽人各一方，但是千里姻緣一線牽，虞姬還是很快成了項羽的「俘虜」。

問題三：關於虞姬的妻妾身分之謎。

《史記．項羽本紀》中記載：「有美人名虞，常幸從，駿馬名騅，常騎之。」由此可判斷虞姬是伴隨項羽左右的。那麼問題就出來了，虞姬是項羽的妻子，還是妾呢？其實「有美人名虞，常幸從」這句話已經初露端倪了，要知道美人在當時是一種妃嬪的稱號，據秦制，「美人」是僅次於「皇后」、「夫人」的第三品爵位，至於虞姬，只是個「美人」的稱號，地位算比較低的。由此可見虞姬不是妻子，只是寵妾，只是這個虞姬很受寵，跟著霸王一起到處征戰罷了。

史載陳平對劉邦說：「項王不能信人，其所用者非諸項即妻之昆弟……」很顯然，這裡的「妻」不是虞姬而是另有其人。那麼項羽的妻子，也就是正室是誰呢？項羽很小的時候就開始跟隨其叔父項梁，沒有記載項羽娶過妻。但是從其他史料中可判斷項羽的妻子另有其人，當然，史書並無記載其妻的真實姓名，故留給後人一道難以揭開真相的大謎。

由於項羽生性多疑，手下團隊多任用項姓將領和其妻子的娘家人，所以推斷虞姬並非項羽的妻子，她並沒有任何封號，只能稱其為「王的女人」。

那麼，虞姬為什麼不能從「情婦」轉正呢？筆者分析認為原因有二：一是項羽是個大丈夫。他每日都在想著如何攻殺戰守，從來不把女人放在心上。或者心氣高，不找著絕世美女絕不罷休。後來與虞姬相識，自然是兩情相悅，英雄美女在一起，何必在意名分。

二是項羽有苦衷。雖然不是很喜歡元配之妻（因為他每次行軍打仗，都選擇了「雪藏」元配，帶上了他的小蜜虞姬），但是妻子不是一般的人物。從項羽的「從一而終」，我們其實可以看到，項羽之妻應該是個很好的賢內助，就像呂后那樣，是個主內的高手，當然，這裡還有一點不排除，那就是項羽的老婆家裡很富有。

其實，我們都知道項羽自從爺爺項燕戰死後，家道開始衰弱，他的父親又早死，幸虧有叔伯項梁的支持。但是在秦朝那個苛捐雜稅的年代，項家的生活並不好過，項梁只能帶著項羽過著隱姓埋名的生活。項羽落迫，但是他的老婆可能是高貴的。他老婆的家裡人可能也和呂公看劉邦一樣，一眼相中項羽定然不是等閒之輩。因此，選擇了屈嫁。項羽在那個時候基本上沒有選擇的條件，能攀上這樣的高親已是祖輩積德積福了。

因此，這樣的政治聯婚一拍即合。在日後項梁項羽揭竿而起的時候，很可能他的老婆家貢獻了不少人力物力財力，最終讓他們的革命風聲水起。這很可能是項羽日後飛黃騰達之際，依然不忘「糟糠之妻」、依然選擇「不離不棄」的重要原因。就像劉邦和呂后一樣，項羽對此也是無可奈何的。

問題四：虞姬的自刎之謎。

虞姬是西楚霸王的愛妾，也是秦朝末年著名的女性人物之一。相傳她不僅有著傾國傾城的容貌，而且還是一位文武雙全的巾幗英雄。在項羽四面楚歌的困境之下，她一直陪伴在項羽身邊，直到最後在楚營內揮劍自刎，由此上演了一場「霸王別姬」的美麗神話。關於虞姬的這個美麗故事，在歷史的長河中留下了不可磨滅的烙印，感動了一代又一代年輕人，成為許多人心目中不朽的傳奇。

那麼，歷史上的虞姬真的自殺了嗎？歷史上最早記載「霸王別姬」這段故事的，應該是陸賈的《楚漢春秋》，但是這本書在南宋之後就失傳了。現在能看到的對霸王別姬故事記述最早的史書就是《史記》了。《史記》中有關虞姬的文字或引自《楚漢春秋》，很可能是司馬遷從陸賈的《楚漢春秋》中轉述過來的，也就是說，司馬遷寫《史記》時，參考過《楚漢春秋》。

需要注意的是，《史記》中司馬遷並沒有寫虞姬自殺身亡。司馬遷為什麼沒有寫？原因可能有兩個，一是陸賈在《楚漢春秋》中也沒有寫虞姬自刎一事；二是《楚漢春秋》中記述了虞姬自殺身亡的事，但是司馬遷認為值得商議，所以沒有採用。而筆名認為虞姬自殺的可能性最大，原因擺在那裡，從當時形勢來看，很是嚴峻，深愛著項羽的虞姬怕拖累他，為了自己的愛人、為了自己的信仰，選擇自刎莫過於最好的選擇。

從政治和軍事方面來說，項羽是敗軍之將，劉邦是勝軍之王，但是從人格力量和美學角度上看，項羽在最後一搏的生死關頭，所展現出來的兒女情長、英雄氣短更有人情味，更具個性光彩，與花心好色的劉邦相比，就顯得更真、更善、更美。從虞姬的〈和垓下歌〉還應該看到很重要的一點，虞姬深知劉邦的為人，項羽兵敗後，她擔心自己成為漢軍的俘虜，那樣，就有慘遭劉邦蹂躪的危險。「賤妾何聊生」一句，真實生動地反映了虞姬處於生死之際的複雜感情。因此，虞姬寧死不入漢宮、不願成為的劉邦戰利品。

當然，不管是陸賈的「不堪遺漏」，還是司馬遷「妄自菲薄」，還是筆者的「一廂情願」，不管虞姬是自刎而死，還是他殺，她的下場都是悽慘的。另據《情史・情貞類》記載：「（和歌之後）姬遂自刎。姬葬處，生草能舞，人呼為虞美人草。」一把劍，兩刎頸，成就了英雄項羽和愛妾虞姬千古愛情的悽婉美談。

張愛玲在讀中學時所寫的《霸王別姬》裡，卻感嘆：「啊，假如他（項羽）成功了的話，她將得到些什麼呢？她將得到一個『貴人』的封號，她將得到一個終身監禁的處分……他們會送給她一個『端莊貴妃』或『賢穆貴妃』的謚號……」的確，就算楚霸王當了皇帝，虞姬也不過是成千上萬的貴妃中的一個而已。而虞姬這種寧願死也不願意成為劉邦戰利品的複雜感情，被清朝一位詩人演繹得淋漓盡致：「君王意氣盡江東，賤妾何堪入漢宮；碧血化為江邊草，花開更比杜鵑紅。」而清朝詩人何溥的〈虞美人〉也表達了同樣的意蘊：「遺恨江東應未消，芳魂零亂任風飄，八千子弟同歸漢，不負君恩是楚腰。」

問題五：虞姬死後身首異處之謎。

虞姬的生前像項羽一樣光芒四射確有其事，但是她死後異常荒涼也是一個不爭的事實，甚至她究竟葬身何處，在今天都一直存有爭議。

有種觀點認為，虞姬自殺後被埋在肥東石塘鎮附近的西黃村。持這種觀點的學者主要是建立在一個在肥東流傳了上千年的傳說的基礎上。根據這個傳說，楚漢相爭之時，項羽兵敗垓下，在肥東灑淚告別虞姬，後來虞姬被漢兵追至今肥東的石塘鎮附近，飢乏交加，求食於一家從事牲畜買賣和肉食加工出售的店主，店主可憐虞姬等一行人，便以鍋中滷煮之熟驢肉配料給這些飢餓的人食用。

俗話說，飢不擇食，虞姬等也顧不得體面，就大口大口地吃了起來。風捲殘雲之後，也顧不得和店主告別，匆匆丟下一些錢財，就又向遠處逃走了。可是，天不遂人願，由於吃東西耽擱了時間，所以追兵很快就趕了上來。面對一群殺紅了眼的敵軍，虞姬一個弱女子，而且又是美貌異常的弱女子，為了不落在敵軍之手，為了表示對她深愛的西楚霸王項羽表示義無反顧的忠誠，虞姬將寶劍一橫，向著霸王作戰的方向深情地望了一眼，然後就自刎而亡了。

由於虞姬死志十分堅定，所以她選擇了在江邊自刎，死後屍體落入江中，不被敵軍得到。後來，虞姬屍首隨水淌於一石橋下被阻，隨後，當地人將虞姬安葬在石塘鎮的西黃村，「石塘」因此取其諧音而得之。不過這個傳說究竟是否屬實，還沒有人去考究。按照傳說中的內容來看，痴情的項羽竟然與虞姬分路逃走的可能性不大。

還有一種觀點認為，虞姬自殺後被埋在靈璧，虞姬自殺身亡後，在當時漢軍猛烈的追擊之下，如果項羽想突圍，是不可能帶著虞姬的屍體一起逃亡的，他很有可能是將虞姬的屍體就地埋葬。這種觀點的可信度是比較高的。

據史料記載，在項羽被困垓下之後，韓信為了引誘他突圍，便故意讓士兵們歌唱張良所編寫的一首歌謠：「人心都背楚，天下都屬劉。韓信屯垓下，要斬霸王頭。」暴躁無比的項羽在聽到這首歌謠後果然中計，但是幾次突圍都沒有成功。漢軍的士氣越來越旺盛，此時，張良又叫漢軍唱楚地的歌曲，項羽的士兵絕大部分都是楚地人，在聽到楚歌之後，思鄉之情頓時瀰漫全軍，士氣更為低落。

在這種形勢萬分危急的緊要關頭，項羽與大將虞子期和桓楚商量，決定天亮前突圍。美麗而又聰明的虞姬為了不造成項羽突圍的累贅，於是便趁項羽不備，自殺身亡了。虞姬死後，項羽含悲忍痛，掩埋了虞姬的屍體，天亮便率軍突圍了。由此可見，虞姬被埋的地點只可能是項羽被困之地，在當時那種形勢之下，項羽即便想帶虞姬屍體一起突圍，也是不可能的。

還有一種觀點認為，虞姬的頭與屍身分別被埋葬在不同的兩個地點。這種觀點與上述第二種觀點在虞姬自殺身亡的原因上是相同的，不同之點在於，持這種觀點的學者認為，在虞姬自殺後，項羽曾經帶著虞姬的屍體向南突圍，不料漢兵追至，項羽被迫丟下虞姬的屍體。

後來，人們便將項羽丟下虞姬屍體之處稱為「霸離鋪」，在項羽突圍成功後，虞姬的屍體便被來不及突圍的楚兵移葬於「霸離鋪」東 2.5 公里處，人們便將虞姬葬身之處所在的村莊改名為「虞姬村」，兩處自得名以來，自今沿襲不變。這種觀點儘管有一定的合理性，但是持這種觀點的學者並沒有指明為何虞姬的頭被莫名其妙地砍下來埋在了定遠縣，因此不足為信。今天在定遠縣境內的虞姬墓，很有可能只是當地的百姓根據傳說而進行的一種不切實際的推測。

問題六：虞姬有沒有為項羽留下子嗣之謎。

項羽和虞姬，這樣一位曠世英雄和一位絕代美人留給世人無限感嘆，也留下遺憾：貌似他們沒有留下子嗣。

然而，日前有專家處透露出一個驚世消息：西楚霸王和愛姬虞美人有後，並且代代相傳。項氏後人展示了《汝南項氏宗譜》（1948 年版），所列幾十世系表，表明項羽不僅有後，還「子子孫孫無窮匱」。譜文裡記載，項羽虞姬所生一子名「隆」，因「漢興避居禹穴之山陰」。「禹穴」在紹興市東南 6 公里的會稽山麓，據《墨子》、《史記》等記載，該處是古代治水英雄 —— 禹的墓穴所在，附近有項裡村和項王祠。「項羽有後」，南宋著名理學家、儒學大師朱熹亦有同論。朱熹以經筵講官提舉浙東時，應好友項平甫之邀為撰《項氏重修宗譜》序，序中詳細傳述自周初而降項氏世系源流。

點評：一代美人在香消玉殞之後，仍然能夠引起上到專家學者、下至平民百姓的討論和探究，這僅僅是因為虞姬有著高人一等的身分，是西楚霸王的愛妃嗎？僅僅是因為虞姬有著千載以來無出其右的美麗容顏嗎？或許，這些都不足以使虞姬介入到專家的學術討論範疇，以及老百姓茶餘飯後的話題當中。那麼虞姬「引人注意」的亮點在哪裡呢？是她對霸王項羽的不離不棄，是她對愛情的忠貞！忠於自己的愛情，這才是虞姬的芳名傳播千載的祕訣。往事已矣，當下，我們對待自己的愛情，又當如何呢？

三、楚漢「後花園」之爭

男人愛用眼睛看女人，最易受美麗的誘惑；女人愛用心去想男人，最易受心的折磨。所以，男人選擇女人憑感覺，女人選擇男人靠知覺。

——題記

在男性中心社會中，婦女在相當程度上是男性權勢者的財產種類之一。財產當然可以被再分配而轉移到新主人手中。就婦女而言，在古代最明顯的再分配方式是舊主人戰敗之後，被作為戰利品由勝者收納，這樣的例子在古代實在太常見了，例如：夏姬是楚莊王的戰利品（他將她賜給連尹襄老）、甄氏是曹操的戰利品（他將她分給兒子）、蔡文姬曾是匈奴左賢王的戰利品（他將她收納為夫人），等等。順便說起，歷史上有些「公主和番」從本質上說只是上述再分配方式的一個稍微體面委婉一點的形式——同樣是在別國威脅之下交出女子。女子的再分配與轉移，還有另外一些方式。

一是以妾贈人。

故宋駙馬楊（鎮）家有十姬皆絕色，名粉兒者尤絕。一日招（詹）天遊飲，出諸姬佐觴。天遊屬意粉兒，口占一詞曰：「淡淡春山兩點青，嬌羞一點口兒櫻，一梭兒玉，一窩雲。白藕香中見西子，玉梅花下見昭君，不

曾真個也銷魂！」楊遂以粉兒贈之曰：令天遊真個銷魂也。（《麗情集》）

郭暖宴客，有婢鏡兒善彈箏，姿色絕代，李端在座，時竊寓目，屬意甚深。暖覺之，曰：李生能以彈箏為題賦詩娛客，吾當不惜此女。李即席曰：「鳴箏金粟柱，素手玉房前。欲得周郎顧，時時誤拂弦。」暖大稱善，徹席上金玉酒器並以鏡兒贈李。（《慮樓續本事詩・記》）

楊、郭都是駙馬，又都是所謂「豪曠」之人，家中姬妾成群，不當回事，為了幾句即興之辭（李詩逆用「曲有誤，周郎顧」之典還略有新意，詹詞末句則語涉輕薄了）就捨得將侍姬送人。

古代文人學士們熱衷於談論和記載這類故事，這類故事太令文人們揚眉吐氣，心情舒暢了——僅憑幾句詩詞，片刻間就贏得美人，並成就風流佳話。

二是奪人妻妾。

權豪之家，見人妻妾貌美，即仗勢奪之；有時更為此而悍然將其夫殺害。這類事在古代社會中經常發生：

武則天時，左司郎中喬知之有婢名窈娘，色藝推為當時第一，喬知之寵愛她，為之不婚。武延嗣聞之，強將窈娘奪去，窈娘悲憤，投井而死；武延嗣遷怒於喬知之，將他誣陷下獄害死。這是最惡劣凶殘之例。

陳朝末年，陳後主之妹樂昌公主才色冠絕，為徐德言之妻。徐知陳朝將亡，以公主的才色，必會被權豪之家擄為戰利品，於是打破一銅鏡，與公主各執其半，約定總在正月望日在都市賣鏡，徐好訪知音信。

不久陳亡，公主成為楊素的侍姬，大見寵愛。徐德言流離辛苦，找到京師，果於正月望日在市場上見有蒼頭高價賣半面破鏡，於是接上了頭。徐託人向公主遞送了表示思念的詩，公主得詩，涕泣不食；楊素得知始末，乃將徐召來，將公主還他，二人得以歸江南終老。這楊素姬妾成群，不太把她們當回事，可以送人，可以還人，逃掉幾個他也無所謂 —— 杜光庭〈虬髯客傳〉中紅拂說「去者眾矣，彼亦不甚逐也」。

奪人妻妾和以妾贈人的故事從表面上看情節正相反，但是它們卻反映了共同的一點 —— 這些故事的具體真實性對我們此處的討論而言並不重要，重要的是它們反映了古代中華民族社會中性關係的流動性。這種性關係的流動性以及傳說故事對此的接受、認可與欣賞，顯然是與「從一而終」、處女貞操、節烈（夫死不嫁曰節，殉夫而死或為抗拒婚外性關係而死曰烈）等觀念完全不相容的。

三是「蛾眉買死」。

與上述性關係的流動以及對這種流動的接受相適應，還有一種故事類型，可簡稱為「蛾眉買死」。《韓詩外傳》卷七載其事云：

楚莊王賜其群臣酒。日暮酒酣，左右皆醉。殿上燭滅，有牽王后衣者，后冠纓而絕之，言於王曰：今燭滅，有牽妾衣者，妾其纓而絕之，願趣火視絕纓者！王曰：止。立出令曰：與寡人飲，不絕纓者不為樂也。於是冠纓無完者，不知王后所絕冠纓者誰。……後吳興師攻楚，有人常為應行合戰者，五陷陣卻敵，遂取大軍之首而獻之。王怪而問之曰：寡人未嘗有異於子，子何為於寡人厚也？對曰：臣先殿上絕纓者也。當時宜以肝膽塗地，負日久矣，未有所效。今幸得用於臣之義，尚可為王破吳而強楚。《詩》曰：「有者淵，葦渒渒」，言大者無不容也。

這故事在《說苑．復恩》中也有記載，細節略有出入。前面曾提到《戰國策》中所載孟嘗君對於門客與自己夫人鬧婚外情不予追究的故事，完全是同一類型。孟嘗君後來將這門客介紹到別國，成為權臣；為報孟嘗君寬容之恩，這位門客設法止息了一場進攻齊國的戰爭。

而楚莊王故意令群臣都自絕冠纓，好掩護那位醉後調戲王后的臣下，結果此人就在戰爭中出死力報效楚王。這種故事類型的精義，後人有〈絕纓歌〉（見《文苑英華》卷三四六）總結甚明，即所謂「始愛賢，不愛色，青娥買死誰能識」。楚莊王、孟嘗君愛賢是不假，「不愛色」卻顯然是言過其實——色對他們來說是如此眾多而易得，當然可以不像對「賢」那樣在乎，但是色他們無疑還是愛的。

總之，上述三種反映性關係流動不居的故事類型，當然都是男性中心主義的。自己的姬妾只是一種工具，可以用來娛客，可以送人以換取風流佳話，可以用來結恩、用來「買死」等等。但是在這些男性心目中，至少沒有「女子從一而終」的觀念；對於自己的姬妾曾經是、或將來成為別的男人的妻妾，乃至現在就是別的男子的情人，他們都可以坦然接受。「綠帽子」對他們來說是不存在的。如今人們回顧性文化在古代社會中的歷史時，對於這方面的觀念及心態不能不給以充分重視和深入思考。

眾觀項羽和劉邦的情感史，劉邦一生中的女人多如牛毛，下得了廚房、上得了廳堂的女人也有曹氏、戚姬、薄姬三人。而項羽拿得出手的只有虞姬一個女人，1 ： 3，初看項羽在情商方面顯然不止低一個等級。然而，透過表面看本質，我們可以看到，其實項羽的情商並不比劉邦差，甚至可以說還略勝一籌，原因是項羽唯一的最愛虞姬以一敵百，與她這朵野玫瑰花相比，劉邦後花園的眾花皆黯然失色。下面就拿劉邦的「最愛」戚姬和虞姬進行一番全方位的比較，用事實和資料說話。

(一) 論相貌。

正史雖然都沒有對虞姬和戚姬相貌的詳細記載，但是毋庸置疑的是虞姬和戚姬兩人都長得不是一般的美，而是相當的美，驚世絕倫的美，貌若天仙，這一點從項羽和劉邦對她們寵愛的程度就可以體現出來，美貌就是敲門磚，沒有這塊敲門磚，兩位弱女子又怎麼會從千萬女人中脫穎而出，成為他們的最愛呢？總之，論相貌，兩人可謂平分秋色，難分伯仲。

(二) 論才氣。

史書都對虞姬和戚姬的才藝有零星記載。兩人的才藝主體現在兩個方面。

一是舞藝。據歷史史料記載，虞姬是一個才貌雙全的女子，不僅長得美麗，舞姿也是楚楚動人。關於這一點，項羽兵敗垓下時，善解人意的虞姬對他又是酌酒，又是跳舞助樂可見一斑。還有她的雙劍，揮舞得輕盈如水、快速如風。

而戚姬呢？她是秦楚之際的歌舞名家，會彈奏各種樂器，舞技高超，更善跳「翹袖折腰」之舞，從出土的漢畫石像看來，其舞姿優美，甩袖和折腰都有相當的技巧，且花樣繁複。劉歆〈西京雜記〉有較為詳盡的描述：「高帝戚夫人，善鼓瑟擊築。帝常擁夫人倚瑟而絃歌。畢每泣下流漣。夫人善為翹袖折腰之舞。歌〈出塞〉、〈入塞〉、〈望歸〉之曲。侍婦數百皆習之。後宮齊首高唱。聲徹雲霄。」戚夫人有侍兒名為賈佩蘭，據賈佩蘭說：「見戚夫人侍高帝常以趙王如意為言。而高祖思之。幾半日不言。嘆息悽愴而未知其術。輒使夫人擊築。高祖歌〈大風詩〉以和之。」總之，論舞藝，嚴格來說，戚姬比虞姬可能略勝一籌。

二是詩賦。「漢兵已略地，四方楚歌聲。大王意氣盡，賤妾何聊生。」這是虞姬在自刎殉情前吟誦的一首五言詩，既是歷史上少見的絕命悲歌，也是愛情的悲歌，感人至深，流傳千古。可以說，漢朝美女中，能吟出這樣悽美的詩歌並不多。當然，這是虞姬在絕境之下，在心有所感所發的最後的絕望之聲，產生了天籟之聲的緣由。

無獨有偶，劉邦的最寵愛的戚姬也不甘落後，也有詩賦為證。話說劉邦死後，呂后就讓人將戚夫人抓起來，囚禁在宮中的長巷 —— 永巷內，她讓人剃光戚夫人的頭髮，用鐵鏈鎖住她的雙腳，又給她穿了一身破爛的衣服，讓她一天到晚舂米，舂不到一定數量的米，就不給飯吃。這時候，戚夫人和劉邦的兒子如意在趙國作諸侯王，戚夫人想到往昔，又想起兒子，非常傷心，就一邊舂米，一邊唱著哀歌：「子為王，母為虜。終日舂薄暮，常與死為伍。相離三千里，當使誰告汝！」然而，也正是因為這段歌，葬送了她兒子劉如意的性命，誠為悲也。

從客觀上來說，虞姬和戚姬的詩都寫得好，可以說，以筆者眼光是看不出高低分不出好劣的，但是有一點還是分出了高低，分出了好劣，那就是虞姬的詩是為了「情郎」項羽而作，作完這首詩之後，她選擇了自刎，生是項家人，死是項家鬼，這是虞姬的氣場，也是這樣一位弱女子的氣節所在，更是她對項羽的忠貞不渝體現。寧可死，也不落入劉邦之漢軍之手，寧可死，也不能拖累項羽。虞姬對項羽鍾情之深，愛意之切可見一斑。也正是因為這樣，虞姬的詩體現了三種美：悲壯美、委婉美、心靈美。彷彿有一種穿透人心的力量讓人為之一振。讓人為之一嘆，讓人為之一思。

而戚姬的〈舂歌〉形式靈活，語言質樸，情感真摯。一個被侮辱與被傷害的弱女子形象呼之欲出，千百年來，打動了無數讀者的心。總之，論詩賦，從主觀上分析，虞姬和戚姬的詩賦各有特色，各有千秋，各有所長，難分伯仲，旗鼓相當。但是從客觀上來分析，還是虞姬比戚姬略勝一籌。

總而言之，虞姬和戚姬兩人在才藝大比拚的兩回合較量中打成了平手。

(三) 論情感。

這是一個偽命題，因為愛與不愛，都只有當事人知道。這裡只能分析一下。首先可以肯定的是虞姬是愛項羽的。歸納起來體現在三個方面：一是從項羽還在起兵之前，虞姬就跟隨他可以看出些許端倪來，愛就一個字，不需要太多的附加條件，譬如說金錢和財富、權力和地位。

二是從虞姬在跟隨項羽身邊時，對項羽無微不至的關心和照顧可以看出些許端倪來，因為愛所愛、呵護好所愛的人，也是一件很快樂的事。

三是從虞姬見項羽兵敗如山倒，陷於絕境，揮劍自刎便可以看出些端倪來，愛之切痛之深，犧牲自己，為愛留一條生路，忍痛割愛又如何？欣慰的是，虞姬的死是悲壯的，也是豪邁的，更是千古絕讚的。

其次，戚姬是否愛劉邦值得商榷。為什麼這麼說，首先，戚姬結識劉邦時，劉邦已是漢王了，儘管當時的劉邦是被項羽打敗落荒而逃的漢王，但卻是曾經擁有六十萬聯軍的漢王，是曾經攻破項羽老窩的漢王，是唯一可以和項羽爭奪天下的漢王，因此，戚姬和劉邦的「一夜情」，動機值得懷疑，劉邦自然是看上了戚姬的年輕美貌，而戚姬是否是看上了劉邦的權勢和財富呢？

其次，劉邦在楚漢爭霸中笑到最後，建立漢朝，把戚姬接回宮時，肚子爭氣的戚姬早已為劉邦生下了一個兒子，儘管在宮中戚姬沒有少為劉邦跳舞解悶消愁，但是戚姬更多的心思卻是放在為兒子謀前程上、和呂后PK上，最後成了這場政治鬥爭的犧牲品。如果真的要說愛，她愛兒子劉如意顯然要比愛劉邦多許多。可悲的是，戚姬的死是血腥的，是殘酷的，更是悽慘無比的。

總而言之，論情感，顯然是視死如歸的虞姬比死不瞑目的戚姬高出一等。

(四) 論情操。

除了漂亮、才情之外，虞姬還有兩種情操不得不讓人佩服！第一是勇氣。試問問瀟灑赴死的心情有幾個人能做到？前面也說了，霸王別姬那是經典曲目，能夠陪著天下第一猛將西楚霸王死，能是尋常老百姓麼？

第二是專一。其實歷史上能和虞姬比美貌的女人不少，比名氣的女人更多！但是她們都沒有虞姬的一個好處 —— 專一！在單純而痴情的虞姬眼裡，從從來來只有一個霸王，他生我生，他興我興，他亡我亡，在茫茫歷史長河裡，女人的生命隨波逐流，哪能像虞姬這樣從一而終像天上仙女一樣不帶一絲凡俗之事？

第三是智慧。虞姬選擇自刎，方式雖然極端而且殘酷，體現了虞姬視死如歸的勇氣的同時，也體現了她的堅貞不屈，更體現了她的超級智慧。在當時那種四面楚歌的嚴峻情況下，虞姬只希望項羽能順順利利、平平安安地突圍出去，只希望他能捲土重來、再征江山。而有她存在，勢必會讓項羽分心，勢必會拖累項羽的突圍，為了大局，為了心愛的人，她毅然選擇了自刎，可謂明智之極。自古美人如將軍，不許人家現白頭，虞姬，可能是中國歷史上最有仙女氣質的女人了，應該是真正的「女神」了。也許正因為虞姬的不食人間煙火，讓楚漢之爭變得更加有神韻。

而戚姬在情操方面，則有兩個方面不得不讓人驚嘆。第一是情商低。她除了會巴結劉邦，她在朝中沒有結交任何重臣，沒有人脈關係的她顯然是很難在後宮立足的，這也是她為什麼在太子爭奪戰中失敗、最後死得那麼悽慘的原因之一。

第二是智商低。她除了能歌善舞，能詩會畫外，對政治可謂是一片空白，一點也不懂政治，不知道政治是何物，即便是這樣，不懂味、不識趣的她還不知道主動避讓、韜光養晦，和呂后化干戈為玉帛、化腐朽為神奇，而是繼續以「大無畏」的精神、「大姐大」的態勢、「大革命」的氣概和呂后進行「真情對對碰」，最終落得個碰破了頭、撞殘了身，擠破了膽、摧悲了死的結果。

總而言之，論情操，顯然是有智慧的虞姬比戚姬高出一等。

終合以上四輪 PK，虞姬 4 ： 2 遠勝於戚姬。

連劉邦最寵愛的戚姬都和虞姬相差幾個等級，更別說劉邦的其他女人了，曹氏是屬於劉邦的「婚外情」、「地下戀」，一直被劉邦藏著，根本拿不上檯面，沒有條件和虞姬比。劉邦的正室呂后雖然懂政治、知權術，但是因為對愛情不專一，還讓劉邦戴了綠帽子的緣故，沒有信心和虞姬比。劉邦的邊緣情人薄姬雖然豁達大度、具有母儀天下的底蘊，但是因為得不到劉邦的寵愛，沒有充分展示自己的才華的機會，自然也沒有資格和虞姬比。

點評：虞姬的才貌雙全、才華橫溢，似乎只有劉邦的最愛戚姬可以相提並論，但是仔細分析，還是虞姬更勝一籌。虞姬是弱女子，也是女漢子，更是女神，她的淡泊名利、甘於奉獻，似乎只有劉邦的第一個女人曹氏可比；她的清心寡慾、心如止水似乎只有劉邦的另一女人薄姬可比，而她的為愛殉情卻是劉邦所有女人無法相提並論的，因此，單從這一點來看，項羽儘管一生的情人不多，但是他卻是幸福的，情人以生命為代價只是為了項羽能走出困境，開拓出一片新的豔陽天來。

因此，我們可以看到雖然最後項羽因為不肯過江東，選擇了同樣的方式自刎，這其中固然包含著許多其他的因素，比如說政治，比如說情感，比如說個性，但是不管怎樣，項羽以虞姬同樣的方式結束自己的生命，卻是不爭的事實，人生如夢，歲月如歌。英雄、美人就以這種方式謝幕，是悽美的，也是唯美的，更是獨美的。

魯迅先生曾這樣說：「我一向不相信昭君出塞會安漢，木蘭從軍就可以保隋；也不相信妲己亡殷、西施亡吳、楊貴妃亂唐的那些古老話。我認為在男權社會裡，女人是絕不會有這樣大的力量，興亡的責任，應該男人負。但是向來的男性作者，大抵將敗亡的大罪，推在女性身上，這真是一錢不值的沒有出息的男人。」項羽的失敗和紅顏禍水沒有一點關聯，但他是的一生能得虞姬這樣一位集才貌於一身的絕代佳人，足矣，亦勝劉邦多矣。

四、智商及情商

當你感到激勵自己的力量推動你去翱翔時，你是不應該爬行的。

—— 海倫・凱勒（Helen Keller）

領導者必備兩大要素，一是智商，一是情商。

智商最早是由德國心理學家威廉・斯特恩（William Stern）提出的。智商是衡量一個人掌握知識、技能程度的量度指標。它是從經驗中學習新知識的能力及適應環境的能力。智商是以腦的神經活動為基礎的偏重於認知方面的潛在能力，記憶力、思考力、想像力、判斷力、創造力、注意力、觀察力、研究力、表達力等諸多的力就構成了一個智商系統，其中，思考能力是核心。

在領導活動中，智商主要表現為領導者的思考能力，包括理性思考能力和超理性思考能力。理性思考能力就是領導者符合邏輯的判斷、推理能力，它幫助領導者把領導實踐中獲得的經驗理論化，使之具有普遍的適用性；超理性思考能力是指領導者的直覺、想像、靈感等非邏輯思考能力，它能幫助領導者在重要關頭茅塞頓開。

偉大的哲學家巴魯赫・斯賓諾沙（Baruch Spinoza）說：「智慧智商有兩種衡量方式：一種是比率智商，另一種是離差智商。用比率智商來衡量智商高低是由斯特恩提出的，某個體的比率智商用公式表示就是：智力商數＝智力年齡／實際年齡，也就是智力年齡越高，實際年齡越小，就越聰明；反之，智商就低。

離差智商是由大衛．韋克斯勒（David Wechsler）提出的，即把一個人的測驗分數與同齡組正常人的智力平均數之比作為智商。他的基本思想就是將一個人放到同齡人的群體中，以群體的平均智力為準則，測定這個人距離群體準則的位置而確定這個人的智力。

智商高的領導者，即使在組織發展處於「山窮水盡疑無路」的境地中，也能夠點化出「柳暗花明又一村」的生路；即使自己受到交惡者當眾詰難時，也能夠妙語驚人。美國第 16 任總統亞伯拉罕．林肯（Abraham Lincoln）長相醜陋，但是他從不忌諱這一點，相反，他常常詼諧地拿自己的長相開玩笑。在競選總統時，他的對手攻擊他兩面三刀，搞陰謀詭計。林肯聽了指著自己的臉說：「讓公眾來評判吧。如果我還有另一張臉的話，我會用現在這一張嗎？」這種幽默、含蓄的反駁，閃爍出智慧的光芒，也正是這位智慧超群的人，留下了許多值得後人銘記的業績。

由此可見，高超的智力水準，對於領導者應對意想不到的事件發揮了關鍵的作用。相反，一個領導者如果胸無點墨，智弱心拙，就要臨陣搜尋枯腸，結果就會大相逕庭。

總之，智商打造領導活動的成就，智商為領導活動升值。

情商也被稱為非智力因素，是「心理智商」、「情緒智慧」。情商就是指人類了解、控制自我情緒、理解疏導他人情緒，以處理良好的人際關係能力程度的指標。領導者的情商，就是用以衡量一位領導者掌控自己的情緒、掌控別人的情緒，以處理良好的人際關係的商數。領導者的個人情商修養，同樣成為衡量其領導力強弱和自身素養高低的重要代表。縱觀古今中外，大凡功業卓著，對歷史發揮重大推動作用、智慧高明的領導者，無不得益於其自身的高情商。

情商的構成因子有以下幾個：一是動機，二是興趣，三是情感，四是性格，五是氣質。情商的五種能力：一是了解自己情緒的能力，二是控制自己情緒的能力，三是激勵自己的能力，四是了解別人情緒的能力，五是維繫融洽人際關係的能力。情緒穩定是擔當大任的器量。

有個故事說，渤海國宰相去世，國王想從兩個優秀的大臣中選一個，國王將二人留在宮中，讓人告知，明天國王宣布你做宰相，然後帶他們到各自房間睡覺。一位內心激動，徹夜難眠；一位鼾聲如雷，不叫不醒，後此人被國王任命為新宰相。國王說，一聽說要當宰相就激動得睡不著覺，說明他情緒不穩定，心裡放不下事。拿得起、放得下才是宰相的肚量。

一個情商高的人，懂得如何把握自己：當別人不在乎你的時候，要自信。信心可以改變險惡的現狀，而自卑自賤，整個生命都要癱瘓。當別人太在乎你的時候，要自斂。春秋時晉國公子重耳使過「韜光養晦」這一招，齊國公子小白也使過這招，後來還有諸葛亮、王安石及現代的領袖人物等，對這一招都至為偏愛，韜晦過之後他們得到的回報是建立了一番彪炳千秋的偉大事業。

論智商，項羽在老練的劉邦面前顯然差的不是一個等級，這些從兩人在楚漢爭霸中的林林總總的瑣碎事情中就可以看出些端倪來，總之，在陰險狡詐、兩面三刀、詭計多端的劉邦面前，單純善良、忠厚老實、中規中舉的項羽是無法相比的。

智商中擁有的必要因素記憶力、思考力、想像力、判斷力、創造力、注意力、觀察力、研究力、表達力等，也都是劉邦占據絕對優勢。論比率智商和離差智商，項羽都和劉邦有差距，這主要體現在劉邦對人才發現的慧眼識丁，對事情判斷的火眼金睛，對形勢反應的目光如炬，如要不然，強大如斯的項羽也不會一步一步衰退下去，也不會一點一滴被劉邦蠶食，也不會落得個「出師未捷身先死」的悲慘下落。

而論情商，又誰會略勝一籌呢？這裡不防將兩人從情商的五個構成因子來進行一番全方位的大比拚。

一是比動機。

動機就是人內心的衝動。行為科學認為，它是推動人們進行各種活動的願望，是驅使和誘發人們從事某種行為的直接動因。在情商活動鏈中，動機是激勵人們獲取智慧的內在動力。

於事情方面來說，項羽的動機就是「彼可取而代之」，也就是說取代大秦王朝是他在事業上的最大動機，也是最遠目標；於感情方面來說，項羽的動機就是「愛到底」，也就是說一生一世呵護好虞姬是他在情感上最大的動機；也是最真誠的願景。

雖然這兩個「動機」都沒有做到，但是項羽卻贏得了世人的尊敬，六個字：專注、專心、專一。對事業專一，對愛情專一，這樣的人，理所當然受人喜愛了。而反觀劉邦，他在事業上的動機是「大丈夫當如是耳」，爭當秦始皇這樣的人物，才是他在事業上最大的動機。於情感方面來說，劉邦的動機就是「路邊的野花不採白不採」，也就是說只要是美女，都有攬入懷中的衝動和慾望。雖然這兩個「動機」都做到了，但是劉邦卻遭到了後人的唾罵，六個字：虛偽、卑鄙、無恥。總之，比動機，顯然是專心致志的項羽勝過專橫跋扈的劉邦。

二是比興趣。

興趣是人的認知傾向和情感狀態，是一種無形的強大心理驅動力。人光靠智商是做不好工作的，光靠別人強迫也是做不好工作的，要做好工作必須自己愛做。問比爾蓋茲（Bill Gates）成功的祕訣，他回答：「做你所愛，愛你所做。」因為有興趣，就有激情；有激情，做事就能全身心地投入，這才能使一個人的品格和長處得到充分發揮。項羽就是這樣的人，他的興趣從本意上來說，應該是喜歡舞刀弄槍、飲酒作樂的，但是從廣義上來看，他正如比爾蓋茲一樣，做他所愛的事、愛他所做的事，革命就是他的所愛，虞姬就是他的最美，並且在整個過程中，都極富激情，展示他的肌肉美（指作戰勇猛剛強）、道德美（指做事光明磊落）、品格美（指做人敢作敢當）、心靈美（指對愛情執著專一）。

而劉邦呢？他的興趣概括起來，大致為兩個方面：一是枕醉江山，說得直白點就是腳踩西瓜皮走到哪算哪。當流氓時，能混口飯吃、能多泡幾個妞就滿足了；當泗水亭亭長時，能以蠻制蠻，管好自己的一畝三分地就行了；斬白蛇起義時，能保全性命，當山大王就行；西征入關時，能當關中王就行。直到封為漢王，他才萌生了爭奪天下之心。人生目標可謂飄浮不定，因勢而動的修正，雖然做到了審時度勢，但是相對於項羽的豪情萬丈、壯志凌雲顯然是有不如的。而整個過程中，還伴隨著劉邦的好酒、嗜酒、酗酒於其中，多次以醉酒的姿態接待「人才」的歸順就是很好的證明，他的江山就是「醉」出來的，雖然有點言過其實，但是也令人深思。

二是愛江山更愛美人，說得再直白點就是好色。這個從他一生中多如牛毛的女人就可見一斑。就連在逃命過程中，都對把妹念念不忘。他和戚夫人的一夜情便是很好的證明，牡丹花下死，做鬼也風流。劉邦的濫情是後人所鄙薄、所不恥的，但是江山易改，本性難移，劉邦直到死也改不了自己的這些本性。總之，比興趣，顯然是興趣盎然的項羽勝過趣味低階的劉邦。

三是比情感。

情感是人對客觀事物或對象所持態度的感受。情感心理研究說明，人情感不僅會激起人的一連串生理反應，更會影響人的想法和決定。情感能轉化人的認知，情感能調解人的行為。不同的情感狀態，必然會導致不同的學習和工作成效。情感主要包括親情、友情、愛情，關於項羽和劉邦的愛情，剛剛已經說了，顯然是痴情、鍾情、專情的項羽完勝薄情、濫情、絕情的劉邦，

而親情和友情呢？在親情方面，項羽尊老愛幼，謙卑禮讓，這從項羽對叔父項梁和項伯的尊重、孝順就可以看出些許端倪來，特別是對兩面三刀、腳踩兩隻船的項伯也能網開一面，也能言聽計從，相當程度上是項羽孝心使然。

而劉邦對待親情卻是冷酷無情、鐵血無情，這從在逃命過程中，為了自己活命，把自己一對兒女三番五次推下馬車就是很好證明。更讓人側目的例子引用《史記》的原文是，「彭越數反梁地，絕楚糧食，項王患之，為高俎，置太公其上。告漢王曰：『今不急下，吾烹太公』」，而劉邦的回答則是：「吾與項羽俱北面受命懷王，曰『約為兄弟』，吾翁即若翁，必欲烹若翁，則幸分我一杯羹。」劉邦面對父親被殺的危險抱著令人吃驚的鎮靜態度，也從另一個角度展現冷酷和鐵血。

在友情方面，項羽為朋友講義氣、講誠信，就算兩肋插刀、赴湯蹈火也在所不辭。比如說他和劉邦最開始是結為拜把子的兄弟，而儘管兩人因為權力和利益進行你爭我奪，但是在鴻門宴上，項羽不管出於什麼原因不殺劉邦是義氣的體現，善待被俘虜的劉邦老爹和老妻也是仁義的體現，而廣武議和後立刻按約定撤軍也是誠信的體現。

相反，劉邦在友情方面，體現的是狡詐、虛偽、厚黑。多次從項羽虎口下脫逃，沒有狡詐是做不到的，而虛偽就更多了。革命開始，請他當沛公時，他三番五次的作秀推讓；韓信逼劉邦封假齊王時，開始大怒的他經

張良、陳平提醒，立刻改口封韓信為真齊王，都可以體現出來；而厚黑，對於劉邦來更是家常便飯了。對項伯使用「美人計」(結兒女親家)，對范增使用「離間計」，對項羽本人使用「調虎離山計」(這個從整個楚漢爭霸中，劉邦派彭越、劉賈等人在後方捅項羽妻子，讓項羽顧此失彼就是很好證明)。總之，比情感，顯然是情真意切的項羽勝過薄情寡意的劉邦。

四是比性格。

性格是人對客觀現實的穩定態度和行為方式。一個人的性格特點往往透過自身的言談舉止、表情等流露出來。前面已經分析過這個問題，在性格方面，項羽顯然屬於感情型、急躁型和孤僻型，雖然感情豐富、直率熱情，但是卻喜怒哀樂溢於言表，情緒易衝動，不苟言笑，驕傲自負，不善交往。

而劉邦顯然屬於敏感型、思考型和想像型，表情細膩、眼神穩定、說話慢條斯理、舉止注意分寸，邏輯思考發達，善於思考，善於夢想，小心謹慎。這也是劉邦比項羽更具人格魅力的原因所在，能在楚漢爭霸中戰勝項羽的信心所在。總之，比性格，顯然是死腦筋的項羽輸給劉邦。

五是比氣質。

氣質是人的性格特質之一，它是指在人的認知、情感、言語行動中，心理活動發生時力量的強弱、變化的快慢和均衡程度等穩定的動力特徵。氣質是在人生理素質的基礎上，透過生活實踐，在後天條件影響下形成的，並受到人的世界觀和性格等控制。

論氣質，項羽擁有自信陽光、從容不迫的氣度；擁有指點江山、唯我獨尊的王霸氣場；擁有平和可親、溫文爾雅的氣魄；擁有堂堂正正、視死如規的氣節。而劉邦呢？他的氣質，他的形象顯然要比項羽差多個等級，這個已經在多方位的比較中有所了解，不必贅述。總之，比氣質，擁有形象堂堂正正的項羽遠勝於形象猥瑣低下的劉邦。

總之，在情商方面，綜上五個因素的比較，項羽 4 ： 1 完勝劉邦。

點評：論智商，項羽顯然是沒法和劉邦比的；而論情商，後人也贊成劉邦勝於項羽的顯然要多。但是筆者卻認為，項羽其實在情商方面還是比劉邦強的，因項羽最終的失敗而強加上太多的負面原因對他是不公平的，特別是抹殺掉他的才情也是不道德的，項羽就像人之初性本善一樣，本身還是有許多優點的，他的人格魅力也是無以倫比的。

項羽有哪些人格魅力呢？一是敢作敢當，二是光明磊落，三是重情重義。敢作敢當主要體現在勇於擔當、勇於負責、樂於奉獻、樂於助人；光明磊落主要體現在，對於自己的所作所為，不管對與錯、是與非，都沒有絲毫掩飾，沒有刻意迴避；重情重義主要體現在情深意重、情有獨鍾，他對虞姬一往情深，那種百般呵護、千般體貼、萬般柔情，是多情而又無情的劉邦無比相提並論的。

第六章

戰與和・英雄江山一鍋煮

一、彭城戰役解析

戰爭來臨時，真理是第一個犧牲品。

—— 海・強生

西元前206年二月，項羽廣發英雄帖，舉行英雄大會，大封特封天下英雄，十八路諸侯也順應而生，項羽自封為西楚霸王，而劉邦為漢王。看似該封王的都封王了，然則此王非彼王，劉邦並不甘心一輩子獨居一隅當漢王。半年後，也就是八月，劉邦出關進攻三秦之地，和項羽保持風平浪靜只有短短數月的光景，楚漢之爭的大幕也就正式拉開。

楚漢戰爭，這場長達四年的爭霸戰主要特點是具有無限擴大的空間。主要關鍵詞就是：好漢敵不過人多。說白了就是劉邦帶著一大幫人來群毆項羽。項羽雖然是戰神，年輕力壯、武藝高強、抗摔打能力強，多次將劉邦打得鼻青臉腫，但是項羽在攻擊劉邦時，自己也露出了「命門」，結果劉邦的幫凶乘機往死裡打，最終，好漢敵不過人多，項羽死於非命。

而這場曠世之戰，概括起來分兩條戰線：主線和支線。主線包含三大戰役，分別是彭城戰役、成皋戰役、垓下戰役，而支線包含四大戰役，分別是三秦戰役、安邑戰役、井陘戰役、濰上戰役。

考慮到三秦戰役，是劉邦手下的大將軍韓信和項羽手下的降將章邯等人之間的較量；安邑戰役是韓信和魏王豹之間的PK戰；井陘戰役是韓信對趙王歇、趙軍主帥陳餘之間較勁；濰上戰役是韓信對龍且，這些都是劉邦和項羽直接部下或間接部下之間的較量，這裡就不多提了，下面，就來看主線的三場戰役，因為這三場戰役才是項羽和劉邦之間真刀真槍的較量。

首先，來看楚漢爭霸之彭城戰役。

(一) 戰爭背景。

當時的項羽憑藉滅秦巨功分封天下，稱霸諸侯！而滅秦的另一主角劉邦卻被封在偏遠的漢中巴蜀之地。漢二年，劉邦因不滿漢中之地毅然出兵定三秦，東向伐楚，而此時，項羽大軍正在東邊平定齊國之亂，後方空虛。劉邦抓住這個機會大舉東進，一路上所向披靡，兵鋒直指項羽的都城彭城。《史記》載：「春，漢王部五諸侯兵，凡五十六萬人，東伐楚。」很多人質疑五十六萬人這個數字，其實這個數字是可信的，劉邦當年在關中的時候統兵十萬，經過漢中整頓，收其巴人等當地民族為軍，後定三秦亦收其兵，完全可以做到翻一倍。

而此時劉邦「劫持」五個諸侯一起進攻項羽（哪五個諸侯？一直有爭議，大概有魏王豹，殷王司馬卬，河南王申陽，塞王、翟王，另有陳餘軍不在此路），而此時東進劉邦傾巢而出，手下重要將領和謀士幾乎全到。

關於劉邦進攻彭城的部署，後世有很多誤解，這裡簡要說明劉邦東進的部署。漢元年八月，劉邦出漢中定三秦。「漢二年三月漢王從臨晉渡」東進。大概劉邦分三路行軍，中路軍由劉邦親自統帥，部將為張良、陳平、韓信，呂澤、張耳、盧綰、夏侯嬰以及五諸侯軍，是從洛陽直接向東，直取彭城。北路軍由曹參、灌嬰率領匯合陳餘軍從梁魯，與中路軍會攻彭城。南路軍由薛歐、王吸（或有王陵軍）自關中出武關走南陽，攻陽夏，向東進攻彭城。

此時關中並不安穩，章邯等勢力還在負隅頑抗。劉邦留下蕭何守關中，周勃圍廢丘，樊噲酈商轉戰關中各地，而立韓王信為韓王平定韓地。

這裡有疑問的是關於韓信的行蹤。很多人認為韓信此時在關中圍章邯，沒有參與彭城之戰，甚至認為是把韓王信當成韓信。這種說法是說不通的，首先韓王信為韓王平定韓地，行蹤確定。韓信的問題主要是因為

〈淮陰侯列傳〉敘述此段時，只說漢王而未提韓信，但是有一點要知道，在韓信的列傳中敘述本身就暗含其人行蹤。

考證韓信生平，我們知道韓信雖然在漢中被劉邦拜為大將，但是一直到彭城之戰都無兵權，其地位只相當於參謀，這個期間他並沒有什麼舉動，太史公自然忽略過去。而後來彭城之敗後，韓信收殘兵敗將在滎陽和劉邦會合更有利地證明其人當時亦在彭城！

漢二年四月，北路軍破龍且於定陶，南下碭和劉邦中路軍會師，接著攻下項羽都城彭城，劉邦似乎已經完勝。

(二) 戰爭狀況。

早在劉邦定三秦的時候，項羽就預感劉邦會東進，不過此時他正帶兵進攻自己後翼的齊國。面對劉邦的攻勢，項羽一面派鄭昌為韓王，前往韓地抵抗劉邦東進，又派陳平平殷王在此布一層防禦線。一面派龍且抵擋劉邦的北路軍，又派兵距陽夏阻攔劉邦的南路軍。除了南路軍史書未明外，其餘各路均告失敗。而項羽寄以厚望的英布卻趁此坐山觀虎鬥。劉邦軍浩浩蕩，五十六萬大軍數月就盡占楚地。此時，項羽陷入前所未有的危機中。

一是面臨兩線作戰。齊國尚未平定，回師救楚，則腹背受敵。

二是兵力的極大懸殊。劉邦諸侯聯軍五十六萬人，規模空前巨大。項羽此時全部兵力不詳，但是必然遠少於五十六萬。

三是後方淪陷，孤軍深入。此時項羽楚地被盡占，沒有根據地的孤軍只能速戰速決。

四是遠離戰場，長徒奔波。敵人則以逸待勞，利用防禦工事抵抗回師楚軍。

五是盟友背叛，政治大環境陷入極度孤立的狀況。

面對如此險惡的政治、軍事環境，項羽一個大膽的策略計畫出籠：以諸將率領大軍繼續平定齊國，作為迷惑劉邦的手段。而自己親自帶領三萬精兵繞道彭城後方，以彭城為釣餌引劉邦上鉤，然後偷襲劉邦後方，盡滅劉邦軍。

項羽的作戰計畫出來，所有人都楞住了！此人傻了，他不但要以三萬盡殲對方五十六萬，還要長途奔波，設局偷襲！

這可以說是前無古人、後無來者的一個瘋狂計劃！

彭城之戰，關於項羽的行蹤甚少有人注意，但是這卻是彭城之戰勝利之關鍵。《史記．項羽本紀》有載：「春，漢王部五諸侯兵，凡五十六萬人，東伐楚。項王聞之，即令諸將擊齊，而自以精兵三萬人南從魯出胡陵。四月，漢皆已入彭城，收其貨寶美人，日置酒高會。項王乃西從蕭，晨擊漢軍而東，至彭城。」這裡清楚地寫明了項羽行蹤的順序。但是大多人採用了《史記．高祖本紀》之記載：「項羽雖聞漢東，既已連齊兵，欲遂破之而擊漢。漢王以故得劫五諸侯兵，遂入彭城。項羽聞之，乃引兵去齊，從魯出胡陵，至蕭。」

為何兩者有差異？這裡我們分析，〈項羽本紀〉排在〈高祖本紀〉前面，事蹟以項羽為主，順序詳細，亦以此為準。而〈高祖本紀〉以劉邦事件為主，項羽事蹟只是插敘。如果讀高祖這段會發現劉邦入彭城強調的是因果關係，並未詳細敘述項羽行蹤，而項羽本紀已說得很清楚了，無須再贅述。

〈項羽本紀〉記載了這樣一句話：「項王『乃』西從蕭。」從中可以推測，項羽三萬兵力在劉邦軍尚未全部入彭城時，已經到達彭城西南斷其後路，等待劉邦全部入彭城給劉邦聯軍致命一擊。而長途奔波，繞道千里，斷敵後路，攻其不備未讓敵人發現任何蛛絲馬跡，可真謂是前無古人！

現在項羽只剩下耐心等待最佳時機給予致命一刀了，不過項羽已經準備好祕密武器了。

(三) 戰爭概述。

騎兵是冷兵器時期世界戰爭史的最大革命，但是卻是個逐漸發展的時期。在馬鐙沒有出現的前騎兵時代，騎兵的發展和應用是緩慢的。中華中原地區早在春秋之際已經有騎兵，但是此時騎兵是小規模的，主要用於載人，並沒有史料證明有騎兵作戰的記錄。

中原地區真正大規模把騎兵用於軍事是戰國時期的趙武靈王，從此騎兵作為輔助性兵種走向戰場。戰國時期由於秦趙臨近北方胡人，所以多有騎兵。但是此時不論是秦還是趙，騎兵都是作為輔助兵種，騎兵放在兩翼後方，配備弓弩，用於偵察、騷擾、偷襲、斷後、追擊等。真正大規模獨立運用騎兵，把騎兵當成主力並用於衝鋒大多以為是在西漢時期的反擊匈奴。這個論述實際上忽略了項羽在中國騎兵史上承前啟後的巨大作用！

彭城之戰是中華民族大規模獨立運用騎兵殲滅步兵的典範。但是史料卻沒有清楚記載，《史記》僅記載項羽自以精兵三萬人，是不是都是騎兵而無史載。這裡我們要從頭來分析，項羽在彭城戰前捨棄大軍千里奔波，最大限度地運用了機動能力，用騎兵合情合理。

彭城之戰時，項羽偷襲劉邦運用騎兵的衝擊力衝散大軍，又採用驅趕的方式使其落水，以及騎兵追逐包圍劉邦，這裡都可以看到戰術上運用騎兵的影子。彭城之戰後，《史記・灌嬰列傳》記載：「楚騎來眾」，而後劉邦招攬舊秦騎兵組成獨立騎兵軍團，任命灌嬰指揮。從這裡我們看出項羽騎兵的威脅促使劉邦大力發展騎兵（後期招攬大量胡人，樓煩人為其騎兵）。劉邦曾經滅秦時多次和秦軍作戰，卻一直沒有發展騎兵，一個側面可以證明項羽之騎兵和秦之騎兵有不同的用途和編制。

戰國時期，騎兵用於輔助沒有獨立作戰及用騎兵衝鋒的戰例（主要是沒有馬鐙，騎兵缺乏衝擊力及長途奔波的持續力）。到了彭城之戰，由於是偷襲戰，主要用於騎兵踏營、衝散、驅趕造成敵人混亂而使騎兵第一次大規模獨立衝鋒作戰，顯然戰果是輝煌的，為中華騎兵大大寫下一筆。

關於項羽的騎兵，應該是在鉅鹿之戰後（鉅鹿之戰項羽用的是步兵，無騎兵的痕跡）收編秦與趙之騎兵組成了騎兵軍團。項羽自殺時說得到自己的坐騎烏騅馬有五年，按此推斷得烏騅正是在鉅鹿大戰左右。

(四) 作戰過程。

項羽把大部隊留在齊國迷惑劉邦，自己運用騎兵的機動性，繞道彭城西南的蕭縣。等待劉邦諸軍全部進入彭城，混亂不堪，而且大將忙著部署北邊建立防禦，劉邦等主帥鬆懈的最佳時機，開始西出蕭縣，向東進攻彭城。

項羽選擇的是早晨發動偷襲。選擇早晨看得出項羽對時機把握的老辣，早晨敵人尚在睡夢中，處於最疲憊的時候，突然遭遇大規模偷襲，其慌亂可想而知！而自己可以利用早晨天亮明瞭敵方情況，選擇合適有效的戰術最大限度消滅敵人。很多偷襲喜歡放在夜裡，這樣有利掩藏行蹤。但是項羽此次不光要造成敵方混亂，更要全殲敵軍。

項羽在戰術的選擇上直接攻擊劉邦指揮中樞，造成劉邦聯軍指揮系統癱瘓！這樣聯軍就無法組織有效的反抗，然後項羽死死咬住劉邦的主力進行攻擊，不給劉邦喘氣的機會。而且利用驅趕的方法把他們逼到河流邊上，使他們因為擁擠掉進河中淹死或自相殘殺！而劉邦聯軍猶如從雲霧端落入無底的深淵，昨天還意興盎然，大勝在握；今天就兵從天降，不知其然！不明白實情的聯軍又沒有得到有效的組織，像無頭蒼蠅四處亂撞，此時正中項羽之計。由於兵力上的極大懸殊，如果硬拚無論如何都是要被消耗怠盡。

這裡項羽用騎兵驅趕引誘把聯軍引向南方的穀、泗水，在此項羽展開攻擊，殺聯軍十餘萬人。聯軍為了活命拚命南逃，逃到更南的靈壁東睢水上，這樣聯軍自相殘殺，被擠落水十多萬人。彭城之戰終成了一面倒的局勢，剩下就是追擊殘兵敗將，擴大戰果，收拾殘局的事了。可惜由於項羽兵力單薄，追擊戰漢軍頂住了楚兵的追擊。

（五）戰爭結果。

漢軍統帥劉邦從開始就被楚軍咬住，在彭城西刊利用舊情使楚將丁公放了自己一馬，逃出彭城被楚軍圍住，由於大風吹散楚軍陣型，劉邦得以逃脫。劉邦此時向北逃跑，過老家沛縣，欲收家小向西，卻引來楚騎，家小被楚軍抓到，靠推兒子女兒總算逃過一劫。

劉邦老婆呂后的兄長呂澤跟隨劉邦參與彭城之戰，戰敗後先帶兵逃到下邑。劉邦繞了大圈子跑到下邑，收其散兵才緩過勁。

（六）戰爭作用。

此戰可以以完勝結局，不但殲滅劉邦主力，使劉邦陷入「發關中老弱未傅悉詣滎陽」的危機局面，更扭轉了項羽四面楚歌、孤立無援的政治局面，重新占據楚漢戰爭的主動權。在大的政治環境方面，原來投向劉邦的盟軍此時又背叛劉邦，或者投靠項羽，如塞王、翟王。有的則重新脫離劉邦的控制走向劉邦的對立面，如魏王豹、陳餘。

但是這場完勝的戰役卻留下了遺憾，此戰並未抓到主帥劉邦，使劉邦逃往西邊，占據滎陽成皋之地利，依靠關中之資源，拉開四年之久的楚漢角逐戰，最後依靠優越的地理和物質資源以及項羽後方的游擊戰大師彭越，並且靠整個集團的優勢力量，終於拖垮項羽，贏得天下。

點評：彭城之戰中，項羽面臨盟友背叛、孤立無援、孤軍深入、後方失守、兩線作戰、兵力懸殊的種種危機，而大膽使用策略奇襲，用三萬騎兵全殲劉邦聯軍五十六萬，獲得空前絕後的勝利。其策略之大膽，謀略之深遠，部署之完美，行軍之迅速俐落，攻擊之準確老辣，戰術之巧妙有效，戰果之輝煌無敵，無不令人咋舌！

而此戰在如此不利的形勢下，創造如此輝煌的戰績，其勝利的原因在哪呢？表面上看讓人感到匪夷所思，後人歸為劉邦的輕敵大意，聯軍的戰鬥力低下，楚軍的出其不意和英勇善戰！

如果是這樣分析就太淺薄了，劉邦為什麼這麼大意？劉邦的諸多謀臣大將難道沒有一個謹慎小心的嗎？實際上彭城之戰，當時只要有一個將領帶幾萬士兵抵抗項羽一段時間就可以讓聯軍組織軍隊抵抗，利用數量的優勢擊敗項羽。雖然聯軍不好指揮，戰鬥力低於項羽軍，但是劉邦的二十多萬軍隊可是久經沙場的精銳，何至於讓三萬楚兵打得一敗塗地？

二、成皋戰役解析

犬戎腥四海，回首一茫茫。血戰乾坤赤，氛迷日月黃。將軍專策略，幕府盛材良。近賀中興主，神兵動朔方。

——杜甫〈送靈州李判官〉

成皋之戰，始於西元前 205 年五月，迄於西元前 203 年八月，前後歷時兩年多。它是西楚霸王項羽和漢王劉邦圍繞策略要地成皋而展開的一場決定漢楚興亡的持久爭奪戰。在這場戰爭中，劉邦及其謀臣武將注意政治、軍事、經濟多方面的配合，將正面相持、翼側迂迴和敵後騷擾等策略加以巧妙運用，調動、削弱直至戰勝強敵項羽，從而成為中國古代戰爭史上以弱勝強的又一個成功典範。

(一) 戰爭背景。

彭城之戰使漢軍主力遭到殲滅性的打擊，楚軍乘勝實施策略追擊，一些原來追隨劉邦的諸侯這時見風使舵，紛紛背漢投楚，形勢對劉邦來說殊為嚴峻。不過劉邦畢竟是一位強者，為了扭轉不利的戰局、改變楚強漢弱的態勢，他果斷採納謀士張良等人的正確建議，在政治上爭取同項羽有矛盾的英布，重用部下彭越、韓信，團結內部力量；在軍事上制定據關中為根本，以正面堅持為主；敵後襲擾和南北兩翼牽製為輔的對楚作戰方針，並一一予以實施。

漢二年 (西元前 205) 四月彭城之戰，漢軍慘敗。五月，劉邦、韓信收拾殘部，退至滎陽。滎陽西面的成皋，古稱虎牢，北臨河水 (黃河)，南傍嵩山。城東，汜水由嵩山間向北流入河水，歷來是屏障洛陽、進而確保關中安全的軍事重鎮。其時，蕭何調發關中老弱及未成年者從軍，漢軍軍勢復振。韓信領兵迎擊楚軍追兵於京、索間，初步穩住陣腳。

劉邦又以灌嬰為騎兵將領，率郎中騎兵與楚軍騎兵激戰於滎陽東，阻遏楚軍攻勢。漢軍築甬道至河水，取敖倉積粟食用，下定決心扼守滎陽、成皋，依託關中，與楚軍長期抗衡。在此之前，英布被漢使者隨何說動，舉兵反楚。項羽急遣項聲、龍且討伐英布，兵力受到很大牽制。六月劉邦返回漢都櫟陽，採取措施安定後方，並令丞相蕭何治理關中，負責補充兵員，供應糧秣。

(二) 戰爭概述。

八月，韓信奉命開闢北方戰場。九月破魏，後九月破代，三年十月擊滅趙軍主力。劉邦亦遣兵一部渡河水，攻克河內、朝歌、安陽、邯鄲，接應韓信。項羽此時始察漢軍意圖，幾次遣騎兵渡河爭奪趙地，均被韓信擊退。

十二月，被龍且擊敗的英布潛行至滎陽，協助劉邦防禦。不久，項羽全力發動攻勢，多次切斷甬道，使漢軍乏食。劉邦聽酈食其之言，欲遣使復立六國貴族後裔，以分散楚軍力量，被張良阻止。後納陳平之謀，遣奸細散布流言，離間項羽上下關係。

四月，楚軍圍困劉邦於滎陽。劉邦於危急之際，始行緩兵計，遣使求和，願割滎陽以東予楚；繼施反間計，使項羽猜忌主要謀士范增，致范增憤然辭去。五月，用將軍紀信計，令周苛等堅守城池，以紀信作替身，出東門詐降，自與陳平等趁亂由西門逃離滎陽，經成皋入關。項羽燒死紀信，指揮楚軍緊圍滎陽，奪占成皋。

劉邦在關中徵得新兵，本欲東進，被轅生諫阻，乃依其言引兵經武關、出宛、葉，以吸引楚軍，減輕滎陽一線漢軍壓力。項羽率主力南下，漢軍堅壁不戰。其時，彭越軍渡睢水，在下邳擊殺楚將薛公。項羽留終公守成皋，自領兵東征彭越。劉邦乘機北上，擊敗終公，收復成皋。

六月，項羽擊敗彭越，復以凌厲攻勢拔滎陽，烹周苛，進圍成皋。劉邦倉促逃出成皋北門，渡河水北去。楚軍欲乘勢西進，被漢軍阻於鞏縣一帶。八月，劉邦率原屬韓信指揮的漢軍臨河水北岸，欲與項羽交鋒，復納鄭忠之言，深溝高壘，堅壁不戰。同時，命韓信在趙地組建新軍擊齊；遣盧綰、劉賈率兵 2 萬渡白馬津，深入楚地，協助彭越擾楚後方。九月，項羽聞彭越等攻下睢陽、外黃等 17 城，大驚，復領兵東歸。

臨行，留大司馬曹咎守成皋，囑其謹慎勿戰。劉邦欲捨棄成皋以東地區，專力屯守鞏縣、洛陽。酈食其極力諫阻，勸劉邦乘楚軍無暇西顧之機收復滎陽，占據敖倉，攻奪成皋，控制用兵要地，相機破敵。又自薦遊說田廣，使其附漢。劉邦從其計。四年十月，連續數日遣士兵辱罵曹咎，激其出戰。曹咎領兵出城，渡汜水，欲與漢軍交鋒。劉邦趁其半渡，揮軍猛攻，大破楚軍，再次收復成皋。曹咎及司馬欣、董翳皆自殺。劉邦遂率漢軍駐於廣武，取食於敖倉，並圍楚將鍾離昧於滎陽。

(三) 戰爭過程。

漢二年（前 205 年）五月，劉邦和楚軍在滎陽展開肉搏戰時，劉邦的部下蕭何在關中徵到大批兵員補充前線，韓信也帶部隊趕來與劉邦會合。漢軍得到休整補充後，實力復振，將楚軍成功地遏阻於滎陽以東地區，暫時穩定了戰局。滎陽及其西面的成皋，南屏嵩山，北臨河水（黃河），汜水縱流其間，為洛陽的門戶，入函谷關的咽喉，策略地位十分重要。自五月起，漢、楚兩軍為爭奪該地展開了一場曠日持久的戰爭。

交戰初，劉邦即按照張良制定的謀略，實施正面堅持、敵後襲擾和翼側牽制的作戰部署，以進攻輔助防禦，遊說英布倒戈，從南面牽制項羽；派遣韓信破魏，保障翼側安全；聯繫彭越，襲擾項羽後方，從而有力地延緩了項羽的進攻。同時劉邦讓蕭何治理關中、巴蜀，鞏固後方策略基地，轉運糧食兵員，支援前線作戰；還採納陳平的計謀，派遣間諜進行活動，分化瓦解楚軍。

劉邦方面的這些措施雖然發揮了牽制楚軍、鞏固後方的正向作用，但是正面戰場的形勢依然不怎麼樂觀。項羽看到漢軍的勢力有增無減，十分不安，便於次年春調動楚軍主力加緊進攻滎陽、成皋，並多次派兵切斷漢軍的糧道，使劉邦的部隊在補給上產生很大的困難。

五月間，項羽大軍進逼滎陽，劉邦內乏繼糧，外無援兵，情勢日趨危急。劉邦採納張良的緩兵之計，派出使臣向項羽求和，表示願以滎陽為界，以西屬漢，以東歸楚，但是遭到項羽的斷然拒絕。劉邦無奈，只得採納將軍紀信的計策，由紀信假扮漢王劉邦，驅車簇擁出滎陽東門，詐言城中食盡，漢王出降，矇騙項羽，而自己則乘機從滎陽西門逃奔成皋。項羽發現自己受騙上當後勃然大怒，燒死紀信，率兵追擊劉邦，很快攻下了成皋，劉邦倉皇逃回關中。

劉邦從關中徵集到一批兵員，打算再奪成皋。謀士轅生認為這不是善策，建議劉邦派兵出武關，調動楚軍南下，減輕漢滎陽守軍的壓力；同時，讓韓信加緊經營北方戰場，迫使楚軍分散兵力。劉邦欣然採納這個計策，率軍經武關出宛、葉之間，與英布配合展開攻勢。

與此同時，韓信也率部由趙地南下，直抵黃河北岸，與劉邦及滎陽漢軍互相策應。漢軍的行動果然調動了項羽的南下。這時劉邦卻又轉攻為守，避免同楚軍進行決戰，而讓彭越加強對楚後方的襲擊，彭越不負所望，進展迅速，攻占了要地下邳，直接造成楚都彭城的威脅。項羽首尾不能兼顧，被迫回師東擊彭越，劉邦乘機收復了成皋。

六月，項羽擊退彭越後，立即回師西進，對劉邦發動第二次攻勢，攻占滎陽，再奪成皋，並繼續西進。劉邦軍倉猝北渡黃河，逃到小修武，在那裡劉邦徵調到韓信的大部分部隊，以支撐危局，增強正面的防禦。劉邦深知項羽的厲害，這時便命漢軍一部拒守於鞏，一部屯駐小修武，深溝高壘，不與楚軍交鋒。同時派韓信組建新軍東向擊齊，繼續開闢北方戰場。

又命劉賈率領二萬人馬從白馬津渡河，深入楚地，協助彭越，擾亂楚軍後方，截斷楚軍糧道。彭越得到劉賈這支生力軍的支援，很快攻占了睢陽、外黃等 17 座城池。彭越、韓信的軍事行動，造成項羽側背嚴重的威脅，迫使項羽在九月間停止正面戰場的攻勢，再次回師攻打彭越。項羽臨行前，告誡成皋守將曹咎說：「小心堅守成皋，即使漢軍挑戰，也千萬不要出擊，只要能阻止漢軍東進，他 15 天內一定擊敗彭越，然後再與將軍會師。」項羽很快收復了 17 座城池，但是沒有能夠消滅彭越的游擊軍，它繼續在威脅楚的後方。

漢四年（西元前 203 年）十月，劉邦聽取謀士酈食其的建議，乘項羽東去之機，反攻成皋。守將曹咎開始還遵照項羽的告誡，堅守不出，但是經不起漢軍連日的辱罵和挑戰，一怒之下，率軍出擊。劉邦見激將法奏效，便運用半渡擊之的戰法，大破曹咎所部楚軍於汜水之上，曹咎兵敗自殺，漢軍乘機再奪成皋，並乘勝推進到廣武一線，收敖倉積粟以充軍用，並在滎陽以東包圍了楚將鍾離昧部。

項羽聽到成皋失守，大驚失色，急忙由睢陽帶領主力返回，與漢軍爭奪成皋，與漢軍對峙於廣武，欲與劉邦決一雌雄。可是漢軍依據險要地形，堅守不戰。雙方對峙數月，項羽無計可施。這時適逢韓信攻占臨淄，齊地戰事吃緊，項羽不得已只好派龍且帶兵二十萬前往救齊，這就更加減弱了正面戰場的進攻力量。

到了十一月，韓信在濰水全殲了龍且的部隊，平定齊國，使項羽的處境更趨困難。幾個月後，楚軍糧食缺乏，既不能進，又不能退，白白地消耗了力量，完全陷入了被動。

這時，漢軍韓信部已經破魏，破趙，降燕，平定三齊，占領了楚的東方和北方的大部地區，完成了對楚的策略包圍。彭越的游擊軍則不斷擾亂楚軍後方，攻占了昌邑等 20 多座城池，並多次截斷楚軍的補給線。英布所部在淮南也有所發展。項羽腹背受敵，喪失了主動，陷於一籌莫展的境地。雙方強弱形勢已發生根本的變化。項羽見大勢盡去，遂被迫與劉邦議和，以鴻溝為界，中分天下，爾後引兵東歸。成皋之戰以漢勝楚敗而告終。

(四) 戰爭結果。

成皋之戰歷時一年半左右，雙方共投入百萬以上兵力。劉邦及其謀臣始終注意政治、軍事、外交的配合，主戰場與次戰場的呼應，前方與後方的協調，將正面相持、翼側迂迴和後方襲擾結合起來，調動、疲憊、削弱強敵，經反覆搏鬥，終於完全改變了力量對比，為滅楚興漢奠定了堅實基礎。

(五) 戰爭作用。

劉邦以弱小的力量，在成皋之戰中戰勝強大的楚軍，這除了政治上注意爭取人心和團結內部外，軍事上的勝算主要在於對策略處置得比較適當和作戰指揮的高明正確。

這具體表現為：第一，重視策略後方基地的建設，使漢軍在人力物力上得到源源不斷的補充，能夠堅持長期的戰爭。第二，彭城失利後，鑒於漢弱楚強的實際情況，適時改變策略方針，轉攻為守，持久防禦，挫敗項羽的速決企圖。第三，制定出正面堅持、南北兩翼牽制、敵後襲擾的作戰部署，並堅決付諸實施，使楚軍陷於多面作戰的困境，顧此失彼。第四，實施靈活機動的作戰指導，致人而不致於人，千方百計調動對手，使之疲於奔命；並積極爭取外線，逐步完成對楚軍的策略包圍。第五，巧妙行間，分化瓦解敵軍，善於爭取諸侯，最大限度地在軍事上孤立項羽本人。

項羽作為一員叱吒風雲的歷史人物，在當時的政治舞臺上曾放射過奪目的光彩，然而他最終還是失敗了，這與他政治上、軍事上的失策是密切相聯的。

他分封諸侯，違背了歷史發展的趨勢；他嗜殺好戰，激起了民眾的反對；他不重視爭取同盟，造成了自己的孤立；他不善於起用人才，團結內部，導致了眾叛親離；他不注意策略基地建設，以至於無法長期支持戰爭；

他缺乏策略頭腦，只知道一味死打硬拚，沒有主要的打擊方向，決定了他雖然能夠贏得不少戰役、戰鬥的勝利，但是卻不能扭轉策略上的被動，最終導致了戰爭的徹底失敗。

點評：此戰，是歷史上著名的策略防禦戰。劉邦以正面相持、兩翼進攻、後方襲擾相結合的軍事謀略，分散、調動、削弱楚軍，阻止楚軍西進，爭取時間，發展力量，最終形成三面夾擊楚軍之勢，變被動為主動，變劣勢為優勢。

此戰是劉邦戰勝項羽的重要戰役，項羽戰場指揮的成功和策略指導的失策之間的巨大矛盾反差，以及由此而產生的結局，留給後世軍事家極其深刻的歷史教訓。

三、垓下戰役解析

不為戰爭和毀滅效勞，而為和平與諒解服務！

—— 海塞

漢高祖五年（西元前 202 年）十二月，在楚漢戰爭中，楚漢兩軍在垓下進行了一場策略決戰。

(一) 歷史背景。

西元前 203 年（漢高祖四年）八月，與漢軍對陟於廣武的楚軍糧盡；而劉邦也沒能調來韓信、彭越等人的軍隊，無法對楚軍進行最後的合圍。於是，雙方進行了歷史上著名的「鴻溝和議」，以戰國時魏國所修建的運河鴻溝為界，劃分天下。九月，西楚霸王項羽率十萬楚軍繞南路、向固陵方向的迂迴線路向楚地撤軍。

但是，正當劉邦也打算率軍西返之時，張良、陳平卻建議撕毀鴻溝和議，趁楚軍疲師東返之機自其背後發動偷襲。張、陳二人認為：「漢有天下太半，而諸侯皆附之。楚兵罷食盡，此天亡楚之時也」，建議「不如因其機而遂取之」。

劉邦於是採納二人建議，遂背約，向楚軍突然發起策略追擊作戰。大軍追至夏南時，劉邦約集韓信、彭越南下，共同合圍楚軍。由於韓信及彭越未如約出兵合擊楚軍，結果劉邦在固陵被項羽打敗。劉邦慌忙率軍退入陳下，並築起堡壘堅守不出，而楚軍又一次合圍了劉邦。

堅守壁壘的劉邦向張良詢問：「諸侯不從約，為之奈何？」張良回答：「楚兵且破，信、越未有分地，其不至固宜。君王能與共天下，今可立致也。即不能，事未可知也。君王能自陳以東傅海，盡與韓信；睢陽以北至谷城，以與彭越：使各自為戰，則楚易敗也。」

於是，劉邦採納張良的意見，將陳以東直到大海的大片領土封給齊王韓信；睢陽以北至谷城封給彭越。就這樣，劉邦以加封土地為報酬，終於搬動了韓、彭二人，使他們盡數揮軍南下，同時命令劉賈率軍聯合英布自淮地北上，五路大軍共同發動對項羽的最後合圍。垓下之戰隨之開始。

(二) 戰爭過程。

西元前 202 年（漢高祖五年）十月下旬，灌嬰引兵進占彭城，同時攻下楚地許多地區。被劉邦封為淮南王的英布也遣將進入九江地區，誘降了守將、楚大司馬周殷，隨後合軍北上進攻城父。劉邦也由固陵東進，形勢對楚極為不利，項羽被迫向東南撤退。十一月，項羽退至垓下，築壘安營，整頓部隊，恢復軍力，此時楚軍尚有約十萬人。

漢軍以韓信親率三十萬人為主力，孔將軍為左翼，費將軍為右翼，劉邦坐鎮後方，周勃、柴武等預備軍在劉邦軍後待命。韓信親率漢軍發動攻勢，初戰進攻受挫後退，在楚軍準備追擊時漢軍左右兩翼迂迴夾擊楚軍，兩軍短兵相接陷入膠著，這時韓信帶領大軍返身再戰，楚軍在三面夾擊中被擊敗。項羽被迫退回垓下城。

就是在這樣一種情況之下，韓信三十萬主力與劉邦本部軍二十多萬合兵一股，排出五座連陣，向盤踞於垓下困守的十萬楚軍發起了最後的進攻！

韓信率主力大軍五六十萬，排出了這樣一個陣形：韓信親率三十萬大軍居中，為前鋒主力；將軍孔熙率軍數萬為左翼；陳賀率軍數萬為右翼；劉邦率本部主力尾隨韓信軍跟進，將軍周勃率軍斷後。

而項羽方面，對於楚軍而言，現在的情況既不能守、也不能退。後勤斷絕、無糧而守，無異於坐以待斃，後退則江北四郡皆已經被占，無路可退；退回江南則路途遙遠，且道路被劉、英軍所阻，必陷於漢軍前後夾擊之中。

楚軍雖敗，但是漢軍亦傷亡慘重，僵持中，漢軍夜間高唱楚歌。(傳說中有稱是張良用計，讓漢軍夜夜高唱楚歌以瓦解楚兵鬥志，但是《史記》中實際並無誰故意「用計」的記載，部分學者認為可能是同為楚人出身的劉邦部隊看到數年征戰，最後勝利在望，自發地唱起楚歌。)

楚軍自項羽以下莫不以為漢已盡得楚地，乃士氣崩潰。項羽眼見大勢已去，便乘夜率領八百精銳騎兵突圍南逃。天明以後，漢軍得知項羽突圍，於是派遣五千騎兵追擊。項羽渡過淮水後，僅剩百餘騎相隨，行至陰陵因迷路耽擱了時間(《史記》中交代因田父欺騙)，被漢軍追及，項羽突至東城，手下僅剩二十八騎。

項羽指揮這二十八騎，來回衝陣，再次殺開一條血路，向南疾走，至烏江邊，自覺無顏見江東父老，乃令從騎皆下馬，以短兵器與漢兵搏殺，項羽一人殺漢軍數百人，自己身亦被十餘創，最後自刎而死，年三十一歲。項羽死後，漢軍全殲八萬楚軍，楚地皆降漢，獨項羽原封地的魯人不肯投降（楚懷王曾封項羽為魯公），後劉邦將項羽首級示魯，魯人乃降。至此，歷時四年半之久的楚漢戰爭終以劉邦的勝利而告終。

(三) 戰爭作用。

西元前 202 年（漢高祖五年）二月甲午日，劉邦稱帝於汜水北岸，建立西漢政權。（漢初承秦制，以十月為歲首。也即漢高祖五年的第 1 個月為十月，接下來為十一月、十二月、一月、二月、三月、四月、五月、六月、七月、八月、九月。二月為當年的第 5 個月。）

點評：垓下之戰，漢軍適時發起策略追擊，積極調集援兵，多路圍攻，以絕對優勢兵力全殲楚軍，創造了中國古代大規模追擊戰的成功戰例。垓下之戰，是楚漢相爭中決定性的戰役，它既是楚漢相爭的終結點，又是漢王朝繁榮強盛的起點，更是中國歷史上具有里程碑意義的轉捩點，它結束了秦末混戰的局面，奠定了漢王朝四百年基業。

此戰中，楚軍失敗原因有下列幾點：

一、西楚國位於長江以北的全部土地均已失陷，十萬楚軍成為絕對的孤軍。

二、楚軍缺糧已經幾個月，士兵飢餓，軍隊根本沒有半點補給。

三、漢軍聯兵約七十萬，且精力飽滿、糧食充足、士氣旺盛，而項羽孤軍十萬，連續久戰疲憊，決戰之時已是十二月的大冬天，而楚軍剛從廣武前線上撤下來，未經補給，多為穿著夏秋季的裝備，寒冷飢餓，士氣潰散。

四、漢軍分五路有秩序推進，先占楚土，再行合圍，步步為營，包圍完善，楚軍難以發動突然性的反攻。

五、楚軍離江東五郡距離遙遠，即使衝破包圍圈，也很難在漢軍的追擊下及時回到己方領土，可以說是「突圍無效」。

四、項羽的軍事才能是如何練成的

古徐州形勝，消磨盡，幾英雄。想鐵甲重瞳，烏騅汗血，玉帳連空。楚歌八千兵散，料夢魂，應不到江東。空有黃河如帶，亂山回合雲龍。

漢家陵闕起秋風，禾黍滿關中。更戲馬臺荒，畫眉人遠，燕子樓空。人生百年如寄，應開懷，一飲盡千盅。回首荒城斜日，倚欄目送飛鴻。

——元代・薩都剌〈徐州懷古〉

在司馬遷的《史記》裡，沒有稱帝的項羽卻被放置在《本紀》裡，排在前面是一統六國、要傳萬世的秦始皇，後面則是白手起家、安定天下的漢高祖。不同於秦始皇的雄渾祖業、氣吞八荒，也不同於劉邦的御人有術、屈伸有度，項羽的氣質，就是熱血戰鬥與不斷征服，是一個標準軍人的姿態屹立在史書中的。

實際上，仔細考察司馬遷對於項羽的態度，總會有很多的疑惑。做為「勝者為王」的漢朝史官，司馬遷不可能對漢王朝曾經的敵對者大加讚美，這是對本朝的不尊敬與褻瀆，是要掉腦袋的。但是〈項羽本紀〉這篇讀下來，有很多地方能體現出司馬遷對項羽的推崇之處。在司馬遷生活的時代，軍人建功立業者甚多，時代的背景也許影響著他的史觀，因此對一位軍人讚美推崇也是有的。

儘管我們不能否定劉邦的軍事才華，但是相對於「戰神」般的項羽來說，還是顯得星光黯淡。項羽是個十分優秀的將領，從幾次著名的戰役之中就可以看出。在「鉅鹿之戰」、「彭城之戰」、「東城快戰」等無不體現了項羽優秀的作戰能力和軍事才能。特別是在楚漢之爭前的鉅鹿之戰無疑代表著項羽最高的軍事成就。

一是得到了同時代人的尊重與認可。鉅鹿之戰結束後，反秦聯軍見項羽的時候皆「膝行而前，莫敢仰視」，佩服得五體投地。二是鉅鹿之戰以「破釜沉舟」詮釋了孫子兵法「投入亡地然後存，陷入死地而後生」，成為軍事歷史上以少勝多的經典戰例寫入了史冊。項羽起事時 24 歲，指揮鉅鹿之戰時 27 歲，初出茅廬就建立了人生的偉業。而彭城之戰，則讓項羽的這種經典戰術發揮得淋漓盡致、完美無瑕。那麼項羽是怎樣用短短的數年時間練就軍事才能的呢？這裡不防對項羽軍事成就的內因外果進行一番淺析。

(一) 擁有「天時」讓項羽在軍事之路上如虎添翼。

什麼是天才？天才是先天的稟賦與後天的努力結合後才能出現的結果。湯瑪斯 · 愛迪生 (Thomas Edison) 說，天才是百分之一的靈感加上百分之九十九的汗水。

名人名言都強調了先天因素在後天努力中的作用。項羽有沒有軍事天賦呢？有，主要體現在以下幾個方面。

一是項羽出身軍事世家。〈項羽本紀〉中稱：項羽「季父項梁，梁父即楚將項燕，為秦將王翦所戮者也。項氏世世為楚將。」可見項羽身上有軍事基因。

二是項羽對學習有極強的領悟力。〈項羽本紀〉寫項羽少時「學書不成，去，學劍，又不成。項梁怒之。籍曰：『書足以記名姓而已。劍一人敵，不足學，學萬人敵。』於是項梁乃教籍兵法，籍大喜，略知其意，又不肯竟學。」項羽學完書，又學劍，學完劍又學兵法，學得怎麼樣呢？他有〈拔山詩〉傳世，說明文學學得不錯；他是帶頭作戰的將領，說明武藝學得不錯；創立「破釜沉舟」經典戰例，說明兵法學得也不錯。

另外，這段對話顯然是一位長者與一位有一定悟性的具有個人主見的少年之間對話，二十歲左右的項羽已經有了一定的教育基礎與劍術基礎，對讀書寫字與劍道有了一定的悟性，才有「書足以記名姓而已。劍一人敵，不足學，學萬人敵」的認知。「略知其意，又不肯竟學」反映出項羽的宏觀把握能力很強。

三是項羽具有軍事指揮員的超級素質。西元前 209 年，項梁與項羽在吳中起事時，項梁實施對會稽太守殷通的斬首行動。緊急情況下，項梁沒有比較寬裕的時間從容對項羽布置，完全靠項羽對項梁意圖的理解、意會來完成。項梁設計了一個殷通接見項羽的機會，項羽馬上明白了項梁的用意，毫不遲疑、毫不手軟，斬下殷通的人頭。

當會稽太守門下看到項梁拎著殷通的人頭，佩著太守的印綬，慌亂一團不知該怎樣應對這突發事件時，項羽馬上「斬殺數十百人」，讓會稽府中人面對這突發事件知道該怎麼表態了。這說明項羽能隨機應變，對局面迅速做出正確反應，智慧與勇氣超過常人。

四是項羽具有一定的思考高度，是天生當軍事指揮員的料。在「革命」中，項梁與項羽為什麼要採取「斬首行動」？不用這種手段能不能得到快速發展呢？答案肯定是不能。建立武裝的基本條件是要有糧餉與人力，還要有旗幟、正義性。

用現在的話說，一是經營項目吸引人；二是符合社會發展潮流；三是有充足的資本，能給大家支付軍餉，大家才跟著你。而藉助於政府的名義、利用政府現有的資源是快速建立自己武裝部隊的最佳選擇。項梁與項羽果斷地對殷太守實施了斬首，項羽並迅速確立了「勇武」為自己的個性形象定位。

他是個只有 24 歲的年輕小夥子，要想在社會中獲得大家的迅速認可並擁戴，要靠什麼呢？首先就是「勇武」，塑造「猛男」形象。所以，當項梁拿著殷通的印綬與頭顱走到太守「辦公廳」時，門下大亂，這個亂，不一定是出現反抗的人，而是發生出人意料的事件，大家不知所措，是跑？還是馬上向項梁叩頭？項羽擊殺近百人，使這些人馬上明白了：該選擇的是叩頭。實際，這些人是不該殺的，「大驚，擾亂」是正常的現象，是可以透過解說，完成穩定人心的工作。但是項羽沒這樣做，為什麼？必須用武力震懾大家，樹立權威，告訴大家應該怎麼表態，然後才有更多的人站在項梁項羽的旗幟下。項羽沒有遲疑，反映出他的思考反應是非常快的。

也許，項羽的「以力征經營天下」策略就是在太守府「公務員」跪地稱臣的這一刻確立的。將個性形象定位於「勇武」並迅速使其獲得社會認可就是緣於這「擊殺數十百人」的事件。這讓項羽找到了獲得廣泛影響力和號召力、征服世界的心理感覺。

(二) 擁有「地利」讓項羽在軍事之路上平步青雲。

項羽最終成為獨立的軍事首領，要經歷若干軍事實踐。

第一，腳踏實地，項羽經歷了宏觀局勢把握的實踐。

建立一個「革命」組織，組建自己的武裝隊伍，都需要做哪些具體工作呢？一是招兵；二是發武器；三是安排集中住宿與訓練的地方；四是籌集糧草；五是安定民心與「革命」輿論宣傳；六是與其他反政府武裝建立聯繫。

這些工作應該都是同時展開的。在這些工作中，項羽應擔負哪些角色？他和項梁有什麼分工？二人如何分工又合作？其實，這一系列的工作開展對項羽的大局觀建立就是一個幫助。項羽承擔的是招兵、發放武器、訓練隊伍、安營紮寨、糧草籌集這些具體工作。項梁呢？應該是接收太守府的財政，下發通令穩定民心，與有錢和有勢力的大戶座談尋求支持，派人與陳勝武裝聯繫。

項梁與項羽這樣的分工，在史書上有沒有記載？沒有。是合理推測。合理推測依據之一是，〈項羽本紀〉中說：「梁乃召故所知豪吏，諭以所為起大事，遂舉吳中兵。使人收下縣，得精兵八千人。梁部署吳中豪傑為校尉、候、司馬。」這句話透露的資訊是項梁做的是接手政府武裝、曉諭地方豪吏工作。派人到所轄縣得精兵八千，那麼一定是由項羽負責管理了。合理推測依據之二是，這支隊伍人數眾多，項梁把他原來發現的人才都安排進來成為大小不同的負責人。這樣大的隊伍組織起來，項梁不可能親自管理，那麼肯定是統一由項羽管理了。

這當中也可以看出項梁具有策略家的眼光。他在吳中為什麼肯圍繞「大傜役」做主事？因為這些活動能與官方打交道，能結交許多有錢的朋友和有地位的官員，能發現與培養將來為自己所用的人才。「有一人不得用，自言於梁。梁曰：『前時某喪使公主某事，不能辦，以此不任用公。』眾乃皆伏。」說明他還能做到知人善任。

項梁會對這些結交下的，在當地有一定影響力的，能發揮穩定民心作用的豪吏說些什麼呢？需要說出起事的原因，申明舉動的正義性：「亡秦」一方面符合楚國貴族利益，一方面符合老百姓的利益。他也可能說出他的出身，是項燕之後，亡秦是項家的義務，他應順應民心，擔負起領導責任來。項梁做為政治家、軍事家、策略家在這個時候應該明白「太子黨」的招牌對號令大家、徵得贊助是有用處的。

會稽豪吏、有錢的大戶在正義旗幟下，在正宗抗秦將領之後的大旗下，該怎樣表現？自然是資助、提供糧餉。這一幕幕，對項羽的策略思想建立，對他的運作方法提高，對他的宏觀局勢把握都是不可多得的經歷。項梁有了一支隊伍，有了行政機構與財政的支持外，下面要做的事是整合力量，壯大實力。

機會來了。陳勝的特使召平來了。陳勝打響了天下滅秦的第一槍，並不等於天下就是姓陳的了，他還要一個地方一個地方的拚，建立自己的地方政權。他還需要將全國各地的反秦武裝聯合起來，形成一股力量。召平就是帶著陳勝的特殊指示，去到廣陵遊說當地武裝歸順陳勝。雖然全國掀起了反秦的浪潮，一些官吏率先倒戈選擇了新的主子，但不是所有的官員都堅信秦朝一定滅亡。

一些官員會對義軍持懷疑態度：「反旗究竟能打多久？」「他們能抵擋住秦政府強大的軍事力量嗎？」在召平還沒有完成陳勝交辦的任務的時候，就得到陳勝失敗的消息，召平無法馬上回去覆命。召平是個聰明人，沒完成陳勝的使命，而且，秦軍很快就打來，怎麼辦？不如假借陳勝的旨意，拉攏與聯合項梁吧？於是召中假傳張楚王陳勝的旨意，拜項梁為張楚的上柱國。「這可是很大的官銜，給你這個官銜，就得做工作，江東已是你的天下，現在緊要的是過江到安徽境內滅秦。」

項梁是情願聽陳勝擺布的人嗎？不是，他是什麼出身？出身軍事世家。陳勝是什麼？是農民工，是因為選擇了造反道路才當上了領袖。所以，可以猜想，項梁未必情願接受陳勝。陳勝要辦的事是在滅秦中壯大實力，這也是項梁要做的，當然，陳勝的旗幟現在比項梁大，有陳勝的旗幟，項梁就有號令其他小股武裝的藉口，有利於實現整合其他武裝的目的，所以，從〈項羽本紀〉中看，項梁沒有猶豫，是欣然接受這個封號的，率隊過江而西。

所有這一切，表面看來是項梁的思考與決策，作為項梁的裨將與學生、姪子，項羽對此是無動於衷嗎？不是，以他的悟性會很快想明白這其中的緣故。所以，在這個時候，我們應該判斷出項羽已經有了大局觀了，已經接受了一次軍事策略選擇的洗禮。

第二，凝心聚力，項羽經歷了調動部隊的領導能力的鍛鍊。

項梁從湖州渡江而西，這個西是先湖州、丹徒、廣陵、盱眙、渡淮，韓信就是在這裡等到了項梁的部隊。

〈項羽本紀〉記述的是歷史過程，一句話：「渡江而西」。但是戰爭是一刀一槍打出來的，是糧草調動、部隊移動具體環節的落實完成的。項梁的部隊從湖州過長江，不是如史書那樣，一句話就到了指定的戰場。

做為一個成熟的軍事首領應該具備指揮運兵、運糧草的經驗與能力。那個時代，渡長江需要多少條船？每條船最多能承載多少人、多少馬匹、多少糧草？船需不需要徵集？總共徵集多少？部隊需幾天渡過？會不會遇到堵截的秦政府武裝或其他別的部隊？沿途士兵是步行還是騎馬？沿途是「柏油公路」還是「羊腸小路」？沿途有沒有河流，需不需要臨時搭橋？近萬人的部隊駐紮需要多大的營盤？紮營都有哪些說道？後來收編了其他武裝是集中紮營還是分散紮營？糧草問題如何解決？如何得到補充？

所有這些問題，歷史著作都省去了，但是實際是不能省去的。項羽雖然是項梁的裨將，但是可以想像，所有這一切對他都是調動部隊的一次全面鍛鍊，為他走向成熟打下了實踐基礎。

人們在創業的初期，都是以自己的親屬、同鄉、同學、朋友為班底的，他們構成團隊的核心。但是沿途還要不斷招兵，壯大隊伍。渡淮後，又整合了英布、蒲將軍的反政府武裝。沿西北到達彭城附近的下邳，部隊停留了下來。為什麼停留在下邳？因為要在彭城建立根據地。彭城，「五省通衢」，中華版圖「腋下」位置，兵家要地，當時是大城市，有一定經濟資本。這個地方應該也是項羽在下相生活期間經常來過的地方。西進北上的過程是徵兵與收容小股反政府武裝、壯大實力建立自己根據地的過程。但是以項梁的六七萬人，達到直接對抗政府武裝還有很大距離。所以，項梁必須找一個地方站穩腳跟。

第三，勇往直前，項羽還經歷了親自作戰的鍛鍊。

革命之初，機會便給了項羽。當時廣陵人秦嘉繼陳勝、吳廣之後在彭城東稱王了，但是自己沒有威信，怎麼辦？於是他找了個楚國貴族景駒做傀儡，當「王」。這是與亡秦的主要領袖陳勝另立中央的舉動，首先是為亡秦隊伍所不恥的，為項梁攻打他提供了由頭。

此時，項梁有了名正言順的身分：張楚王陳勝的上柱國。他可以對自己的部隊做戰前動員：陳王功在第一槍，現在雖然經歷過失敗，不知道他的部隊轉移到什麼地方，但是現在秦嘉勇於與陳王做對，自立山頭，我們有理由替陳王收拾他。

帶隊完成收拾秦嘉的是誰呢？是項羽。項梁的追兵打到山東境內。秦嘉死在山東境內的胡陵，景駒死在山東境內的梁地。這個時候，秦政府武裝章邯部隊到達沛縣要東剿反政府武裝了，「項梁使別將朱雞石、餘樊君與戰。餘樊君死。朱雞石、餘樊君軍敗，亡走胡陵。項梁乃引兵入薛」。第一次與秦軍正面作戰，為什麼不派項羽？表面看來項梁指揮有誤，用人不當。實際不是，他是有意識地試探秦軍實力，並借秦軍消滅異己將領。朱雞石、餘樊君是秦嘉部隊投降過來的。

與此同時，項梁也派項羽攻打襄城。「襄城堅守不下。已拔，皆阬之。」這多方面作戰是為了打出一個寬鬆的環境使部隊得以休整，也使項羽有一個獨立作戰的經歷與經驗。朱雞石兵敗，被項梁正法，項羽也要建立軍功獲得領導威信。此時，項羽需要乾淨俐落的戰績震懾全國，贏得全軍擁戴，繼續塑造「猛男」形象。

(三) 失去「人和」讓項羽在軍事之路上馬失前蹄。

第一，坐井觀天，缺乏策略眼光。

項羽不是個完人，他的軍事才能，只能叫做個人的軍事才能，他全面考慮問題的能力是很弱的，項羽的眼光只停留在當下，只想著面前的這一場戰役如何打贏，所以，他在彭城之戰後的戰役越打越被動。筆者認為項羽的策略眼光不長遠表現在以下幾個方面。這個主要體現在以下三個方面。

一是目空一切 —— 漠視了分封十八路諸侯王的平穩問題。秦末時期是個裂土封王思潮十分盛行的時期，項羽在封諸侯王的問題上有諸多的問題，這體現了他策略上的失誤。他把劉邦分到巴蜀之地做漢王是沒有錯的，但是，他後來追加給劉邦漢中的一塊地，則是個很大的失誤。

劉邦領土的擴張就意味著人口、兵源、糧草的增加，這無疑是在壯大漢軍的力量。給敵人力量其實也相當於在削弱自己。我們知道，在彭城之戰中，是因為項羽在齊地平反，劉邦才敢來偷襲的，而齊地造反的人，就是田榮。田榮是在項羽分封十八路諸侯王後第一個起來造反的人，而且他不僅自己造反，還煽動巴蜀的劉邦、趙地的陳餘一起起來造反。可以說是牽一髮而動全身。彭越就更不用說，在後來的滎陽會戰，彭越領兵多次切斷項羽的糧草線，為他在作戰上帶來十分大的麻煩，導致他作戰的諸多不順。

二是目中無人 —— 蔑視了彭城之戰勝利背後的不穩定問題。彭城之戰雖然項羽打了勝仗，但是那只能算是一場區域性的勝利。彭城之戰後，英布叛變，歸於劉邦旗下，英布叛變就意味著淮南的失守，而淮南則處在彭城的南邊，這對將來劉邦開闢南方戰線攻打彭城是十分有利的。彭城之戰的戰線被項羽一直拉到了滎陽，打到了滎陽，項羽就再也打不過去了。

滎陽這時已是劉邦的地盤，項羽就失去了本土作戰的優勢，且戰線的拉長對於補給是十分緩慢的，這為後來滎陽之戰作戰受阻埋下了不穩定的因素。

三是目不識丁 —— 忽略了北方戰場的重要性問題。在滎陽會戰中，劉邦的手下韓信，從巴蜀開始先後滅了魏、趙、代、齊。開闢了大片的北方戰場，致使漢軍的領土不斷擴張，軍事力量不斷壯大。特別是齊國的滅亡，對楚軍的大本營彭城構成了巨大的威脅。以項羽的軍事才能卻沒有考慮到北方戰場的巨大利益，而叫漢軍搶占先機，不得不說這的確是一個巨大的失誤。

第二，高傲自滿，缺乏自身涵養。

項羽的性格特點十分的鮮明：自信、自負、自尊。自信為項羽帶來的是超人的膽識以及雷厲風行的做派，喜歡出奇制勝，在行軍打仗中勢如破竹，作戰起來十分勇猛。而自信過了頭，就會演變成自負，而這也成為項羽的弱點，對其在軍事與策略上影響巨大。說它是弱點，這個主要體現在以下四個方面。

一是超級自大 —— 獨斷專行，不聽謀士之言。項羽在做決定的時候，通常都是一人斷絕，不商討，不召集會議，謀士軍師等形同虛設。那時劉邦趁楚軍與秦軍交戰之際，先入函谷關。項羽大怒之下決定要攻打，後來劉邦的一番說辭又讓他撤銷這個計畫。決定攻打的是他，放棄這個計畫的也是他，沒有詢問過任何人的意見，這是相當悲哀的。在鴻門宴上，范增曾多次示意項羽殺掉劉邦，項羽卻因為聽信劉邦的謊言，對范增的示意熟視無睹。就這樣放走了劉邦，如果項羽聽了范增的建議，那何來楚漢爭霸。

二是超級自負 —— 不聽良言，留不住人才。前面已經說過，項羽這個人自負，就必定有一個毛病，就是自以為是。所以，人才對他來說基本沒什麼用處，都是他自己決定。跟劉邦相比，項羽底下的謀士我們知道除了范增就沒別人了，而劉邦不一樣，謀士眾多。

更何況從項羽部下跳槽的人員也很多，就我們知道的有：韓信、黥布、呂馬童。其實彭越也可以算一個。這樣看來，項羽的人才缺乏及流失問題十分嚴重，這也就造成了他策略上的失誤，因為客觀上沒有人來替他補充、出謀劃策；主觀上他自己也不願意聽。

三是超級自傲 —— 心胸狹窄，偏聽偏信偏疑。當時劉邦為了離間項羽與范增，就讓陳平使了一出反間計。利用對使者的態度，讓項羽誤以為范增與漢軍勾結，於是在滎陽會戰的關鍵時刻辭用范增，讓他告老還鄉。

對於一個曾經是自己稱為「亞父」的人都如此的多疑，而信一個使者所報告的表面現象，可以說項羽真的是看不清事情的本質，十分多疑。項羽因自身有優越的軍事才能，少年得志仕途順利，且無自知之明而形成自負的性格。可以說他的自負，影響了他行軍作戰本有的天賦，讓他在楚漢爭霸中到最後成了失敗者。

四是超級自狂 —— 殘暴不仁，嗜好武力征服。這個具體體現在以下六個方面。

首先，項羽喜歡屠城。就連對項羽充滿感情的司馬遷也不得不記錄下項羽的六次屠城。屠城，殺的都是手無寸鐵的平民百姓。

其次，項羽喜歡脅持人質。一次是脅持王陵的母親，逼迫王陵投降。王陵的母親大義凜然，讓人捎話帶給王陵：講到漢王仁者，要王陵忠於漢王。為了免除項羽的脅迫，這位年過半百的母親竟然刎頸而亡。可能還沒有嚥氣吧，惱羞成怒的項羽竟然殘忍地烹殺這位婦女。這件史實記錄在司馬遷《史記》的王陵列傳中。

一次是拿劉邦的父親作為人質，要挾劉邦投降。當代史學家竟無一人抨擊項羽的這種無能的卑鄙的行為，反而集體抨擊劉邦的無情無義，連自己的父親都不顧。試想，劉邦在那種情況下，稍微表現出真情，就只能增加項羽脅迫的籌碼，只有表現出滿不在乎，才能救其父親於萬一。在這件事情上恰恰表現出項羽的無能與不擇手段。

第三，項羽喜歡殺降。一是坑殺秦降卒 20 萬，一是殺已降的子嬰。

第四，項羽幾次以下犯上，例如，殺宋義，殺楚懷王熊心。

第五，項羽違背盟約，無信無義。

第六，項羽殘忍殺害曾經救助過項梁與他的秦郡守。

點評：關於楚漢相爭項羽為何會被百戰百敗的劉邦滅亡，除了上述原因，項羽還犯了一個超級大錯，就是派往守成皋的大司馬曹咎。

曹咎剛開始還遵照項羽的告誡，堅守不出，但是經不起漢軍連日的辱罵和挑戰，一怒之下，率軍出擊。劉邦見激將法奏效，便運用半渡擊之的戰法，大破曹咎所部楚軍於氾水之上，曹咎兵敗自殺，漢軍乘機再奪成皋，並乘勝推進到廣武一線，收敖倉積粟以充軍用，並在滎陽以東包圍了楚將鍾離昧部。要知道項羽已經在後方打敗趕跑了彭越等「搗蛋鬼」，如果曹咎能稍微堅持一下或者劉邦膽子稍微小一點，等項羽回師對付劉邦，或許歷史就會因此而改變。

五、對比項羽和劉邦的軍事才華

漢屈群策，群策屈群力。楚憞群策而自屈其力。屈人者克，自屈者負，天曷故焉。

——《揚子法言・重黎》

一、劉邦卓越的軍事才華

如果說彭城之戰、成皋之戰、下垓之戰幾乎是項羽單方面的個人表演，那麼，「配角」劉邦是不是就沒有什麼軍事才能呢？答案是否定的，其實論軍事才能，劉邦絕對是名將中的名將！劉邦一生親自率兵南征北戰橫掃天下，一生就一次彭城之敗，還是受那些垃圾諸侯連累。

那麼曹操敗了多少次？不是一樣號稱三國第一嗎？劉秀數次敗績，被譽為軍事最優秀的皇帝之一。參考劉邦整個戰鬥生涯，這是一個軍事水準成長為絕世名將的過程。

(一) 在起義伐秦中的表現：

一是攻胡陵、方與。(周勃) 勃以中涓從攻胡陵，下方與。(周勃從高祖，勝)

二是秦泗川監平將兵圍豐，二日，出與戰，破之。(勝)

三是泗州守壯敗於薛，走至戚，沛公左司馬得泗川守壯，殺之。(勝，還殺了秦朝三十六郡之一的郡守)

四是沛公引兵攻豐，不能取。(雍齒反叛，劉邦攻取不下，平)

五是東陽甯君、沛公引兵西，與戰蕭西，不利。曹參從高祖：擊秦司馬枿軍碭東，破之。(曹參從高祖大破司馬枿大軍，勝)

六是還收兵聚留，引兵攻碭，三日乃取碭。(勝)

七是因收碭兵，得五六千人。攻下邑，拔之。(勝)

八是沛公還，引兵攻豐。集解徐廣曰：「表云『拔之，雍齒奔魏』。」(勝)

九是使沛公、項羽別攻城陽，屠之。(勝)

十是軍濮陽之東，與秦軍戰，破之。(勝)

十一是沛公與項羽西略地至雍丘之下，與秦軍戰，大破之，斬李由。(勝)

十二是還攻外黃，外黃未下。(平)

十三是沛公與項羽方攻陳留，聞項梁死，引兵與呂將軍俱東。(平)

總而言之，這個時期，劉邦剛出道就有名將潛力，除了攻城難下，野戰全勝。這個時期總戰績為：10 勝 3 平 0 敗。

(二) 在西進滅秦中的表現：

此時因為楚懷王定策的緣故，項羽跟劉邦分兵，項羽與各路諸侯到趙國救援（項羽與諸侯幾十萬援兵擊敗秦軍取得鉅鹿之勝）；劉邦獨自率軍西進一路征討滅亡秦國，高帝率領一支小部隊連續擊敗消滅多個郡守級的將領，又打敗消滅秦軍名將王離、趙賁、楊熊、齮（有可能是秦國名將桓齮）等秦軍幾十萬阻擊高祖攻秦的秦軍精銳主力部隊，戰功赫赫。

一是乃道碭至成陽，與杠里秦軍夾壁，破二軍。(勝)

二是楚軍出兵擊王離，大破之。(勝)

三是與魏將皇欣、魏申徒武蒲之軍並攻昌邑，昌邑未拔。(平)

四是食其說沛公襲陳留，得秦積粟。(勝)

五是高祖破趙賁之戰。(夏侯嬰) 復常奉車從擊趙賁軍開封。(曹參) 追北，西至開封，擊趙賁軍，破之，圍趙賁開封城中。(勝)

六是乃以酈食其為廣野君，酈商為將，將陳留兵，與偕攻開封，開封未拔。(平)

七是西與秦將楊熊戰白馬，又戰曲遇東，大破之。(勝)

八是南攻潁陽，屠之。(勝)

九是當是時，趙別將司馬昂方欲渡河入關，沛公乃北攻平陰，絕河

津。南，戰雒陽東，軍不利。（酈商）從沛公攻緱氏，絕河津，破秦軍洛陽東。（酈商等人從高祖大破秦軍洛陽東，勝）

十是還至陽城，收軍中馬騎，與南陽守齮戰犨東，破之。（勝）

十一是圍宛城三匝。……乃以宛守為殷侯，封陳恢千戶。（讓敵將投降，勝）

十二是至丹水，高武侯鰓、襄侯王陵降西陵。（勝）

十三是還攻胡陽，遇番君別將梅鋗，與皆，降析、酈。（2 勝）

十四是沛公以為詐，乃用張良計，使酈生、陸賈往說秦將，啖以利，因襲攻武關，破之。（勝）

十五是又與秦軍戰於藍田南，益張疑兵旗幟，諸所過毋得掠鹵，秦人憙，秦軍解，因大破之。又戰其北，大破之。乘勝，遂破之。（3 次大破之，勝）

此時劉邦經多次戰爭，已成為名將，並且獨自率軍西進滅亡秦。不要認為秦軍主力沒有阻擊劉邦，名將王離十幾萬邊軍（是原蒙恬大軍）阻擊高帝被高帝大破，逃回河北，不敢過黃河南。高祖連破名將趙賁數萬秦軍圍趙賁於開封。劉邦至白馬，與名將楊熊（楊熊最少有十萬秦軍，必定是二世派的關中主力）會戰大破秦軍，又追至開封西的陽武、曲遇，大破之，楊熊逃至滎陽，四月，被二世派人斬首。楊熊甚至被秦二世派人斬首，看來敗得很慘。

總而言之：這個時期總戰績為：13 勝 2 平 0 敗。

（三）在楚漢之戰中的表現：

項羽分封諸侯，劉邦封巴蜀漢中。高祖親率漢軍還定三秦。高祖虜塞王欣、翟王翳、河南王申陽、魏王豹、殷王司馬昂、破韓王昌、圍雍王邯。劉邦一出關連滅七國，高祖軍事才能真是驚為天人，楚漢時期又有誰能短時間連滅七國？

一是邯迎擊漢陳倉，雍兵敗，還走；止戰好時，又覆敗，走廢丘。漢王遂定雍地。（勝）

二是二年，漢王東略地，塞王欣、翟王翳、河南王申陽皆降。（勝）

三是三月，漢王從臨晉渡，魏王豹將兵從。下河內，虜殷王，置河內郡。（勝）

四是漢王以故得劫五諸侯兵，遂入彭城。項羽聞之，乃引兵去齊，從魯出胡陵，至蕭，與漢大戰彭城靈壁東睢水上，大破漢軍，多殺士卒，睢水為之不流。（敗）

五是（灌嬰）王武、魏公申徒反，從擊破之，攻下黃，西收兵，軍於滎陽。（灌嬰、靳歙跟隨高祖平定王武、魏公申徒叛亂，勝）

六是引水灌廢丘，廢丘降，章邯自殺。（勝）

七是滎陽成皋拉鋸戰，持續了兩三年。高祖知道楚軍除了項羽沒有一個打仗厲害的，所以高祖任務就是在廣武牽制項羽不與楚軍交戰，讓漢軍平定四方，最後會師滅項羽。

劉邦與項羽誰都明白誰也不能在滎陽立即消滅誰，雖然項羽明白但是也無可奈何，楚軍除了項羽沒有能獨當一面的。而漢軍有十數位能獨當一面的名將，所以高祖派彭越、靳歙、劉賈、英布、灌嬰、丁義、王吸等數路軍隊深入楚境斷楚軍糧草後路來回掉動項羽拖垮楚軍。

另派曹參、張耳、韓信、呂澤、丁復、柴武、傅寬等數軍北上掃滅諸侯孤立項羽，然後大迂迴楚軍後方斷其糧草後路，最後集節各路漢軍以絕對優勢兵力圍殲項羽楚軍。

滎陽拉鋸戰漢軍戰功在高祖功臣侯者年表裡。一是還軍敖倉，破項籍軍成皋南，擊絕楚餉道，起滎陽至襄邑。

二是以將軍擊項羽功，侯，三千一百戶。

三是以將軍擊項羽、鍾離昧功，侯，四千五百戶。

四是長鈹都尉擊項羽，有功，侯。

五是破羽軍葉，拜為將軍，忠臣，侯，七千八百戶。

六是以都尉堅守敖倉，為將軍，破籍軍，功侯，二千戶。

七是以都尉破項籍軍，為將軍侯，千戶。

八是遷為郎中騎將，破籍東城，侯，千戶。

九是以中尉破籍，侯，千六百戶，比斥丘侯。

十是破籍軍滎陽，為郎騎將，破鍾離昧軍固陵，侯，六百七十戶。

十一是以都尉擊項羽，破臧荼，侯。

十二是以亞將攻籍，克敵，為東郡都尉，擊破籍武城，侯，為漢中尉，擊布，為斥丘侯。千戶。

十三是以卒從起豐，以隊卒入漢，擊籍成皋，有功，為將，布反，定吳郡，侯，千四百戶。

以上可知，以有地名戰績來看，成皋，葉城，東城，滎陽，武城，劉邦都曾戰勝過項羽，雙方相持階段可謂戰火紛飛。

雖然項羽攻陷滎陽、成皋（劉邦沒在滎陽成皋）但是高祖不久收復成皋滎陽。以劉邦成功牽制項羽為漢軍滅諸侯而成功。並且進行了固陵之戰。「至固陵，不會。楚擊漢軍，大破之。」如果單看高祖本紀以為高祖大敗那是錯誤的，實際是項羽小勝漢軍，隨後漢軍反擊楚軍，楚軍大敗丟失固陵逃到陳下，項羽先小勝後大敗。

最後是垓下之戰。此戰在很多表中有記載：還擊項籍陳下，破之。以都尉破項羽軍陳下，功侯，四千戶。（陳下之戰，勝）

垓下之戰，總指揮是劉邦「項羽之卒可十萬。淮陰先合，不利，卻。孔將軍、費將軍縱，楚兵不利，淮陰侯復乘之，大敗垓下。項羽卒聞漢軍之楚歌，以為漢盡得楚地，項羽乃敗而走，是以兵大敗。使騎將灌嬰追殺項羽東城，斬首八萬，遂略定楚地。」韓信率軍交戰先敗，隨後高祖派嫡系將領高祖功侯孔（蓼侯孔藂），費大將（費侯陳賀）從兩翼夾擊，隨後楚軍大敗，最後灌嬰反攻，項羽十萬楚軍其中八萬是灌嬰率騎兵消滅。

此段時期，劉邦親率大軍除了彭城之敗，皆勝。彭城之敗還是那些諸侯烏合之眾連累高帝的，結尾是項羽敗亡。

總而言之：此段 11 勝 1 平 1 敗。

最後統計：34 勝 5 平 1 敗。高帝對手其中還有各種軍事高手，包括項羽，章邯，英布等人，劉邦除了對項羽比較難點，其他基本是全勝的。劉邦可以說是歷代奪取天下時間最短的，三年平秦，四年滅楚，「自開闢以來，其興立功勳，未有若漢祖之易也」。

劉邦從秦末農民起義軍的將領、楚漢戰爭對立的一方，到漢王朝的皇帝，其政治活動的大多數時間是在征戰的馬背上度過的，經歷了大小上百次戰役，不僅實戰經驗豐富，而且善於在戰爭中學習戰爭，在策略決策和戰術指揮方面都達到了當時人的巔峰。

二、劉邦和項羽誰更懂軍事

一個將領的軍事才能有哪幾方面組成的？大致可分為：

(1) 治軍能力（可細分為：帶兵、治將，具體為訓練、安撫士兵；選拔、任用、籠絡將領），

(2) 策略頭腦（策略情報的收集、策略形勢的分析、策略計畫的制定）。

(3) 戰術能力（也就是戰場指揮的能力，首先是判斷力，涉及天文地理、敵情我情的判斷等很多因素；其次是作戰計畫的制定和執行能力，也就是作戰能力。在冷兵器時代，將領個人的勇武、臨戰激勵士兵的能力，都是執行力的重要部分）。

作為一個普通的武將來說，只需要有作戰計畫的執行力就夠了（大部分以武勇著稱的將領，不需要作太多的思考，只要統帥一聲令下，拚命衝殺就是了）。

但是要作為一個大軍的統帥，則必須兼有上述三方面的能力。否則，則必然會被對手抓住弱點，導致敗亡。以下，試從三方面分析對比項羽和劉邦的軍事才能。

首先，來看雙方在治軍方面的比較。

項羽在治軍方面奉行的是「一本道」，優點是：對士兵關愛有加，能得效死力。缺點是：對於將領，不能選賢用人。有能力的部下，因為得不到重用而離心離德。結果是：其真正信任的部下，大多是和他差不多類型的頭腦簡單的猛將。

劉邦在治軍方面奉行的是「百家談」，主要體現在選將有道。分封大會後，劉邦被分到了獨處一隅的漢中，但是他沒有自暴自棄，而是聽從蕭何的建議，封治軍能力出眾的韓信為大將軍，結果在韓信的從嚴治軍下，很快打造出一支特別能吃苦、特別能戰鬥的隊伍。

在彭城大敗後，劉邦重用韓信、英布和彭越三員大將，這三員大將既能運籌帷幄又能衝鋒陷陣。劉邦充分授權，讓他們獨立帶兵在項羽的後方和側後活動，剪除項羽的羽翼，動搖其後方，與劉邦的正面對峙相互呼應，使項羽疲於奔命，最終兵敗。劉邦手下的良將眾多與項羽的獨自一人帶兵征戰，形成明顯的對照。

其次，來看雙方在策略方面的比較。

劉邦的策略主要體現在：重「廟算」，運籌於帷幄之中。中國古代以孫子為代表的兵家非常注意戰前的分析，他們強調每次大規模的戰役前，一定要召開高層軍事會議，分析、比較敵我雙方在政治、經濟、軍事、外交、士氣、人的能動性等關係戰爭諸要素的優劣條件，判斷雙方勝負的可能性，預知己方有沒有必勝的把握，如沒有必勝的把握，那麼勝算有幾成，再據以定下作戰的決心，所謂「夫未戰而廟算勝者，得算多也；未戰而廟算不勝者，得算少也。多算勝少算，而況於無算乎！吾以此觀之，勝負見矣。」（《孫子兵法．始計第一》）

與張良相識後，劉邦開始重視「廟算」的作用。在很多時候，重「廟算」表現為善於聽取部屬的意見。在楚漢戰爭和漢帝國消滅叛亂的戰鬥中，劉邦均重視「廟算」，每次大戰前，都召集將領和謀士開會，對比雙方的勢力和優劣，計算成功的把握，並制定相應的對策。

暗度陳倉前，劉邦多次和手下將領商討還定三秦的可行性。韓信將劉邦與章邯等關中三王做了詳細的對比，指出劉邦在用人、封賞、軍隊戰鬥力、人心向背等方面都有著絕對的優勢，東出陳倉可一舉而定三秦，使劉邦對還定三秦充滿了信心。劉邦果斷地將軍隊的指揮權授給韓信，由他全權負責訓練和具體作戰計畫的制定。後來事情的發展確實像韓信分析的那樣，得到了關中百姓的支持，僅用了一個月稍多的時間就平定了三秦。

劉邦有明確的策略部署，即劉邦在正面堅守，派韓信功取魏、趙、燕、齊，派彭越在項羽後方騷擾，在項羽的腹地策反英布、周殷，使項羽前後不能相顧。

劉邦有戰後措施，《漢書》中數次提到劉邦要求分田地給復員的軍人，並免 6 到 12 年賦稅。項羽有沒有安置復員軍人的辦法史書中沒有提到，不過項羽一方的人逃散甚至跑到劉邦一方是很多的。有名的如陳平、英布等，那個追殺項羽於垓下的呂馬童也是項羽舊部。

劉邦因為自身原因，在對敵上都沒有形成絕對優勢，很多時候甚至處於劣勢；但是劉邦最終能夠弱中求存、以弱勝強，打敗強大的項羽。關鍵在於，他會審時度勢，正確地分析天下形勢，隨時而起，順勢而動，抓住了「廟算」和「謀略」這些在戰爭中發揮了決定作用的因素，制定了正確的攻防策略，搶占策略要地，派出奇兵，分化敵軍陣營，爭取盟友，最大程度地削弱敵方，加強自己的力量，從而很快地扭轉了雙方的優劣對比，形成了自己的優勢。

以強凌弱、以多勝少，才是兵家正道。如果實力不濟，就應該避戰。兵法有云：「能戰則戰，不能戰則守，不能守則走。」所以，劉邦的總策略就是：「項羽軍勇悍絕倫，但是我可以用全天下的人力物力耗死你。就算打 99 次敗仗也沒關係，只要我能打贏最後一次戰役就夠了！在正面戰場上打不過項羽也沒關係，用彭越騷擾你的南方，用韓信去打掉你全部的盟友、占領北方的全部地盤，最後你項羽成為被四面包圍的孤島，無糧餉無兵源無援兵無盟友，這場戰爭你還不是輸定了？」

而項羽對此根本拿不出應對之策，只是被動地四處救火。所以，將軍決勝未必要在戰場，可以說，在垓下決戰之前，項羽已經大勢去矣。

總之，從沛縣起義、進軍咸陽、東出關中與項羽對峙，到固陵之戰，劉邦都沒有在對敵上形成絕對優勢，很多時候甚至處於劣勢。但是劉邦最終能夠弱中求存，以弱勝強，打敗了強大的項羽，建立了中國歷史上第一個強大而穩固的封建王朝。關鍵在於他在張良、韓信、蕭何等人的幫助下，審時度勢，正確地分析天下形勢，隨時而起，順勢而動，抓住了「廟算」和「謀略」這些在戰爭中發揮了決定作用的因素，制定了正確的攻防策略，搶占策略要地，派出奇兵，分化敵軍陣營，爭取盟友，最大程度地削弱敵方，加強自己的力量，從而很快地扭轉了雙方的優劣對比，形成了自己的優勢。

前面已經說了，項羽雖然勇猛剛強，但是缺乏策略眼光。他的眼光，能敏銳地察覺一個戰場中稍縱即逝的戰機，卻看不穿整個天下的局勢。因為這些原因，項羽打些勝仗，卻越找越弱。劉邦常打敗仗，卻只是區域性戰鬥上不利，全面策略上勝利，所以越打地盤越大，軍隊越多，實力越強。

所以可以說項羽是個將才，而劉邦是個統覽全面性的策略家。如果下棋的話，劉邦看的是全面性，項羽盯的是區域性。劉邦是個全國一局棋的棋手，項羽是一隻橫衝猛打的車。軍事是一件綜合性的事，需要大眼光，所以劉邦和項羽誰懂軍事，一看便知了。劉邦以五千老弱從南線進攻秦國，也是以少勝多，而且是不戰而屈人之兵，按兵法來說，不戰而屈人之兵才是用兵的最高境界。因為即使是百戰百勝也會有人員死傷，俗話說殺敵一萬，自損三千！要取得勝利，何必血流成河！

總之，從策略上看，劉邦明顯棋高一著：一方面以自己和主力部隊做誘餌，牢牢牽制住項羽及其主力；一方面派韓信轉戰外圍，收復西魏，征伐燕、趙、齊，占據了中原以東大片領地。

同時，又派出強盜出身的彭越深入楚軍後方，大搞游擊戰，襲擾後方，斷其糧草，有時甚至攻城略地，令項羽不勝其煩，打則不但疲於奔命，而且如大砲打蚊子，於事無補；不打又實在嚥不下這口氣，稱之為嗡嗡飛舞的蒼蠅，實在恰如其分。其結果，彭越也逐漸壯大，對最後一戰也發揮了很大作用。

最後，來看雙方在作戰能力方面的比較。

項羽的戰術能力（戰場指揮能力）是非常高的，他不但行事決絕、言行一致，作戰勇猛，作戰方案巧妙，出奇制勝。如破釜沉舟的鉅鹿決戰、長途奔襲的彭城之戰，作戰計畫本身，就體現了他驚人的膽略；而其計畫的執行力，更是驚人，使得這些非常冒險的計畫，均能達到120%的戰果。

項羽的戰績有鉅鹿之戰、攻齊之戰、彭城之戰、反擊彭越之戰、固陵之戰，也多次以少勝多，他的戰術是快速用兵，迅速擊破敵軍的指揮系統，然後追擊敵軍，但是圍殲戰不多，擊殺敵軍主要將領次數也不多，這和項羽的戰術方式是分不開的。鉅鹿之戰，主要是擊破了章邯，而包圍王離，但是沒有圍殲章邯，而是靠趙高逼反了章邯，不算完勝。攻齊之戰，擊敗了田榮，但是沒有擊殺他和田橫，雖然田榮被平原民殺了，但是田橫繼續反楚，項羽拿他也沒有什麼辦法。

彭城之戰，雖然擊破諸侯聯軍，但是沒有追擊到劉邦，又被劉邦韓信在滎陽和附近的京、索擊敗，沒能擴大戰果。反擊彭越，也只是擊敗彭越，也不能徹底消滅彭越，固陵擊破劉邦，也對劉邦軍傷害不大，項羽主要是以擊破敵軍為主，消滅敵軍在次。所以他能多次打敗敵人，卻不能徹底消滅敵人，多次給了敵人可趁之機，實在是項羽戰術的不足之處。

而劉邦的戰術能力呢？主要體現在三個方面：

一是兵不厭詐，以計謀取勝。古人認為用兵時，可以使用各式各樣的計謀，迷惑敵軍，造成對自己有利的態勢，趁機取勝。明修棧道、暗度陳倉是典型的例子，結果劉邦打了章邯一個措手不及，最終拿下了三秦之地。

二是巧使反間計，使敵軍自亂陣腳。反間計是古今中外戰史常用的計謀，即利用一定的方法離間敵對方將領之間的關係，引導敵軍內部相互猜疑、疏遠，削弱敵軍的力量。劉邦利用陳平離間項羽與其主要將領鍾離昧、主要謀士范增的關係，是古今用間史上的傑出案例。結果劉邦用反間計除去了項羽最重要的謀士和助手，為楚漢之爭勝利之路掃清最大的攔路虎。

三是糧草優先，確保後勤保障。劉邦在多年的征戰中充分認知到了糧草供應的重要性。楚漢戰爭中，劉邦占領的巴蜀和關中有「天府之國」的美稱，他所轉戰的河洛一帶也是產糧地區。於是他一面把當地改為河內郡和河南郡，設官置守，就地籌措糧食，一面透過蕭何不斷把關中、巴蜀的糧食草料輸送到前線來。為了確保糧草的供應，劉邦曾指示韓信修復了秦王朝在關東的最大糧草囤積地 —— 敖倉。關中的糧草可以順黃河而下，直接到達敖倉，先後派周勃等大將守衛敖倉，並在敖倉和滎陽、成皋間修築了複道，專門用於從敖倉向成皋、滎陽兩個軍事要地輸送糧草，保證了整個戰爭期間漢軍的充足供應。

同時，劉邦派彭越、劉賈、盧綰等人進入項羽的後方，截斷項羽的糧草供應線，截獲楚軍的糧草，或燒毀楚軍的倉庫，使楚軍疲於應付，經常因軍中糧草供應不及時而不得不放棄已定的戰鬥計畫。

點評：同樣是天才也有高下之分，這高的當然非項羽莫屬。對秦作戰取得全勝的劉邦，在項羽面前幾乎全處下風，百戰百敗。項羽最經典的戰例是彭城之戰。劉邦幾十萬大軍乘項羽在齊作戰時，攻下彭城，而項羽繞開了劉邦在面對齊國方向的正面攔截，繞到彭城的南面發起進攻，一舉擊潰劉邦的幾十萬人，僅泗水一戰就屠殺漢軍十幾萬。所謂棋差一著，縛手縛腳。

有一個有意思的現象可能人們沒注意到，劉邦不知是有意還是巧合，似乎從項羽了偷學了幾招。比如秦軍抵擋不住時來找項羽洽談投降之事，但是項羽假裝答應，然後發起攻擊。劉邦在入關後也有類似的行動，秦將約降，劉邦也是詳應後，聽張良之說發起進攻，這個戰鬥在項羽之後，但是當時可能劉邦不知道項羽這樣做過。

最後這一招又用到項羽身上，楚漢劃鴻溝為界罷兵休戰，但是劉邦發起了攻擊，最後滅楚。所以這一招項羽是始作俑者，被人還治其身，也是報應，自作自受。項羽這個兵不厭詐的高手，最終還是死在兵不厭詐上。

現在很多人為項羽抱屈，但是講到點子上的不多。尤其是項羽的軍事天才就很少有人提及。多少人為韓信、白起天才誰大誰小吵得面紅耳赤，實在是一葉障目，不識泰山。還有更大的天才項羽沒看出來呢。殊為可嘆。須知，項羽死時才三十一歲，已是百戰百勝之身。這是他的前輩白起、趙奢、李牧、項燕等無法望其項背之處。

六、楚漢版「三國演義」

早歲哪知世事艱，中原北望氣如山。樓舟夜雪瓜舟渡，鐵馬秋風大散關。塞上長城空自許，鏡中衰鬢已先斑。出師一表真名世，千載誰堪伯仲間。

—— 陸游〈書憤〉

在中國古代歷史上，稱得上是軍事家的人物一共有三十位，名列第一位的是孫子兵法的主要創造者 —— 孫武，最後一位是明朝的袁從煥，第二位的是戰國時期的吳起，第三位是唐朝的李靖，第四位就是漢朝的韓信。

其實韓信位列第四有點冤枉，原因有二：一是韓信的兩部兵書沒有流傳下來，二是因為的背水之戰的戰法，後世模仿的人，好多都失敗了（其實這不能怪韓信的戰法不對，而是後人對韓信的戰法學的不深，運用錯誤），由此可見，不然的話，韓信的排位還可能靠前。在大眾中知名度最高、家喻戶曉的諸葛亮都僅僅排在第二十二位，可見韓信在中國古代軍事史上的地位。

我們老百姓家喻戶曉的五虎上將：關雲長，張飛、趙雲、馬超、黃忠，他們都不是軍事家，他們只是將軍，算作軍事家的有兩個標準：一是要「擁有卓越的軍事才能，創造了偉大的軍事業績」，二是其軍事理論要對後人有一定的影響。

中國古代歷史上，在爭奪天下的大的戰爭中，雙方往往要打幾十年，神機妙算的諸葛亮，他六出祁山，也沒能滅掉魏國，而楚漢相爭的歷史，僅僅用了四年時間，漢軍就全面勝利，統一了全國，建立了漢朝，其中最主要的因素就是因為漢朝劉邦有韓信這樣的軍事家，蕭何當初月下追韓信，一而再、再而三地把韓信推薦給劉邦時說：「如果大王要在漢中一輩子做王，那就用不著韓信，如果大王要打天下，那就非用韓信不可。」

韓信所打的第一仗就是他最著名的明修棧道、暗度陳倉之戰，這一仗漢軍從四面環山、出入極其困難的漢中盆地，一下就占領了陝西省的關中平原，關中平原是當時中華民族的中心，也是生產力最發達的地區，這裡的糧食產量比其他靠天吃飯的地區高得多，這就使得劉邦的漢軍擁有了與西楚霸王項羽的楚軍爭奪天下的根據地。

第二仗，是伐魏之戰，韓信率軍滅掉了魏國，活捉了魏王。

第三仗，滅掉趙國。這一仗，就是韓信應用他的背水之戰的戰例，結果燕國也投降了，歸順了漢王劉邦。

第四仗，滅掉齊國。韓信帶兵先是在齊國沒有防備的情況下，攻下了齊國的七十多座城池，然後採取「半渡而擊」的戰術消滅了楚將龍且帶領的二十萬援軍，最終活捉了齊王，消滅了齊國。

第五仗，就是垓下之戰，這一仗，消滅了西楚霸王及其楚軍的主力部隊，楚漢相爭，徹底結束，劉邦建立了漢王朝。

孫武被後人稱作「兵聖」，韓信被稱作「兵仙」，韓信的確是一位值得後人好好研究的天才軍事家，他一生只打了五次重要的戰役，這五次戰役都取得了徹底的勝利，韓信的確是一位常勝將軍，他與其他軍事家不同之處就在於：他只打一次戰役，就可以致敵方於死地，徹底打敗敵人！

韓信用兵之神妙，令為帝王者之害怕，以至於當韓信被剝奪了軍權、又被剝奪了封地以後，住在京城的府邸裡，只徒有一個虛名淮陰侯時，仍然對其不放心，還要為他捏造罪名，奪其性命才感覺放心。到後來，匈奴不斷進犯，搶掠大漢的財物和人口，匈奴在給漢朝的國書中公然侮辱身為國母的呂后，呂后也只能忍受，繼續採用送公主的「和親政策」，假如有韓信在，何須如此？

對於韓信來說，他的人生轉捩點在漢四年，韓信平定了齊國後，求封為齊王。此刻的韓信不經意之間已經來到了一個前無古人的高峰，短短2年的時間，韓信橫掃了黃河以北的所有諸侯，戰無不勝，攻無不取，威震天下。

出發時才二萬新兵，此刻已發展成接近三十萬的大軍，當時中華大地上最富庶和重要的黃河以北廣大土地都已是漢的勢力範圍，天下之地，漢已十據其七。

韓信剪除項羽各個羽翼諸侯，擴大實力，最後策略包圍項羽進行決戰的策略已經實現，決戰的時機已經到來。此刻不管是劉邦，項羽還是天下的明眼人都看清楚了韓信對局勢發展舉足輕重的作用。

誠如武涉所言：「今楚漢二王之爭，權在足下，投楚則楚勝，投漢則漢勝。項王如滅亡，漢王接著就要對付您。您和項王有舊交，何不反漢與楚連和，三分天下？」武涉勸韓信聯楚抗漢固然是不當言論，但是對形勢的分析確實是非常的精準，而且提出三分天下的建議。

事後來看，這恐怕也是韓信最好的選擇，就如同之後名辨蒯通對韓信做了同樣的建議一樣。可惜韓信和項羽一樣，縱然有橫行天下的才華和氣魄，卻沒有統領天下的意圖和膽識。

韓信說：「臣得事項王數年，官不過郎中，位不過執戟，言不聽，畫策不用，故背楚歸漢。漢王授我上將軍印，數萬之眾，解衣衣我，推食食我，言聽計用，吾得至於此。夫人深親信我，背之不祥。幸為信謝項王。」

這段話很充分的表現出了韓信的道德觀和價值取向，他就是這樣一個天才橫溢但是又很單純的人，在政治鬥爭中，他只信奉基本的理和義，他深諳兵家之策略，但是卻不懂得權謀。這也許就是韓信最可愛的地方，一個有情有義，才華橫溢，不懂權術的人。

歷史雖然沒有如果，但是如果韓信選擇了「三分天下」，他的勝算又有多大呢？

這裡不防來比較一下項羽、劉邦、韓信三人之間的軍才能便可以看出端倪來。

一、項羽和韓信哪個軍事才能比較高

韓信和項羽是楚漢時期最優秀的兩位軍事家、名將，他們兩個在中國軍事史上，都有很重要的地位，對於兩位的軍事水準，現在爭論得很多。下面不防將他們的軍事才能進行一番全方位的比較。

一是策略對比。

首先是韓信的策略思想。韓信真正登上歷史舞臺，是在被劉邦封為大將以後，韓信獻出「三秦之策」。有人說獻三秦之策是韓王信而不是韓信，但是我們從〈史記高祖本紀〉和〈史記韓信盧綰列傳〉來比較一下，〈韓信盧綰列傳〉記載的韓王信獻策是「項王王諸將近地，而王獨遠居此，此左遷也。士卒皆山東人，跂而望歸。及其鋒東鄉（集解文穎曰：「鋒銳欲東向。」索隱按：姚氏云「軍中將士氣鋒」。韋昭曰「其氣鋒銳欲東也」），可以爭天下。漢王還定三秦，乃許信為韓王，先拜信為韓太尉，將兵略韓地。」說明了韓王信的策略不是三秦之策，而是東進之策。

而〈史記韓信盧綰列傳〉記載，「（劉邦）遂聽信計，部署諸將所擊。八月，漢王舉兵東出陳倉，定三秦。」

〈史記高祖本紀〉記載「八月，漢王從韓信計，從故道還，襲雍王章邯。」明顯對應說明了此乃淮陰侯韓信非韓王信。再看「三秦之策」的可行性，劉邦在出三秦後，擊破關中的親項羽的章邯，包圍其在廢丘，很快占領了關中，說明韓信三秦策略的合理性和可行性。

韓信第二次策略策劃就是北伐之策，雖然《史記》記載是劉邦命韓信北伐的，但是〈漢書高祖本紀〉、〈漢書韓彭英盧列傳〉和《資治通鑑》都記載的是「韓信既定魏，使人請兵三萬人，願以北舉燕、趙，東擊齊，南絕楚糧道。漢王許之。」再從〈留侯世家〉等張良的記載來看，張良在劉邦彭城之敗後，勸建劉邦重用韓信，我們可以得出，可能劉邦和韓信都有北伐的策略構想，韓信提出自己北伐，劉邦準備北伐的開闢第二戰場，張良也說韓信可獨當一面，用韓信北伐就被確定下來。

韓信北伐，破北方諸國，增強了漢王朝的勢力，獲得了大量的人力物力資源，並且從策略上包圍了項羽，牽制了項羽的兵力，更多次對滎陽的劉邦進行兵力補給。創造了劉邦滅楚的條件，可以說是一次非常經典的策略策劃。

項羽的策略呢？前面已說過了，他雖然勇猛剛強，但是策略眼光缺乏。因此，從策略上來說，雖然他們沒有策略上直接的爭鋒相對，但是韓信的策略從可行性和成果來說都是成功的，而項羽的策略是非常失敗的，項羽遠不如韓信。

二是戰術對比。

韓信的著名大戰有破魏、破代、破趙、襲齊、破齊楚聯軍、垓下圍殲項羽等幾次作戰。可以看出，韓信用兵，正奇相間，多次以少勝多作戰前，要對敵軍有所了解，多次圍殲敵軍、活捉或擊殺敵軍主要將領，使敵軍喪失繼續作戰的可能。韓信破魏，先了解敵軍將領是誰，而後用「疑兵，陳船欲渡臨晉，而伏兵從夏陽以木罌流軍，襲安邑」，最後擊虜豹，一戰滅國。進擊代，正兵擊破，又擒夏說，一戰滅國。破趙，也是先了解敵軍作戰計畫，了解陳餘。

沒有用李左車之謀，才繼續前進，作戰時，誘敵深入，襲其軍營，一戰圍殲趙國大軍於泜水，斬成安君，禽趙王歇。又是一戰滅國。襲齊，在酈食其說降齊國的情況下，一戰襲破齊歷下軍，又圍攻臨淄，迫走齊王田廣，田廣只好向項羽求援，韓信又在濰水用計謀圍殲 20 萬齊楚聯軍，擊殺項羽大將龍且，使項羽在兵力策略上都處於劣勢。

雖然齊國還有少數抵抗勢力，但是已經造不成什麼威脅，韓信甚至可以揮軍南下圍殲項羽。破項羽之戰，韓信也是 30 萬大軍完勝項羽，將項羽團團包圍在垓下，使其再沒有翻身的可能。韓信用兵，作戰前多次摸清敵軍底細，知己知彼；在敵強我弱的情況下，多次誘敵而出，以奇兵破之，正站則穩紮穩打；而且以圍殲敵軍有生力量為主，不給敵人的再次反擊的機會。

項羽的戰績前面同樣有說，有鉅鹿之戰、攻齊之戰、彭城之戰、反擊彭越之戰、固陵之戰，也多次以少勝多，他的戰術是快速用兵，迅速擊破敵軍的指揮系統，然後追擊敵軍，但是圍殲戰不多，擊殺敵軍主要將領次數也不多，這和項羽的戰術方式分不開的。鉅鹿之戰，主要是擊破了章邯，而包圍王離，但是沒有圍殲章邯，而是靠趙高逼反了章邯，不算完勝。

攻齊之戰，擊敗了田榮，但是沒有擊殺他和田橫，雖然田榮被平原民殺了，但是田橫繼續反楚，項羽拿他也沒有什麼辦法。

彭城之戰，雖然擊破諸侯聯軍，但是沒有追擊到劉邦，又被劉邦韓信在滎陽和附近的京、索擊敗，沒能擴大戰果。反擊彭越，也只是擊敗彭越，也不能徹底消滅彭越，固陵擊破劉邦，也對劉邦軍傷害不大，項羽主要是以擊破敵軍為主，消滅敵軍在次。所以他能多次打敗敵人，卻不能徹底消滅敵人，多次給了敵人可趁之機，實在是項羽戰術的不足支出。還有，韓信和項羽在垓下有一戰，這一戰基本沒有策略上的對決了，只是戰術的體現。

所以綜合上述來看，項羽在戰術上和韓信還是有差距的。

三是作戰能力對比。

韓信作戰的特點是善於靈活用兵、善於配置部隊、經常有奇謀異計、對戰鬥人員的心理極為了解，韓信最突出的就是他對軍隊的統率能力，指揮數十萬大軍能做到不亂、不慌、不錯，能充分利用大軍每一個部分的作用，使其在戰鬥時幾乎沒有哪支部隊完全是閒置的，拿破崙 (Napoleon)

就說過：「誰在戰鬥中能充分調動軍隊誰就是勝利者，誰要是在戰鬥中將一部分的隊伍閒置不用誰就不善於用兵。」總之，韓信強在對軍隊的掌控力。

而項羽呢？他本人是一個猛將，這使他的作戰方式十分凶狠。項羽作戰的特點的是，快、猛、悍。快是指項羽作戰十分果斷，善於把握戰爭中稍縱即逝的戰機，軍隊行動起來就像一陣大風；猛自然就是指項羽作戰十分凶狠，對敵軍的衝擊力極大；悍就是說項羽的軍隊十分頑強，像部隊的強行軍和持久作戰幾乎都是楚軍的家常便飯了，如果楚軍沒有頑強的精神，那麼項羽的很多戰術都不會成功。

項羽這個人十分大膽，像鉅鹿之戰和彭城之戰都是在形式很不利的情況下出奇兵制敵，這說明了項羽這個人有膽量，敢想敢做，能夠準確洞察戰爭的態勢，同時也表明了項羽有極高的人格魅力和威信，如果沒有這一點，恐怕沒有哪個士兵敢執行項羽制定的戰術。

項羽「死腦筋」的方式很奏效，論單兵較練，韓信不是項羽的對手。論指揮能力，韓信多指揮新兵雜兵，基本很少有自己長期帶出來的部隊，謀戰居多；項羽雖然指揮是親信子弟兵，但是多次打硬仗。因此，兩人都是以少勝多的高手，但論作戰能力和指揮能力還是項羽略勝一籌。

四是戰績對比。

項羽在從伯父項梁反秦，作為一個軍事將領，立下不少戰功，而且作為反秦聯軍的重要力量，打出了鉅鹿之戰，擊敗章邯，殺死王離，為消滅秦國立下最大的功勞。在楚漢時期，擊走田榮，又已三萬騎兵，襲破彭城，大敗五十六萬萬諸侯聯軍，又多次擊敗劉邦，反擊彭越，在形勢不利的情況下，破劉邦追兵於固陵。擊敗了如章邯、王離、劉邦、彭越等名將。在破敵的手段上還是有幾把刷子的。

韓信，從破楚追兵於京、索開始，破魏、代、趙、齊等國，不戰而降燕國，打出了奇襲魏國，井陘之戰、襲破歷下、濰水之戰，垓下之戰等經典大戰。擊敗了龍且、項羽等名將，龍且有破英布之勝，又有被曹參所破，被韓信圍殲之敗，是大勝大敗一類的將領。

韓信雖然擊敗的名將和擊敗他們的次數不多，但是打仗不是看你打敗的名將多少來看軍事水準。至古用兵為首的「白韓李岳」其他三位，白起擊敗多少名將？李靖擊敗多少名將？岳飛擊敗多少名將（劉琦、韓世忠、吳氏兄弟都擊敗過金兀朮）？所以拿擊敗多少名將來比較軍事水準是很荒謬的。韓信破國，占楚漢之爭的一多半，而且是各個消滅，還擊敗項羽（雖然是以多擊少）。

總之，韓信在策略、戰術都超過項羽，項羽卻在作戰能力上超過韓信，而兩人在戰績上相分伯仲。如果真要拿韓信和項羽打一次一對一的模擬戰鬥的話，雙方各自的兵力和戰鬥延續的時間和範圍將是兩人誰勝誰負的關鍵因素，如果雙方士兵都不是很多，比如 10,000 人以下，戰鬥時間和涉及範圍都不是很廣的話，我個人認為項羽贏面大，因為人數都很少，所以戰鬥雙方的統帥的指揮能力的差別就很難體現，這可以使項羽在指揮能力上的劣勢得以減少，而項羽的特點正好是快和猛，這正好適合指揮人數相對較少的部隊，更能發揮項羽在戰術上「勇」的優勢。

反之，如果戰鬥的人數很多，比如 20 萬以上，而戰鬥延續的時間和涉及範圍也很廣的話，筆者認為韓信的勝面大。論綜合能力來說，還是韓信略勝一籌。

二、劉邦和韓信哪個軍事才能比較高

有很多人至今都為韓信的死惋惜。覺得韓信儘管擁有卓越的軍事才能，但是在政治上還是很幼稚，常常優柔寡斷，喪失許多可以自立的機會，最終被呂雉與蕭何密謀，以謀反之名殺死於長樂宮。

韓信登上歷史舞臺是在劉邦被貶為漢中王，前往巴蜀蠻夷之地的途中。此時的秦王朝已被推翻，未來的時間只是留給劉邦項羽角逐。此時的劉邦儘管被項羽驅逐到巴蜀一帶，但是此時的劉邦羽翼已豐，在推翻秦王朝鬥爭中已立下赫赫戰功，賺足了資本，並且擁有自已的軍隊，培養一批得力的軍事將領，在入關中時廢除秦苛酷刑法，與秦民約法三章贏得民心。

而此時的韓信只是一個無名小卒，先在項羽帳下當差，得不到重用的情況下，跟到劉邦的軍營裡面當一名小軍官，最後還是被蕭何看中，在劉邦面前極力推薦，最終得到劉邦的首肯。並專門揀個好日子，自己事先齋戒，搭起一座高壇，按照任命大將的儀式拜韓信為大將軍，也就是當時漢軍軍中一把手。

劉邦對韓信這樣的待遇無異於後來的劉備三顧茅廬請諸葛亮，最終諸葛亮感激涕零，為蜀國鞠躬盡瘁死而後已。韓信從一名無名小卒轉眼間變成大將軍，並且在萬人中央感受那萬丈榮光，如此一切都是劉邦所賜。此時韓信想必對劉邦恨不得粉身碎骨，死心塌地的為其賣命。所以在韓信在後來的歲月當中，從心理上來講，是對劉邦都是充滿著感激，覺得欠劉邦太多。這樣劉邦從心理上來講，是占優的。

從上面的描述中，也可以看出，韓信在推翻秦王朝之時是沒有任何的表現的，這意味著他沒有任何可以炫耀的資本。在很多人的眼裡，這個人是不是因為某些連襟關係而上位的，因為此前的歷史中根本就沒有這個人。這意味著，在此後的很多年，韓信都是在用軍事才能證明自己能稱得上是名副其實的大將軍，不是濫宇充數的。

而當年劉邦在推翻秦王朝時撈到的資本卻正是韓信所羨慕的，或者說從另外一個角度來講，劉邦就是他的偶像。否則也不會沒事從項羽那裡跑到劉邦那裡。正常來說，粉絲對於偶像，那一般都是崇拜外加尊敬的。這樣劉邦之於韓信而言，自己是在為偶像奮鬥，而且這種概念已根深蒂固，要想改變，也絕非一朝一夕所能改變。

再來說說劉邦。儘管將大將軍的位置給了韓信，那也是迫不得已，苦於軍中沒有這樣運籌帷幄的軍事人才。那就先讓他當的。

但是這傢伙畢竟是從項羽那邊跑過來的，他能背叛得了項羽，那天也能背叛他劉邦。所以對韓信也得防。韓信是大將軍，其他的重要的軍事將領都是劉邦曾經出生入死的兄弟，曹參、樊噲、周勃、灌嬰等。這些將領儘管在軍事指揮上都聽韓信的，但是聽韓信的也都是劉邦囑咐的，如果要讓他們在韓信與劉邦當中選一人的話，他們都會毫不猶豫選擇劉邦，他們對劉邦是絕對效忠的。而韓信在幾年的大將軍生涯中培養出一支強大的軍隊，卻沒有培養出幾個絕對效忠他韓信的高級將領。

曾經，劉邦與韓信有一段對話。

天下平定後，劉邦曾經悠閒地和韓信談論各位將軍才能的高下，認為各有長短。劉邦問韓信：「像我的才能能統率多少兵馬？」韓信說：「陛下不過能統率十萬。」劉邦說：「你怎麼樣？」回答說：「我是越多越好。」劉邦笑著說：「你越多越好，為什麼還被我轄制？」韓信說：「陛下不善於統領士卒而善於領導將領，這就是我被陛下轄制的原因。況且陛下是上天賜予的，不是人力能做到的。」

這段話值得玩味。儘管韓信能培養出一支強大的軍隊，可以戰無不勝，但是卻沒有辦法讓將領對他絕對的效忠。劉邦當時已成為漢軍精神領袖，既使不帶兵，也在漢軍當中擁有極高威信。所以這是韓信的軟肋之處，韓信只是像個經理人，只是在特定的時刻完成特定的使命，使命完成，他的職業生涯亦將結束。至於想自立門戶，大概韓信同意，那幫手下也不會答應，韓信到時即處於腹背受敵境地。

曾經有這樣的一件事情，劉邦在成皋被項羽打敗後，就只和滕公乘一輛車，單車衝進張耳、韓信軍營，衝進韓信的軍帳，搶走韓的兵符，就搶了他們的軍隊。而韓信似乎也很惶恐，他心中一直認為大將軍是劉邦給的，如果劉邦收走兵符，就意味著韓信什麼也不是了。

而在這之前，滎陽告急之時，韓信剛攻克魏國、代國，劉邦就派人調走他們的軍隊，前往滎陽與項羽決戰。顯然，從這些事說明，儘管韓信是大將軍，但是在劉邦眼裡，只不過是他的一條狗而已，他在漢軍還是擁有絕對的權威。劉邦儘管是精神領袖的角色，但是仍舊領兵打仗，在正面戰場與項羽展開決戰，而韓信在大多數情況下還是在同其他諸侯國打仗。

因此，就算韓信是大將軍，但是似乎只是體現在平時的操練，以及高層策略設計方面。真正在行軍打仗中充當領袖作用的還是劉邦。所以看來即使打了一個個神仙仗，但是在合圍項羽之前，韓信在漢軍軍中的威信並不算很高，因為韓信的對手都只是些二流的角色。

最後再來提提韓信的性格。著名的成語「胯下之辱」就是來自於韓信。這個成語一方面是說成大事者不拘小節。而另一方面也說明韓信這個人能夠忍辱負重，顯示出順從服從，並沒有君臨天下，捨我其誰的那種霸氣。

韓信在其職業生涯儘管軍功卓絕，擁兵自重，卻始終被劉邦玩弄於股掌之間。主要原因是在漢軍儘管身居高位，卻沒有經歷推翻秦王朝的創業階段，沒有足夠的政治資本，沒有足夠的影響力。另外，韓信能統率百萬雄兵，卻沒有駕馭將領的能力，而這些將領日後成為牽制甚至監視韓信的重要力量。另外，韓信自認受惠於劉邦，故對劉邦的為人沒有清醒認知，而且個性忍辱負重，順從溫和。所以最終韓信沒能自立門戶，而劉邦正是利用韓信性格弱點及不足之處，玩弄其於股掌之間。最終韓信被呂后所滅。

三、如果韓信反劉邦，成功率倒底有多大？

當年，當年韓信如果聽蒯通之言，楚漢爭霸時自立，反劉邦，韓信謀反成功的可能性成功率倒底有多大？筆者認為百分之九十以上。基本上是可以成功的。

為何？理由非常簡單，看一看韓信手中的兵你就知道了，劉邦慘敗於項羽後，闖韓信軍營奪韓信帥印，留下多少漢兵給韓信？二千人，僅僅只有二千人，而之後韓信手中有多少人？三十多萬人，也就是說除二千人是原來的漢軍，其餘的人都是新募來的新兵與其他六國的降兵，這些新人對劉邦不可能有感情，也不可能聽劉邦的，韓信要培植自己的勢力易如翻掌！其實這二千人由於長期戰爭也留下不多了，可能實際數也就幾百人。

從這件事情就可以看出，韓信若反，是件多容易的事。韓信拿下韓國之後，韓信向劉邦要代齊王，劉邦知道後非常生氣，不想給，但是急壞了旁邊的陳平與張良，張良當時就說：「韓信如反，無人能制。」這是說著玩的嗎？筆者看這是一句大實話，韓信如果反了，劉邦絕對是沒有任何辦法制服的，這也是後來韓信必死的一個重要原因！

張良為何會說這樣的話，這是因為，韓信軍中除了幾個漢軍故將，已經沒有什麼漢軍的勢力了！韓信軍中以灌嬰、曹參的軍職最高，騎兵軍團總司令是灌嬰，步兵軍團總司令是曹参，韓信若反，灌嬰、曹参只有跟著反，為何，因為不跟著反只有被殺一途，不可能有其他的選擇，他們的手下已經不是舊漢軍，都是新人，只可能聽韓信的，不可能聽灌嬰、曹參的。

劉邦武關奪帥印後只留給韓信多少人？二千人，曹參、灌嬰當時去了劉邦那裡，並不在韓信軍中，後來的三十萬人都是韓信自己靠招募新兵與收六國降兵來壯大的，而韓信的隊伍壯大後，曹參、灌嬰這才又被劉邦派來掌握軍權，你說，那些萬夫長、千夫長，關健時候是聽韓信的，還是聽這兩個後面才來當官的人呢？

曹參、灌嬰對劉邦一定會很忠心嗎？我看未必，事實是，曹參、灌嬰對韓信佩服得不得了！當年，劉邦與項羽在鴻溝對峙時，劉邦不知發了多少要韓信發兵夾攻項羽的命令，但是韓信就是不動，這兩人還不是老老實實的觀望！並沒有聽劉邦的命令！項羽當時還派武涉來當說客，希望韓信反，韓信如果沒有反的力量，項羽怎麼可能這麼做？劉邦本意並不想分封異姓王，為何還要封韓信為齊王，那是怕韓信反不得以而為之，是無可奈何，如果韓信無反的能力，劉邦絕對不會這樣委曲求全的。

韓信做了代齊王，蒯通勸韓信反，如果韓信聽了此人之言，這時候韓信如果真反了，成功率99%以上。這是因為，劉邦這時候並不是皇帝，也不過只是一個王 —— 漢王而已，反劉邦，大家不可能有心理負擔，韓信當了齊王也是王，劉、韓兩人的地位從法理上來看是平等的，你說曹參、灌嬰會聽誰的？如果你不聽韓信的，後果又會如何？不聽劉邦的，後果又會如何？大家心中都是有數的，這些人必會聽韓信的，如果不聽，勢必會被手下所殺，然後地位會被手下取而代之。

眾人要跟從的人，必定認為是最終能得天下的人，因為這樣就可得分封而可得富貴，當時，劉邦有二十萬軍隊，項羽有十萬人，而韓信一人就有三十多萬人，你說以韓信的軍事能力，誰能笑到最後？如果讓你選擇，你會選擇誰？

你必定會選擇那個最終能當皇帝的人，你必定會選擇最後的勝利者，韓信有如此大的軍事優勢，韓信又有如此的軍事才能，得到天下的可能性如此之大，比劉、項二人大多了。因此，韓信如果反了，不但不只是天下三分有其一了，而是注定要做皇帝的！為何，理由也很簡單，項羽派武涉來遊說韓信反，項羽必定會與韓信聯手的！二人一聯手，天下形勢就完全變了，劉邦基本很快就會完蛋了。必須先滅劉邦再來對付項羽，為何？

主要原因是，項羽沒有稱帝之野心，項羽只想當個王，而劉邦有那個當皇帝的野心，所以必須先滅劉邦。劉邦即使一時滅不了，也不可怕，因為劉邦已經非常老了，拖上十來年，劉邦死了，劉肥為帝，滅起來就容易了，韓信畢竟很年輕！韓信臨死前最後說的那句話是什麼？「悔不聽蒯通之言」，為何會這麼說，那就是後來他想明白了，蒯通說的是對的！如果蒯通說得不對，反起來困難，成功率低，風險大，他臨死之前絕不會說那話，因為如果根本上就沒有謀反的機會，那還後悔什麼啊？

點評：就軍事才能而言，韓信一生從未打過敗仗，連戰神項羽也難望其項背，不愧為中國幾千年封建史冊上最輝煌的一代名將。但是就政治手腕而言，表現得不成熟、不老練，被劉邦玩弄於股掌，根本不是劉邦的對手。

誠然，一條高明的謀略，能力挽於狂瀾；一個出奇的點子，能救三軍於危途。在歷史的長河中，軍事才能和處世智慧相輔相成，相得益彰，缺一不可。在風雲變幻中，良臣名將如同一朵朵浪花，點綴著歷史，讓歷史不蒼白，讓歷史更有味道。

第七章

成與敗·不可沽名學霸王

一、逃跑的技術

滾滾長江東逝水，浪花淘盡英雄。是非成敗轉頭空。青山依舊在，幾度夕陽紅。

白髮漁樵江渚上，慣看秋月春風。一壺濁酒喜相逢。古今多少事，都付笑談中。

—— 題記

明朝楊慎《二十一史彈詞》第三段〈說秦漢〉的開場詞〈臨江仙〉後來被引用到了《三國演義》裡，此詞甚為豪邁、悲壯，其中有大英雄功成名就後的失落、孤獨感，又含高山隱士對名利的淡泊、輕視。臨江豪邁的英世偉業的消逝，像滾滾長江一樣，洶湧東逝，不可拒，空留偉業。

歷史給人的感受是濃厚、深沉的，不似單刀直入的快意，而似歷盡榮辱後的滄桑。「青山依舊在」既像是對英雄偉業的印證，又像對其的否定，但是這些都不必深究，「幾度夕陽紅」，面對似血的殘陽，歷史彷彿也凝固了。

在這凝固的歷史畫面上，白髮的漁夫、悠然的樵漢，意趣盎然於秋月春風。但是「慣」字又表現出了莫名的孤獨與滄涼。「一壺濁酒喜相逢」使這份孤獨與蒼涼有了一份安慰，有朋自遠方來的喜悅，為這首的詞的寧靜氣氛增加了幾份動感。「濁酒」顯現出了主人與來客友誼的高淡平和，其意本不在酒。在這些高山隱士心中，那些名垂千古的豐功偉業只不過是人們茶餘飯後的談資，何足道哉！

該詞豪放中有含蓄，高亢中有深沉。在感受蒼涼悲壯的同時，又創造了一種淡泊寧靜的氣氛，詞中高遠意境就在這寧靜的氣氛中反射出來。

劉邦因何而成功？得益於身處亂世！「亂世出英雄」，劉邦的功績在於生逢亂世，他有項羽這樣一個對手，這個對手的失敗也成就了他的成功。但是這不是他成功的根本原因。歷史是公平的，給了那個動亂年代中的所有人一個機會，但是並不是所有人都能成為英雄。

下面就來看項羽的英雄末路。

項羽與劉邦訂立和約後，立即率軍東歸。劉邦本也打算西撤，但是張良、陳平一致反對，說：漢有天下太（大）半，而諸侯皆附之。楚兵疲食盡，此天亡楚之時也，不如因其機而遂取之。今釋弗擊，此所謂「養虎自遺患」也。於是劉邦決定毀約追擊楚軍，並約韓信、彭越南下會師，合力擊楚。

漢高祖五年（前 202 年）十月，劉邦引軍追擊楚軍至固陵，韓信、彭越均未趕來。楚軍返身發動突然進攻，漢軍不支，退入壁壘固守。但是項羽未能乘勝擴大戰果，進一步圍殲漢軍，而與之對峙於固陵，這樣就使劉邦得以喘息待援。為使韓信、彭越安心助漢擊楚打敗項羽，劉邦採納張良的建議，封彭越為梁王，明確並加封了兩人的封地。韓信、彭越兩人果然率部前來會師。

十月下旬，灌嬰引兵進占彭城，同時攻下楚地許多地區。被劉邦封為淮南王的英布也遣將進入九江地區，誘降了守將、楚大司馬周殷，隨後合軍北上進攻城父。劉邦也由固陵東進，形勢對楚極為不利，項羽被迫向東南撤退。十一月，項羽退至垓下，築壘安營，整頓部隊，恢復軍力，此時楚軍尚有約十萬人。十二月，劉邦、韓信、彭越、英布四路大軍會師垓下。

十二月，楚漢兩軍在垓下進行了一場策略決戰。

當時，兩軍的軍力如下。

漢軍集團：劉邦（四萬兵馬）、韓信（三十萬兵馬）、彭越（六萬兵馬）、英布（三萬兵馬）等各路漢軍約計四十餘萬人。

楚軍集團：項羽十萬楚軍。

兩軍的軍事部署如下：韓信（十萬兵馬）率軍居中，將軍孔熙（十萬兵馬）為左翼、陳賀信（十萬兵馬）為右翼，劉邦率部跟進，將軍周勃（四萬兵馬）斷後。

楚軍集團：鍾離昧的四萬前鋒軍，季布、召平、虞子期共計四萬右路軍，項羽帶領的三萬近衛騎兵迎戰。

韓信三十萬，分三路首先與楚軍決戰，韓信居中路，進攻失利，向後退卻，同時命左右兩翼投入戰鬥，楚軍受挫，韓信又返身衝殺，三路合擊，楚軍大敗，項羽被迫入壁而守。韓信遂指揮各路大軍將楚軍重重包圍，楚軍屢戰不勝，但是漢軍一時也難以徹底打敗楚軍。

僵持中，漢軍夜間高唱楚歌。項羽夜聞四面皆楚歌，以為楚地已盡為漢所得，眼見大勢已去，便乘夜率領八百精銳騎兵突圍南逃。天明以後，漢軍得知項羽突圍，乃遣五千騎兵追擊。項羽渡過淮水後，僅乘百餘騎相隨，行至陰陵，因迷路耽擱了時間，被漢軍追及，項羽突至東城，手下僅乘二十八騎。

項羽指揮這二十八騎，將漢軍騎兵殺得人仰馬翻，再次殺開一條血路，向南疾走，至烏江邊，自覺無顏見江東父老，乃令從騎皆下馬，以短兵器與漢兵搏殺，項羽一人殺漢軍數百人，自己亦被十餘創，最後自刎而死，年僅三十一歲。項羽死後，漢軍全殲楚軍，楚地皆降漢，獨項羽原封地的魯人不肯投降，後劉邦將項羽首級示魯，魯人乃降。至此，歷時四年之年的楚漢戰爭終以劉邦的勝利而告終。

縱觀整個楚漢之爭，我們都可以看到這樣一個現象，游俠兼流氓出身的劉邦幾乎一直在逃跑的路上，他最奉行的一句名言可能就是我是流氓我怕誰，黑白兩道通吃的他，從來不走平常路，跑啊跳啊蹦啊躍啊，只要能向前，只要能保命，哪怕刀山火海都能跳過來。而且在起義之初就是這樣，最開始鬧革命時，陳勝、吳廣勢如破竹，所向披靡，而劉邦呢？勢單力孤，連自己老家沛縣附近的幾座小城也久攻不下，如果不是從項羽那裡借到了幾千兵馬，可能全軍覆沒也有可能。

在隨後西征中，項羽是一路戰到關中的，而劉邦則是一路跑到關中去的，他繞開了幾乎所有的堅城強敵，神不知鬼不覺地到了咸陽。整個過程，且不說狼狽之極，且不說落寞之極，且不說悲哀之極。但是結果又是怎樣的呢？他逃啊逃，跑啊跑，逃到最後發現身後居然沒有了可以比肩可以追趕的人，跑啊跑啊，跑到最後居然是第一個衝過終點站，第一個到達關中，從而成了名副其實的關中王。

在後來和項羽得爭霸中，他逃得更沒有了形象，但是卻最終擂鼓聲一響，他第一個到達終點，第一個實現了鯉魚躍龍門的大轉變，從而成為大漢開國的奠定人和創始人。

其實，在戰爭年代「逃」也是一項技術，講究的是策略，講究的是方法，講究的是謀略，講究的是置之死地而後生。

一是逃跑路線很重要。

劉邦深諳逃跑之道。在經歷各種磨難，在各次保命過程中，他都能根據實際，都能防患於未然，都能在劍拔弩張之時，用最敏銳的方式選擇好最佳的逃跑路線、最好的逃跑時機，從而最終逃出一個未來。最典型的例子就是他主演的彭城大逃亡。

劉邦拿下項羽的老巢彭城後，憤怒的項羽帶領三萬精兵，悄悄從齊地出發，向著自己的老巢出發。以前的回家，都是高興又興奮的，嬌妻美妾，錦衣玉食，不用在外面出差這般餐風露宿、影單身孤。此時的他卻是壓抑的、憤怒的，像一隻剛出籠的猛虎，張開血盆大嘴，尋找自己的獵物——彭城的劉邦。

事實證明，弱者一回頭就變強這句話一點都沒有錯，項羽本身就是強者，這一回頭自然是強上加強。他三萬精兵竟然勢如破竹，以摧枯拉朽之力，很快殺到彭城之下，面對這樣的神兵降臨，五十萬聯軍慌了，亂了，怕了，怯了，因此，戰還沒有打就開始跑了，等項羽真正發起進行時，便成了任人宰割的羔羊了。

這個時候劉邦也終於醒了，他體會到了在「今朝有酒今朝醉」之後的「明日愁來明日愁」，軍心已散，士兵已亂，已經組織不起有效的反抗了，唯有逃命才是當務之急，才是重中之重，才是唯一的王道，才是唯一出路。在逃跑中，講究的是策略。劉邦在彭城大敗後，在逃跑過程中可謂一波三折，但是他卻最終九死一生，成為倖存者。

原因是劉邦選擇了正確的逃跑路線。他選擇的是往下邑方向逃跑，下邑是劉邦在彭城享受時，為自己安排的後路，在這裡他派了重兵駐守，一旦彭城有變，這裡便是他可以安身立命之地，而且為了做到萬無一失，派出自己的妻弟呂澤做為這裡的守將，所以不管如何一敗塗地，下邑絕對安全。所以，在五十萬聯軍兵敗如山倒之時，劉邦帶著嫡系部隊逃往下邑，應該說在路線選擇上是正確的，而結果也驗證了他的選擇。

再來看項羽主演的烏江大逃亡。

項羽在兵敗垓下時，在四面楚歌中，選擇逃路就很值得商榷。首先，他選擇的逃跑時機讓人看不懂。當時楚軍連戰連敗，而且又在漢軍主導的四面楚歌聲中，動搖了軍心，但是楚軍此時好歹剩下四萬左右軍隊。

要知道雖然面對漢軍四十多，是以一敵十的懸殊比例，但是本著大浪淘沙的原則，這四萬大軍其實是菁英中的菁英，是最忠於項羽的，是最具戰鬥力的。而且此時項羽手下還有鍾離昧、季布等狼虎之將，項羽完全還可以和漢朝進行一次決戰。再退一步來說，就算項羽知道形勢，被漢軍團團包圍了，多困一天就多一天危險，但是他也完全沒有必要選擇在一個伸手不見五指的夜裡，把軍隊的指揮權交給鍾離昧來指揮，自己只帶領八百敢死隊突圍。項羽的想法是出奇不意，出奇制勝，但是他卻完全忽略了自己的四萬精兵。

他走之後，四萬精兵怎麼辦，難道僅憑自己託孤的鍾離昧一人就能挑起這個大梁嗎？答案是否定的，他不明白這樣一個道理，他就是他，獨一無二的他，強大如斯的他，無可替代的他。他就是楚軍心目中的精神領袖，只要他在，哪怕戰至最後一個人，他們也會血戰到底，堅持到底，而一旦失去了這樣的精神支柱，他們可能在一瞬間就灰飛煙滅。而且還有一個問題，那就是項羽就算成功出逃了，只有幾百跟隨者，以後除了東奔西逃，學彭越打游擊、學英布當鑽山豹之外，已經很難再反擊劉邦了。

總而言之，項羽的策略是三十六計，逃為上計。他選擇的方向是一路向東，打算渡過長江回到自己的江東老家去。但是他的老家這時又怎麼樣呢？他的老家這時已經被劉賈、英布等人占領了，差不多都成了漢軍的地盤了。他即使逃到那裡，也是被通緝被追捕的一號甲級戰犯，顯然是自落虎口之舉，不明智。

而且從垓下到江東的路線圖他心中有數嗎？他沒有路線圖，顯然是腳踩西瓜皮，溜到哪裡算哪裡。在整個逃跑過程中，我們可以看到，他都是「跟著感覺走」、「憑老經驗辦事」，致使走上了迷路，走上了歧途，走到烏江邊時再也走不動了，最終走上了不歸路。

因此，棄大軍於不顧，選擇一廂情願的單飛，選擇窮途末路的流竄，項羽的逃跑路線的選擇顯然是錯的。

二是問路技巧很重要。

劉邦在彭城之敗的逃亡之路上，面臨多次劫難。在過河時，就被楚軍全部包圍了，這時靠老天幫忙，他才僥倖逃脫，隨後季布手下的丁公又帶兵追近，這時劉邦手下只有幾十號人馬了，根本就無法和丁公對抗了。在這個關鍵時刻，他選擇了「投石問路」，主動和丁公拉關係，大致意思是說：「我說那個誰誰誰，我可認得你，你不就是那個誰誰誰的親戚嗎？我看見你在戰鬥上英勇一面，威風凜凜，氣宇軒昂，驚天地泣鬼神……」總之，什麼好話，什麼甜言蜜語都說了，這樣說有什麼好處呢？滿足了別人的虛榮心和獵奇心。

果然丁公本來就是人，不是神，他很快就被劉邦的「口腹蜜劍」所俘虜，和劉邦達成了和平共處五項原則，放任劉邦揚長而去，丁公其實也不傻，他雖然吃軟不吃硬，但是還有更重要的一條就是，他也想為自己留一條後路，放劉邦一馬，日後有個難處，自己也就多了個靠山。

當然，丁公不會料到，他這是搬起石頭砸自己的腳，日後，項羽戰敗，當他興沖沖去投奔劉邦，夢想劉邦念在昔日恩情上能為自己高官厚祿時，劉邦非但沒有滿足他，反而還直接砍了他的人頭。原因是丁公不忠不孝，目的是殺雞儆猴。

但是，不管怎麼樣，劉邦的投石問路還是取得了良好的效果，保全了自己的身家性命。而接下來，逃到深山老林，已是夜幕降臨。當他看到樹林深處有一處人家時，他決定不要餐風露宿，而是借宿，借宿是存在很大風險的，因為這裡畢竟是楚國的地盤，彭城一敗之後已經是全民皆兵，都在通緝追捕劉邦當中。

因此，劉邦借宿一旦遇到「叛徒」那後果就不堪設想。但是劉邦之所以敢這麼做，這與他經歷有關，他當過混混，當過亭長，從地方基層到中央都經歷過了。見過無數世面，閱人無數，因此，心態很好，儘管在逃亡的過程中，依然沒有像別人一樣，把自己當大王、當權貴看待，而是當成普通百姓、普通士兵，現在都手下幾這麼幾十號人了，更是無所顧及了，因此，他沒有猶豫，堅強地敲開了那道門板搭建的門。

但是見屋裡顫顫巍巍地走出來一個老頭，一打開門，一邊用眼睛打量著這群衣冠不整的官兵。劉邦以隨的和態度，直接說明他們是路過此地，想借宿一晚。老者仔細端詳著劉邦，半晌說了這樣一句話：「你就是漢王吧。」這是一句石破天驚的話，劉邦的隨從們聞言大驚失色，都高度緊惕起來，但是唯獨劉邦面不改色心不跳，他回的話同樣石破天驚：「正是在下。」這一問一答，都是直接的，毫無技術含量，但是也是最坦誠的最真誠的，這就叫開誠布公。

老者一聽，微微一笑，沒有說要告官之類的話，而是熱情地把他們請進了屋。從老者的言談舉止來看，他似乎早就料到了劉邦會來。兩人很有默契一般。隨後又是好酒好菜的招待之後，還把自己的貌美如花的女兒叫來當「三陪」：陪吃陪喝陪睡。當然，劉邦在吃飯喝足之後，在睡老者的女兒之前，還是很懂禮貌的，首先是謙讓。面對老者主動提出婚約，他以落寞之身不敢談婚約進行推辭。

老者原本就看中了劉邦的英雄氣概，一心想要釣上這個金龜婿，此時見劉邦越是謙讓，他就越是著急，最後脫口而出：「莫不是嫌我的家境貧寒，莫不是嫌我女兒姿色粗陋。」劉邦對他美貌如花的女兒早就垂涎三尺了，此時自然不再謙讓，馬上笑納了。當然，在笑納之前，他還做了一件事：送聘禮自己的腰帶。就是這樣，一個有情一個有義，很快成了翁婿；一個郎情一個妾意，很快成就一番好事。

這就說明在問路時坦誠的重要、誠實的重要。總之，劉邦在逃命的過程中還成功摘下了楚國的第二朵國花（第一枝花非項羽最寵愛的虞姬莫屬），可以說，在戰敗的過程中，在幾乎失去了所有的顏面的過程中，找回了面子，並且還間接打擊到了項羽，這不得不讓我們對劉邦高超的人格魅力及絕世的應變能力嘆為觀止。

當然，這是我們對劉邦讚賞的一面，但是還有另一面，他在逃跑地程中還充分揮了「快、準、狠」的厚黑學。在泡完妞後，第二天提起褲子瀟瀟灑灑地繼續趕路，這個時候沿途都逃難的軍民。劉邦一路狂奔，突然在人群中發現了自己的一對兒女劉盈和魯元公主。這時他的父親劉公和妻子呂雉已經成了項羽的階下囚了，因此對於這個發現，劉邦無疑於孤島中發現了新大陸一樣，自然高興了。

於是趕緊叫自己的馬夫兼保鏢夏侯嬰，然後下馬抱上自己的一對心肝寶貝，和自己一路前行。人之初，性本善，此時狹路拾兒女體現了劉邦溫情的一面。然而，這是劉邦正面的展現，但是很快他就便從側面展現出他的冷酷無情的一面。

劉邦抱著一對兒女坐在自己的馬車上，連屁股還沒有坐穩，項羽手下的大將季布就帶著一幫人馬來「索命」了，因為三人同坐一車，顯然是「超載」了，馬車的速度自然也就快不起來，因此，儘管有天下第一馬車手夏侯嬰進行掌舵，但是仍然比上不季布一幫人如狼似虎的速度。眼看後面的追兵越來越近，不想辦法便要成了甕中之鱉了。關鍵時刻，劉邦沒有絲毫猶豫，他果斷地做出了一個讓人大吃一驚的舉措，把自己的一對兒女推下了馬車。他這樣做的目的是為了減負，最終目的是為了保全自己的命。

犧牲兒女的命，保全自己的命，這就是劉邦厚黑學的真實展現。快速出擊，瞄準目標，狠下心來，三個動作一氣呵成完成，兒女就只有成為車下奴的份了。

千鈞一髮的時刻，夏侯嬰卻做出了與劉邦完全相反的舉動，劉邦是為了自己什麼都可以不要，夏侯嬰卻是為了別人犧牲自己也在所不辭。這就是人性與人性的差別，縱觀夏侯嬰的一生，是善良的一生，最溫情的一生，是厚道的一生，我們沒有見過他害過一個人，沒見過他做過一件惡事，他就是這樣的好的不能再好的好好先生。如果說在劉邦身上體現的是「罪惡」，那麼在他身上體現的就是「最美」。

也正是因為有這個好好先生在，所以劉邦在殺人時，他自然也就救人了。他停下馬車，把劉邦的兒女抱上了馬車，然後繼續趕路。接下來的程序有點機械化了：劉邦繼續厚黑，繼續推，夏侯嬰繼續善良，繼續抱。連續進行了三個回合的較練，劉邦發狠話了，兩句話，一是告誡：「我是你的主子，你得聽我的，不能擅作主張，不能擅離職守，不能因為是我兒女就讓他們享受這樣的待遇。」二是威脅：「理論已經跟你講清楚了，如果你還執迷不悟，不以大局為重，再犯以下犯上的錯誤舉動，休怪我手下無情。」說著亮出身上帶著的亮光光的寶劍出來。

按理說劉邦的話都說到這個份上了，一般人肯定會乖乖地溫順地聽話，選擇屈服，但是夏侯嬰不是一般的人，他傲然地回了一句：「今天你就算砍了我的人頭，我也要救下你的骨肉。」夠了，雖然只有一句話，但是一句頂萬句，這回掄到劉邦震驚了，無語了。一向強硬的他第一次選擇了妥協，放任夏侯嬰抱上了自己的兒女。

在我的印象中，這是劉邦第一次，也是唯一次赤裸裸地妥協，尤其是在這次當個人利益與別人利益，或是與集體利益相衝突時，他從來都是以自己利益為重，從來都是自己利益第一，不妥協不屈服。而這一次劉邦之所以屈服和妥協，我想原因不外乎有兩個。

一是被夏侯嬰的氣勢所攝。夏侯嬰都把生死置之度外了，光腳的還怕穿鞋的不成。

二是被當前的形勢所壓倒。這個時候的形勢用十萬火急來形容一點也不為過，季布作為項羽手下的一員狼虎之將，他帶著人馬來進行大追蹤，無論實力還是威力都是無與倫比的。一旦被他們追上，劉邦就只有束手就縛的份，根本沒有發抗的能力。追兵急，現在劉邦唯一的寄託就是夏侯嬰，只能期待他把馬車開的再快些，把楚軍甩在後面。此時如果劉邦意氣用事，徹底惹怒了夏侯嬰或是殺了夏侯嬰都是等於坐以待斃。這個時候兩人就是同一繩子上的蚱蜢，只能同呼吸共命運。

這樣一來，劉邦看似已經在劫難逃了。然而，就是山窮水盡疑無路時，卻迎來的柳暗花明。確切地說，應該叫天昏地暗才對。因為這個時候，繼在剛逃跑時，有沙塵暴掩護劉邦出逃外，又有夜幕降臨來幫助他。

關鍵時候，老天來幫劉邦的忙，天色很快黑下來……季布眼看在黑暗中追趕敵人是件冒險的工作，便選擇了主動放棄繼續追趕。從而使得劉邦得已順利脫險，最終成功抵達此次突圍的目的地 —— 下邑。

這就是劉邦彭城戰敗後，勝利大逃亡的全過程。整個過程雖然一波三折，但是強大的劉邦最終還是挺過來了。總之，他這個逃亡過程，三分人氣三分霸氣三分運氣，一分運氣。

而項羽呢？

項羽的一生幾乎都是在追著別人打，都是追趕別人。革命之初，秦朝的第一悍將章邯自從剿滅陳勝、吳廣的起義後，幾乎無人能掠其纓，但是結果呢？第一次吃敗仗就是項梁、項羽給的，隨後在鉅鹿大戰，又徹底被征服，並服服貼貼跟著項羽走。

連這樣一個殺人野獸、權力野獸都服項羽，可見項羽的人格魅力，隨後在長達四年的楚漢爭霸中，我們可以看到，劉邦一直在逃，項羽一直在追。然而，歷史總是有著驚人的相似，他的祖父英雄一世，不可一世，但是終還是落得個兵敗自刎的下場，而項羽呢？他顯然延續了祖父的悲劇。

劉邦唯一一次追項羽便是在垓下，只一次，就要了項羽的命，可謂奪命一追。那麼，項羽為什麼在垓下兵敗時，卻沒能像劉邦在彭城大敗時一樣上演勝利大逃亡呢？

原因是，項羽除了選擇了路線方向錯誤外，還有個致命的失誤，就是不懂得逃跑的技巧。這個技巧包括問路技巧、溝通技巧。他帶著八百敢死隊，以出其不意的方式成功突圍，結果因為他的馬是寶貝，跑得太快，跟上他的人只有百來號人。

而這個時候，消息靈通的劉邦已經獲知項羽逃跑了，因此，他馬上派灌嬰率五千鐵騎追擊。接下來便上演一場追逐戰了。然而，就這個關鍵時刻，項羽迷路了，一個十字路口擺在他面前，他不知道往哪邊走才是正確的，才能通往他所嚮往的江東之地。這時，項羽看見一個老農在田裡做事。平常項羽可能對這樣的老農熟視無睹，但是此時卻不得不另眼相看，於是主動上前問路。他向來大大咧咧慣了，問路時自然也就沒有注意禮數了。什麼老伯您好，什麼請問這樣的問候語全免了。而是直接問：「喏，往哪是通往江東的路啊。」

面對這樣無禮的問候，老伯自然很是生氣，他頭也不抬，用手往一個方向指了指。項羽帶著他的敢死隊往老伯所指的方向走去了，結果這不是一條通往江東的路，而是一條通往死亡之路 —— 前面是沼澤地，不能前行。沒辦法，項羽只好選擇了「退路」，這樣一折磨，所花費的時間和精力可想而知了，結果這讓灌嬰贏得了追趕的時間，很快就能跟上項羽的節奏了。

據《史記．項羽本紀》，項羽逃到陰陵時，迷失道路，問一田父，田父欺騙了他，叫他向左去，結果「陷大澤中，以故漢追及之」。

這位農夫為什麼要陷害項羽，致使他錯失逃跑的時機？關於這一點，史書上沒有記載。

翻開地圖，可以清楚看出，陰陵屬楚國故地，也是項羽最早占有的根據地。照常理，此處百姓應擁護支持楚軍，起碼不能坑害項羽。出人意料，這位農夫恰恰成了陷害項羽的「凶手」。農夫為什麼要這樣做？分析可能有三點原因：其一，農夫對被項羽殺害的義帝懷有赤子般的忠誠，伺機為義帝報仇；其二，農夫的親人無辜死於項羽的屠刀之下，對項羽耿耿於懷；其三，農夫對項羽的殘暴行為，早有耳聞，心懷不滿。不論哪一種原因，都說明項羽已喪失民心。

所以，清人張恕感慨而道：「漢屢敗附之者眾，楚屢勝無一人附者，垓下一潰，田父亦紿而陷之。人心怒楚，尤怒秦也，羽焉能不死」。

明人陳吾有曾精闢指出：「烽火三月，何如約法三章；所過殘滅，何如秋毫無犯；放逐義帝，天下稱其逆；殺卿子冠軍，天下稱其矯；棄范增而不用，天下稱其悍；坑秦降卒二十萬，天下稱其忍；殺秦降王子嬰，天下稱其暴。羽之亡道，蓋不萌於固陵之追，垓下之敗而已，釀於平日所為之不道矣！」

唐人汪遵作詩〈項亭〉，認為項羽不施仁政，該當敗亡：不修仁德捨文明，天道如何擬力爭？隔岸故鄉歸不得，十年空負拔山名。

點評：有一句俗語，叫做「人在屋簷下，不得不低頭」，意思是說人在權勢、機會不如別人的時候，不能不低頭退讓，也只有裝聾作啞才能讓自己走出困難，達到自己的最終目的。忍耐是弱者的人生哲學。

俗話說，「小不忍則亂大謀。」說的就是：小事情面前不能忍讓，便會敗壞大事業。權力鬥爭變幻莫測，今朝雄踞高位，號令天下；明日屈處陋室，聽命於人，這樣的事情，在權力場上是屢見不鮮的。那種達則意氣凌人、窮則灰心絕望的人，十個有十個會在權力鬥爭的風波中被淘汰；只有那種處變不驚、善於忍耐的人，才有可能獲得最後的勝利。劉邦和項羽就是很好的證明。

二、身退·善終·美名

「功遂，身退，天之道。」

——題記

一個成功的領袖，他又能功遂、又能身退，二者缺一不可。

項羽是一個領袖，但是卻不是一個成功的領袖，儘管他極力想做到功遂，但是結果卻功敗垂成、功虧一簣，因為他最終兵敗垓下，喋血烏江。退而求其次，儘管項羽是死腦筋的人，但是在面對功敗垂成、功虧一簣時，唯一能做到的便是身退了。下面就來看他的「身退」之最後的掙扎。

面對漢軍的瘋狂追趕，項羽的決心和信心依然沒有動搖，他繼續跑，期間和漢軍多次貼身肉搏，但是在他的帶領下，每次都能殺出重圍。到達東城時，他手下只剩下二十八騎了。這個時候，他依然威猛，還和漢軍展開了一次大較量。他布下了特有的項氏陣後，一連斬殺多名漢軍，邊打他邊跟自己的身邊的人說：「你們現在看到我的勇猛了吧，我之所以會落得現在這個地步，不是我打仗的水準不行，而是老天不幫我呀。」

項羽這句話的確很令人感觸，劉邦在逃跑時老天至少眷顧了他兩回，而項羽在這次出逃中呢？一次也沒有。包括在以前，「天時」總是在劉邦這邊，而項羽卻只能占據「地利」的優勢。他說老天不幫他，把自己所有的責任和過失都推得一乾二淨了。

這段話展現了項羽的另一面，這便是他的豪爽之外的人性弱點，不敢正視問題，不敢面對事實，不敢承擔責任，這也是為什麼最落得兵敗的原因。可惜的是，項羽直到死時，還是不明白這一點。

但是，項羽的骨氣卻值得讚賞。不肯過江東，這是千古絕唱。也不知道是不是他那句話發揮了作用，總之，老天還是比較眷顧他的，在烏江邊安排了一個老者（亭長）為他準備好了過河的船。

在問路時，是一個老者（老農）誤了他，這時這個老者卻是想救他，應該說老天雖然沒有對項羽格外垂恩，但還是公平、公正的。然而，項羽卻用實際行動扭曲了這種原本可以劃上等號的公平。因為他沒有選擇過河，而是自殺。

項羽為什麼不肯過河？推測原因有四個：

第一個原因：自尊心使然。

要知道項羽出生名將世家，雖然到他這一代時，已經富貴不在，但是他與生俱來的性格脾性還在，他落莫不落後，自強不自卑，對自己的尊嚴看得很重。說得再直白點，奉行的是為尊嚴而活著。殺太守革命、推翻暴秦、楚漢爭霸，都是在為尊嚴而戰，都是為名利而戰，都是為自己而戰。

項羽站在咸陽宮，一邊火燒阿房宮，一邊決定定都老家彭城時，對於他的「玩火」，沒有人敢阻攔，畢竟項羽有自己的理由，消除一切具有腐敗的根源，是個善舉。但是定都關係到新的江山社稷，關係到部下的前程利益，因此，有人站出來反對，其中一個書生直接說出了定都關中比定都彭城要好的多條理由。項羽雖然稱讚，但是不同意，因為他有他的理由，四個字：衣錦還鄉。的確，他的觀點就是：「富貴人穿著華麗的衣服在夜間行走，這跟發達不發達都不沒關係啊。如果是這樣，我們辛辛苦苦、累死累活做這麼久豈不是沒有一點含義。」

衣錦還鄉，就是為了展示給家鄉人看，顯示自己的體面。由此可見，項羽對自尊的要求之高了。然而，就是這樣不可一世、桀驁不馴的人，不管在什麼時候都是仰起頭，流血不流淚，就連他最心愛的女人虞姬死時，也沒有掉過一滴眼淚，可見他的的堅強和堅韌。但是烏江亭長的一句話卻如同一記耳光，狠狠地抽在他的臉上。

「江東雖小，也有良田千畝，人馬雖少，也有成千上萬，只要大王渡過江東了，定然能再東山再起。」應該說亭長的話其實是中肯的、善意的，他沒有刻意地貶低項羽之意，而是打氣、加油，希望他能東山再起、捲土重來。普通人聽到他這樣的話都會感動得一塌糊塗。然而，項羽不是普通人，因此，他非但沒有感動，而是感喟。

感喟什麼呢？一是曾經風光無限的西楚霸王怎麼一夜之間一敗如斯，敗得這麼狼狽，這麼徹底。二是自己一個人孤憐憐地渡過江東，去的時候明明帶了八千子弟民，回來就只有一個人，怎麼向江東父老交差。因此，烏江亭長的話在無意中傷到了項羽的自尊心。一句看似鼓勵的話成了傷心話，對於項羽這樣視自尊比生命還重要的人來說顯然是無法承受的，所以臨時改變主意不肯過江山。

第二個原因：疑心在作怪。

項羽性子裡還有一個特點那就是多疑。他平日裡對自己手下的士兵很是愛護，沒衣服穿，拿自己的給他穿，沒吃的，寧可自己不吃也給別人吃，士兵生老病死時，他不但親自去探望，有時候甚至痛苦流涕。對於項羽這樣一個寧可流血、寧可站著死不跪著生的人來說，他能對手下體恤到熱淚盈眶，這是相當不容易的，這說明他骨子裡還是很溫情的，還是很有人性的。

但是正如孔子所說的人之初、性本善，性相近、習相遠一樣。他的人性是本分的、善良的，但是習性、脾氣卻是與生俱來的，他最大的特點就是能同甘共苦，但是卻不能同享共樂。手下的士兵們一旦立了戰功，項羽他不是馬上嘉獎或是封賞，而是只進行口頭的讚揚和讚賞，卻無實際表示。

有時候手裡明明拿著封賞的牌令，但就是捨不得交給立功的將士，這個牌令就這樣拿在手裡，揉啊揉、捏啊捏、搓啊搓、磨啊磨，結果牌令的棱角都磨掉了，他還沒有獎賞士兵。也正是他這裡有功不賞，讓將士寒了心。韓信、陳平等人的離叛就是得不到重用而產生的。

有難能同當，有福不能同享，這說明什麼呢？說明項羽與生俱來的多疑和提防之心。他在封賞部下時，會想：「這個人現在效忠我，以後會不會背叛我呢？我給了他權力，他會不會恩將仇報呢？」正是因為這樣的前後矛盾、左右搖擺的思想在作怪，使得項羽在「人和」上一直做不到位，和劉邦和很大差距。他連自己的部下都提著防著，隨時警惕著，對陌生人自然會關上心門，更加會「塵封」自己。

話題回到這次逃亡中來，如果不是情況萬分火急，依項羽的性格是不會主動向「陌生人」問話的，但是這個時候的他是人在屋簷下，不得不低頭，所以一向金口難開的他說出了自毀大門的話。老農在田裡耕地，顯然是本地人，自然對這一帶相當熟悉，因此向左走、向右走這樣簡單的兩條路他是瞭如指掌的，閉著眼睛也知道往哪裡走。但是偏偏項羽平常就是這樣大大咧咧的人，再加上他向來都是被萬眾景仰的對象，向來都是他打人罵人殺人，我行我素慣了，因此，才會在這裡十萬火急的關鍵時刻還把自己當大哥大，當主宰者。這就是項羽的霸道，但是老農不吃這一套，他雖然沒辦法直接跟你的霸道抵抗，但是卻採取溫柔一刀，用手隨意一指，項羽的命運從此就被改變了。

正是因為迷路風波一鬧，耽誤了時間，所以成了漢軍緊追不捨的對象。連一個老農都敢欺騙他，這是天真而純情的項羽始料不及的，也是極為震憾的，對他的打擊之大可想知，對他的心靈衝擊堪比地震。也正是因為這樣，面對此時烏江亭長的恭敬、體貼、謙卑、禮讓，項羽沒有絲毫被感動，相反，他在思考著這樣的問題：「亭長這樣是不是別有用心。他是一個正直的人嗎，是一個忠誠的人嗎，是一個可靠的人嗎？」他的想法很簡單，就是懷疑烏江亭長是個笑裡藏刀的人。

當然，從客觀上來分析，烏江亭長的舉措確實有可疑之處。

首先，烏江亭長怎麼知道項羽一定會跑到這裡來。當然，這也可能是亭長很熟悉這裡的地形，算準了項羽只有從這裡才逃得出去。

其次，烏江亭長為什麼只弄了一條船，而且是小得不能再小的船，只能容下一個人。多弄幾條船或是弄個船隊就不行嗎？當然，這也可能跟時間有關，亭長可能是聽到項羽戰敗的消息馬上趕到這裡守候，匆忙之下便沒有工作做其他的事。還有就是亭長對局勢很了解，看清了形勢，知道垓下之戰，項羽必敗。一直守在這裡，就是希望碰到項羽，關鍵時刻貢獻自己的力量。再有一個原因就是船多了目標大，容易讓人懷疑，特別是劉邦的勢力已經在全國各地開花，甚至江東都被韓信的大軍步步蠶食了。弄個船隊，等於掩耳盜鈴，自取其咎。

因為項羽的心扉一直不曾為外人開啟（即便是最心愛的虞姬也是半開的），是封閉的，因此他為人做事除了魯莽，便是警惕，除了身邊幾個最熟悉的人，其他人都是不相信的，特別是陌生人，你給他一百個理由也不能讓他信任。而這次逃亡，項羽在問路時就被一個老農騙了。因此，此時面對一臉善意一臉真誠的亭長，他是猶豫的，是懷疑的，自然不會完全相信亭長是一心一意、全心全意來救他的。這很好理解，這就叫一朝被蛇咬，十年怕井繩。

第三個原因：悲憫心折衷。

拋開烏江亭長這個人物不說，有一種說法認為項羽自殺是想結束戰爭，消除百姓因戰亂帶來的痛苦。據《史記》記載，楚漢戰爭中劉邦和項羽僵持不下，「丁壯苦軍旅，老弱罷鞍漕」，於是項羽對劉邦說：「天下匈奴長歲者，徒以吾兩人耳，願與漢王挑戰決雌雄，毋徒苦天下之民父子為也。」意思是想透過兩個人一決雌雄，不要再讓天下百姓跟著受苦，說明項羽的確有可憐天下蒼生的情懷。當項羽率殘兵敗將突出重圍來到烏江時，想到渡江以後還要捲土重來，重新再來一次楚漢戰爭，帶給百姓更大的災難，於是選擇犧牲性命來結束連綿數年的殘殺，還天下一個太平世界。

但是這種說法帶有太多的猜測成分，也與項羽的好戰殘暴性格不符。項羽當年曾經坑殺二十萬秦兵、火燒阿房宮三個月，是一個非常暴虐的人，不大可能為了免除百姓疾苦而至自殺身亡。

他之所以要約劉邦單打獨鬥、一決勝負，很可能是出於一種計謀，因為以項羽的個人能力，打敗劉邦簡直就是易如反掌，不過劉邦也沒有上當。當項羽失敗逃至烏江時，萬念俱灰、狼狽不堪，心中不免感慨萬千，此情此景下重新喚起他可憐天下蒼生，願意以一己之死來結束戰爭的念頭也有可能，但是這頂多是項羽走投無路又放不下臉面時的一種自我安慰，將它視為項羽自殺的主要原因卻是不妥的。

第四個原因：灰心在作祟。

還有一種說法，認為項羽不是不想過江，而是根本沒有機會過江。有學者詳細論證了《史記》、《漢書》、《楚漢春秋》關於項羽之死的描述，指出《史記》有關項羽之死的全部文字，除〈項羽本紀〉中有「於是項王乃欲東渡烏江」，「烏江亭長船待」兩處涉及烏江外，其餘無一處寫到項羽烏江自刎。反倒是明確提到：項羽「身死東城」，「使騎將灌嬰追殺項羽東城」等。

他還作了關於地理位置的考察，經過實地查勘考證，項羽確死於東城，此地離烏江有一百二十公里。至於〈項羽本紀〉中兩處涉及烏江的記述，該學者認為是司馬遷記敘上的錯誤，並導致了以後的以訛傳訛。

這種觀點得到了很多人的支持，計正山先生依據《史記》、《漢書》中的「灌嬰傳」，認為項羽並非在烏江「自刎而死」，而是在定遠東城就被「搏殺而死」。垓下之圍中項羽倉皇失措，帶領八百兵馬突出重圍，往江東方向逃跑。長江以南是項羽的勢力範圍，是他發跡崛起的地方，即使在楚漢戰爭後期，衡山王吳芮、臨江王共尉等依然服從項羽，聽從項羽調遣，尤其是南楚臨江王共氏，直到項羽死後仍忠於項王，抗拒劉邦。

如果項羽順利渡江，完全可以重整旗鼓、捲土重來，再一次擊敗劉邦。所以項羽的目標非常明確，就是渡過烏江，但是逃至東城時被漢軍包圍，混戰中即被灌嬰殺死，而烏江離東城還有 120 公里，所以項羽根本沒有渡江的機會，也不是自刎而死。

但是這種說法同樣充滿了推測和猜想，遭到許多學者的反對。根據《太平寰宇記》等資料記載，兩漢時期的東城縣，是江淮之間的一個轄境廣闊的大縣。晉太康六年在設東城縣界設定單獨的烏江縣。章學誠在《和州志補沿革》曾指出：「秦為九江郡之歷陽及東城烏江亭地……晉太康元年屬淮郡，其歷陽及東城烏江亭地如故。」也就是說，在楚漢戰爭時期，東城是一個範圍廣闊的行政區域，烏江是包括在東城縣內的，因此司馬遷所說的「身死東城」與「烏江自刎」並不矛盾，而是為避免同義反覆而使用的描寫方法。要知道司馬遷所處的年代距離楚漢戰爭只有七十年左右，掌握了許多第一手資料，而且他治學嚴謹，在項羽之死這樣的大問題上應該不會妄自猜測。

點評：進，為了功成、名遂；退，為了明哲保身。在進進退退之間充溢著智與慧。劉邦懂得進退之道，特別是在逆境、在危急關頭，在不得不撤退時，他沒有選擇死撐硬扛，而是選擇了拋棄面子，忍辱負重、千方百計的隨波逐流，傾其所有、傾盡全力的度過難關。最終憑著堅韌、頑強、毅力成功渡過劫難，從而為自己捲土重來贏得了新的希望。

而項羽的死腦筋，缺乏對險境的磨難，缺乏堅強的毅力，最終陷入萬劫不復的深淵而不可自拔，特別是到最後明明知道上了烏江亭長的船還有一半生還的機會……但是所有的假設、幻想、憧憬，都在項羽的決定中化為虛有，留下這樣一連串的感嘆號。項羽的死雖然顯得慷慨壯烈，並為後人反覆吟唱，但是一代霸王就此了卻一生卻也讓人扼腕嘆惜，有李清照的詩為證：「生當作人傑，死亦為鬼雄。至今思項羽，不肯過江東。」

當然，不管怎樣，項羽沒有做到功遂，沒有做到身退，更沒有做到善終，但還是留下了美名，悽婉的美名、悽慘的美名、悽美的美名，或許這是項羽唯一的收穫了。

三、劉邦成功之謎

想仕途平步青雲，就要跟對人、帶對人、做對事、心夠狠。

想職場一路凱歌，就要擅領會、能服人、願分享、懂博弈。

——劉邦和西漢開國元勛的職場啟示錄

劉邦和項羽比，沒有將軍世家的威望和家底，人脈也沒有，軍事素養也沒有。項羽是真正的貴族之後，劉邦是真正的草根，屬於最低階官員，這看來是先天的優劣。像劉邦團隊，這麼弱的先天條件，能逐步發展、壯大到最後戰勝項羽這個天下公認強者（項羽軍事集團）。這說明成功不需要個人完美。

首先說成功的標準：財富、地位、權力都是表面的，成功可以用李開復說的辦法來衡量：兩個世界，一個世界有我，一個沒有，其他的在開始時都一樣，最後看兩個世界有多大的差異，哪個世界更好，這樣就知道我有多成功。所以，劉邦軍隊進入秦地後雖然一路勝利但是雙方死的人少（一路投降），項羽進入秦地後雖然一路勝利但是死的人多（一路屠城）。

再來看成功的條件：項羽和劉邦都有一批忠心耿耿的班底，戰將謀士都是人傑。項羽用親友和故鄉子弟兵做核心，劉邦也是。班底都是比較堅實的，但是結果為什麼不一樣？劉邦的成功是多數人的成功，而項羽是少數人在戰鬥。

劉邦的最大的才能是能帶領傑出專業人士齊心合作，並讓他們發揮出最大水準。劉邦最大的個人優勢是判斷力和洞察力驚人，無論是身邊人還是天下人，他們的所思所想他都能敏捷捕捉到，這是劉邦的先天優勢和人生閱歷的結合物。相比較項羽集團，雖然項羽很會打仗，但是卻無法駕馭更大、更多的集團。因為項羽反抗秦朝首先是恢復家族榮譽，其次是恢復楚國一地，最後是向秦國報仇，與天下人心只有一點重合 —— 滅秦。他的內心局限為自己劃了一個圈，無法突破出去。

所以當功臣希望能分享榮譽時，項羽不高興，新興地主們希望國家統一時，項羽也不高興，面對投降的秦人，項羽也不高興。「怒」與「殺」是項羽經常做的事情，推翻秦帝國時其他人尚且能容忍，但是需要建立新帝國時還這麼做，是不得人心的。最後項羽江邊自殺而不是過江繼續對抗，可能也是意識到家鄉人也不認可他的。

所以，成功的條件裡必須具備領導力。而領導力又具體體現在三種能力上。

首先，要有執行力。

執行力是指有效利用資源、達成目標的能力，指的是貫徹策略意圖，完成預定目標的操作能力。是把企業策略、規劃轉化成為效益、成果的關鍵。執行力包含完成任務的意願、完成任務的能力、完成任務的程度。對個人而言執行力就是辦事能力；對團隊而言執行力就是戰鬥力；對企業而言執行力就是經營能力。簡單來說就是行動力和凝聚力。這裡從三個方面來談劉邦和項羽在執行力上的差異。

一是要有良好的定力。項羽的勇氣和劉邦的百折不撓，也是二人領導力方面差別的一個很重要的內容。從項羽來看，極具個人英雄主義，破釜沉舟成為其勝利的經典。最後垓下被圍，項羽率二十八騎衝突敵營，斬將奪旗，是個典型的英雄。

但是，其人過於簡單粗暴，經常出現屠城、坑殺的事情，這樣就造成了很多的被動。曾經還想簡單的和劉邦單挑定勝負，而被劉邦恥笑。當有機會過江東時，如果能夠忍一時之辱，未必不會有東山再起的機會。所以說，過剛易折。

而劉邦，可以說屢戰屢敗，父母妻子落入敵手都不放棄。約法三章收關中人心，明修棧道安度陳倉以擊楚，最後終於成就了霸業。所以，作為一個領袖，不能有太大的個人英雄主義情節，要依靠團隊的力量做事，要有良好的定力，要有勇於解剖自己的勇氣，能面對困難和內心的軟弱，要不怕失敗，百折不撓，努力去實現最終的目標。

二是要有堅韌的隱忍力。劉邦知進退，懂伸縮，能屈能伸。在與項羽的角逐中，一步步脫穎而出，從而也留下了很多弱中求生的智慧。「如還軍霸上」—— 禮儀為先；「鴻門謝罪」—— 穩其軍心；「垓下之圍」—— 斬草除根；「火燒棧道」—— 迷惑對手等等，無不體現著劉邦的隱忍力和智慧。特別是項羽抓住劉邦的父親，威脅劉邦如果不服從就要將其父殺了熬成羹。這實際上是劉邦、項羽之間一場心理上的較量。對於劉邦是一個艱難的抉擇，要事業還是要家人。

最後，劉邦頂住壓力，抓住項羽性格上的弱點，說：「我們是兄弟，我的父親就是你的父親，你要是殺了你的父親而熬成羹，那請分我一杯羹吧。」項羽果然中計而放了劉邦的父親。如此隱而不發，豈是項羽能做到的。

三是要有對用人的駕馭力。統領百萬軍劉邦不如韓信、項羽，但是駕馭各種人物劉邦卻有辦法，劉邦首先有自知之明，其次有識人之明，更重要的是，他能夠放權，發揮人才的最大作用，從而使之輔佐自己取得成功。

因此，在他身邊聚集了像張良、蕭何、韓信這樣一大批傑出的人才為其服務，這是劉邦成功的保證。在劉邦打擊黥布時受傷後，對曹參、王陵、陳平、周勃誰可以為相的判斷，更證明了劉邦的高明。反觀項羽，對范增的才能見識不能善加利用，最終導致范增憤而辭職，這是其失敗的重要原因之一。也可以看出，項羽比較劉邦，他身邊真是沒有什麼像樣的人才。

另外，項羽原來的盟友、下屬如黥布、彭越、田榮等，到最後都全部反叛他，可見他在用人、控制上比劉邦存在著極大的差距。劉邦不但樹立了大旗，還搭好團隊，不但抓住大趨勢，還確立了路線，這些不全是劉邦一個人的功勞，但是這些跟他的正確選擇和一流的駕馭力有關。作為領導者，很重要的一項工作就是帶隊伍，不能識人、用人，不能成為一個好的領導者。要不，劉邦在〈大風歌〉中留如此豪言和感言：大風起兮雲飛揚，威加海內兮歸故鄉，安得猛士兮守四方！

其次，要有決策力。

在歷史上有不少成功地運用韜晦待機之計克敵致勝的例子，稱之為韜晦之計、韜光養晦、韜光晦跡等。這種思想有兩個基本：一是韜晦，即收斂鋒芒，隱蔽自己；二是待機，等待時機，以圖東山再起。運用這種思想多在敵強我弱、於我不利的情況下，韜晦是手段，待機是策略，戰勝對方才是目標。在待機中，一定要觀察敵我雙方的變化，一旦到來，就毫不猶豫地出擊，克敵致勝。

「韜晦」，就是隱藏自己的才能，瞞人耳目。「韜」本意是弓袋子，有「進去」的意思。「晦」是「黑暗」、「隱晦」之意，比如月末，又說成是「晦月」，因為按陰曆，月末是月亮的黑暗之日。由於隱藏自己的本來面目，也就保住了自己。這樣一來，在恰當的場合，當對方無戒備心時，就可實現其預定企圖。這和「真人不露相，露相非真人」的意思接近。

在人生之路，在商場如戰場的當今社會，要想絕處逢生，巧用韜晦之計，可謂明智之舉。而這種韜晦之計成立的前提便是決策，一個領導者的決策主要體現在以下三個方面。

一是作為一個領導者，決策時要當機立斷。比較劉邦、項羽兩個人，在這方面也存在很大的不同。作為項羽，可以稱之為好名而無斷，很多時候在決策時瞻前顧後，考慮了太多因素，經常會猶豫不決，有時候就會喪失一個較好的決策時機，往往在最關鍵的時刻搞砸了，如果項羽能夠聽從范增的金玉良言，歷史就會改寫。

再看劉邦，在逃跑時能將自己的子女三次推下車，面對老父在敵人手裡，竟能說出「則幸分我一杯羹」。我們都會鄙視劉邦的人品，但是從另一方面也可以說，劉邦這人目標明確，決策果斷，為了目標不惜犧牲。項伯的一句話很能說明問題，「且為天下者不顧家」，這可以解釋為何劉邦能夠做出如此絕情的決策。

二是作為一個領導者，決策時有捨才有得。從項羽攻破關中後對於定都關中的態度和劉邦截然不同，也可以看出二人的成敗是必然的。項羽對於關中這個「可都以霸」的形勝之地的態度是，「見秦宮室皆以燒殘破，又心懷思欲東歸，曰：『富貴不歸故鄉，如衣繡夜行，誰知之者！』」而劉邦在過沛作大風歌時，真情流露，「乃起舞，慷慨傷懷，泣數行下。謂沛父兄曰：『遊子悲故鄉。吾雖都關中，萬歲後吾魂魄猶樂思沛。』」由此可見，二人都有嚴重的故鄉情結，但是二者的高下就比較出來了。

劉邦為了江山社稷，可以放棄對故鄉的思念，而項羽只顧追求舒適和顯要，卻放棄了稱霸的機會。所以做出決策的時候，需要仔細權衡，分析利弊，目標明確，有捨有得，才能做出正確的決策。

三是作為一個領導者，決策時要合理有序。從二人稱霸後面臨諸侯的反叛時所應對的比較來看，也是存在較大差距的。項羽面對反叛，經常是忽左忽右，這邊剛鎮壓，那邊又起事。

再看劉邦，首先是穩固後院，然後穩紮穩打，把對方滅掉才完事，絕不允許死灰復燃的事情。從這方面來看，劉邦的組織和決策能力都超過了項羽。所以說，作為一個領導者，要每臨大事有靜氣，才能做出合理的決策，要避免激情決策。

最後，要有影響力。

大家都觀看過魔術。魔術師無所不能，無奇不有，能變掉一頭龐然大象；將一個人裝入層層鎖鏈的鐵箱，然後沉入水底，再將鐵箱拉起來，箱裡的人早就在別的地方出現；只用簡單的幾張撲克牌和幾枚硬幣，就會變得你眼花撩亂。魔術規模的大小並不重要，最重要的是能騙倒我們。

大多數的魔術看起來都有種吸引人的魅力，因為我們無法了解他們是怎麼變出來的。這使他們充滿了神祕感。魔術師絕不會告訴你變魔術的技巧，因為這樣會有損他們神祕的形象。的確，我們知道自己受騙了。但是這並沒有關係。魔術師知道如何做我們不會做的事 —— 而且是帶著神祕和魅力的氣氛做。而這種魅力概括起來就是影響力。

領導力的核心是影響力。唯一可以讓下屬心甘情願追隨的領導者身上滲透出的引人魅力就是影響力。具體來說，體現在以下三個方面：

一是要有對未知未來的洞察力。眼光境界，劉邦不是一個故步自封的人，也不是只考慮自身名利的人，劉邦內心有天下，所以能把握天下大勢。與劉邦相比，項羽的洞察力真是相差甚遠。當年在鴻門宴上，范增多次示意殺掉劉邦，但是項羽都沒有行動，因為他從心底裡就認為劉邦做不成什麼大事，這也可以看出項羽的洞察力甚弱。

反觀劉邦，他則是早早就洞察到了項羽是自己爭奪天下的最大對手，因此處處為營，比如改封漢中、明修棧道、暗度陳倉、還定三秦等，擺開與項羽決戰天下的態勢。對未來的洞察力是在競爭中取得勝利的關鍵。領導的洞察力強弱，決定企業能比競爭對手走得多遠、多深。

二是要有對大眾的親和力。像劉邦這種沒有政治世家的底蘊，竟然有高過同時期很多政治家的見識，以致張良這種大策略家最後都傾心相助。這是劉邦親和力的真實體現。劉邦過去的身分生活給予他特殊的經驗。

劉邦過去作為帝國最最底層的官員，同時能了解秦政治系統的問題和社會民生的問題，而且劉邦透過與不同的人交往也不斷增進自身的見識，使得他對社會各個階層的人內心有深刻的認知。劉邦的班底有故鄉人，有舊貴族，有新興地主，也有小人物。劉邦的「如之奈何」，就像一份調查問卷。劉邦開放的心胸，使他能聽到各種建議各種聲音，這種親和力是孤傲的項羽無法擁有的。

三是要有對複雜形勢的判斷力。劉邦做判斷時，相當於從各個階層的人去思考去判斷，最後做出的決策判斷相當於各個階層的共識。劉邦能做到這點而其他競爭者做不到，也說明在爭霸時劉邦是真想建立一個天下人都認可的國家，而不是割據一方的或是暴秦那種高壓統治的國家。

這從劉邦當上皇帝後仍然執行秦朝大一統和官出中央的政體，但是卻輕徭薄役、休養生息的國策來看，劉邦內心真有著一個和緩統一的政治理想。而這個政治理想，也是當時新興地主（豪強門閥）和平頭百姓的共同的願望，而這些人反抗的是暴秦苛政，而不是反抗國家統一和合理法治。

而項羽所代表的舊貴族舊勢力，想的是自家割據一方。當然，劉邦自身就是一個散漫恢弘，頗有莊子逍遙遊境界的人。史書說劉邦貪財好色，但是從史實看，當上皇上後不是窮奢極欲，而是很簡樸的生活，讓民眾修養生息。如果真是貪財好色，怎麼當上皇上後反而轉性了？所以太平世界裡，劉邦一輩子就是村裡混混，但是亂世卻使他成長為王者。亂世出英雄，可能亂世在英雄眼裡就是一個刺激的，值得玩一把的遊戲，反而在太平年裡，英雄都去追尋內心的自由了。

而反觀項羽，反秦只是為了恢復楚國和家族榮耀，甚至後期是維護自身的榮耀超過恢復楚國這個目標（楚義帝都殺了、范增都逐了）。所以項羽是對士兵好，但是對功臣賢士不好，因為這些人會遮蔽項羽的榮耀。所以項羽會為家鄉子弟兵流淚，但是卻會很安心地對其他國家的人坑殺屠城。

項羽這樣一個人，沒有賢人幫助，沒有其他國家的百姓歸附，卻能成為風雲人物，也是項羽的本領大。但是可惜，秦滅後，他成為天下人的公敵。俗語說，好漢敵不過人多，以一家對抗天下，焉有不敗之理。

點評：歷史是現實的一面鏡子，溫故而知新。作為一個領導者，所謂的執行力、決策力、影響力，歸根究柢是個人的價值觀世界觀到底有多符合社會深層共識。有什麼水準的價值觀，就有什麼水準的執行力；有什麼樣的世界觀，就有什麼樣的決策力；有什麼樣的世界觀，就有什麼樣的影響力；有什麼樣的世界觀，就有什麼樣的人生。

蒼海橫流，方顯英雄本色；千秋功罪，自有後人評說。

項劉天下，霸王雄烈與帝王智謀的終極交鋒：

不論對錯，只看成敗，挖掘項羽的絕世勇武與劉邦的帝王雄心，二人在亂世中的並行與交錯

作　　者：飄雪樓主
發 行 人：黃振庭
出 版 者：崧燁文化事業有限公司
發 行 者：崧燁文化事業有限公司
E-mail：sonbookservice@gmail.com
粉 絲 頁：https://www.facebook.com/sonbookss/
網　　址：https://sonbook.net/
地　　址：台北市中正區重慶南路一段 61 號 8 樓
8F., No.61, Sec. 1, Chongqing S. Rd., Zhongzheng Dist., Taipei City 100, Taiwan

電　　話：(02)2370-3310
傳　　真：(02)2388-1990
印　　刷：京峯數位服務有限公司
律師顧問：廣華律師事務所 張珮琦律師

定　　價：480 元
發行日期：2025 年 01 月第一版
◎本書以 POD 印製

國家圖書館出版品預行編目資料

項劉天下，霸王雄烈與帝王智謀的終極交鋒：不論對錯，只看成敗，挖掘項羽的絕世勇武與劉邦的帝王雄心，二人在亂世中的並行與交錯 / 飄雪樓主 著 . -- 第一版 . -- 臺北市：崧燁文化事業有限公司 , 2025.01
面；　公分
POD 版
ISBN 978-626-416-262-3(平裝)
1.CST: (秦) 項羽 2.CST: 漢高祖 3.CST: 傳記
782.2　114000127

電子書購買

爽讀 APP

臉書